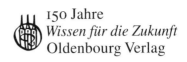
150 Jahre
Wissen für die Zukunft
Oldenbourg Verlag

Geschichte des ökonomischen Denkens

Paradigmenwechsel in der Volkswirtschaftslehre

von
Dr. Bernd Ziegler

2., überarbeitete Auflage

Oldenbourg Verlag München

Bibliografische Information der Deutschen Nationalbibliothek

Die Deutsche Nationalbibliothek verzeichnet diese Publikation in der Deutschen Nationalbibliografie; detaillierte bibliografische Daten sind im Internet über <http://dnb.d-nb.de> abrufbar.

© 2008 Oldenbourg Wissenschaftsverlag GmbH
Rosenheimer Straße 145, D-81671 München
Telefon: (089) 45051-0
oldenbourg.de

Das Werk einschließlich aller Abbildungen ist urheberrechtlich geschützt. Jede Verwertung außerhalb der Grenzen des Urheberrechtsgesetzes ist ohne Zustimmung des Verlages unzulässig und strafbar. Das gilt insbesondere für Vervielfältigungen, Übersetzungen, Mikroverfilmungen und die Einspeicherung und Bearbeitung in elektronischen Systemen.

Lektorat: Wirtschafts- und Sozialwissenschaften, wiso@oldenbourg.de
Herstellung: Anna Grosser
Coverentwurf: Kochan & Partner, München
Gedruckt auf säure- und chlorfreiem Papier
Druck: Grafik + Druck, München
Bindung: Thomas Buchbinderei GmbH, Augsburg

ISBN 978-3-486-58522-3

Vorwort zur zweiten Auflage

Das Buch Geschichte des ökonomischen Denkens hat sich als Begleittext zu meiner Vorlesung bewährt. Nach mehreren Semestern ist nun eine Neuauflage notwendig geworden. Dazu wurde der Text gründlich überarbeitet und an einigen Stellen wesentlich erweitert.

Für ihre Hilfe bei der Neugestaltung und Überarbeitung möchte ich meiner Mitarbeiterin, Frau Melanie Gohr, danken.

Alle, die dieses Buch lesen, möchte ich ermuntern, mir eine E-Mail zu schreiben, wenn Sie Verbesserungsvorschläge haben oder Fehler entdecken.

Hamburg, im April 2008   Bernd Ziegler

E-Mail: Bernd.Ziegler@wiso.uni-hamburg.de

Vorwort

Die Idee zu diesem Buch entstand während einer Vorlesungsreihe über die Geschichte des ökonomischen Denkens. Die Studierenden konfrontierten mich sowohl mit dogmenhistorischen als auch mit methodologischen Fragen. Beide Aspekte habe ich miteinander zu verbinden versucht, ohne dass der Charakter eines Lehrbuchs verloren geht. Während eines Forschungsaufenthaltes an der La Trobe University, Melbourne, Australien, konnte ich wesentliche Teile des Manuskriptes abschließen.

Das Konzept vom Paradigmenwechsel liefert die Grundlage für die gewählte Modellierungslogik des Wandels der ökonomischen Denktraditionen. Studierende der Wirtschaftswissenschaften bekommen zumeist schwere Kost serviert, wenn sie volkswirtschaftliche Lehrbücher aufschlagen. Dieses Buch versteht sich als ein Angebot, die Welt der Ökonomie mit Hilfe einer Landkarte zu entdecken, die theoriegeschichtlichen Leitlinien folgt.

Das vorliegende Lehrbuch wäre ohne engagierte Mitarbeiter nicht zustande gekommen. Mein Dank gilt besonders Christina Mutke, die beim Korrekturlesen und der formalen Gestaltung des Buches große Geduld bewiesen hat. Widmen möchte ich das Buch meiner Tochter Luisa Maria.

Hamburg, im September 1997   Bernd Ziegler

Inhalt

Vorwort zur zweiten Auflage		V
Vorwort		VII
1	Einleitung	1
2	Zur Frage einer Rekonstruktion der Geschichte des ökonomischen Denkens	5

2.1 Die Geschichte der Wissenschaft als Abfolge von Normalwissenschaft und wissenschaftlichen Revolutionen – das Konzept vom Paradigmenwechsel 8

2.2 Die Methodologie wissenschaftlicher Forschungsprogramme als Wegweiser der Geschichte 21

2.3 Ökonomie als Wandel der Denkstile – Möglichkeiten und Grenzen einer Modellierung der Geschichte des ökonomischen Denkens 26

3	Paradigmenwechsel in der Geschichte des ökonomischen Denkens	33

3.1 Ökonomische Präideen in der Antike und im Mittelalter 34
3.1.1 Die aristotelische Ökonomik 35
3.1.2 Die scholastische Ökonomik 41

3.2 Vorparadigmatische Perioden – die ersten theoretischen Fragmente 45
3.2.1 Die merkantilistische Ökonomik 45
3.2.2 Physiokratisches Denken 51

3.3 Die Entstehung der Ökonomie als wissenschaftliche Fachdisziplin – die klassische politische Ökonomie als Paradigma 55
3.3.1 Der Wechsel von der merkantilistischen Ökonomik zur klassischen politischen Ökonomie – die smithianische und ricardianische Revolution 55
3.3.2 Weitere Beiträge zum klassischen Paradigma: Malthus – Say – Mill 72

3.4 Das Zeitalter neuer Konkurrenten um den Paradigmastatus 79
3.4.1 Frühsozialismus und Marxismus 79
3.4.2 Die Historische Schule 86
3.4.3 Die Grenznutzenlehre (Marginalrevolution): Jevons – Menger – Walras 94

3.5 Von der Marginalrevolution zum neoklassischen Paradigma 101
3.5.1 Die marshallianische Ökonomie 101

3.5.2	Weiterentwicklungen der neoklassischen Preistheorie	106
3.5.3	Die neoklassische Theorie des Geldes	107
3.5.4	Die neoklassische Kapital- und Zinstheorie	109
3.5.5	Grenzproduktivitätstheorie der Verteilung	112
3.5.6	Wohlfahrtsökonomik	113
3.6	Die keynesianische Revolution: Keynes und das keynesianische Paradigma	115
3.6.1	Die „General Theory" von Keynes	116
3.6.2	Die neoklassische Synthese	117
3.6.3	Der Postkeynesianismus	118
3.7	Die Kontroverse Keynesianismus/Neoklassik in der langfristigen Analyse	120
3.7.1	Die postkeynesianische Wachstumstheorie	121
3.7.2	Die neoklassische Wachstumstheorie	121
3.8	Der Monetarismus als Konterrevolution zum Keynesianismus	122
3.9	Ordoliberalismus: die deutsche Variante einer liberalen Wirtschaftsordnung	127
4	**Auf dem Weg zu neuen Paradigmen oder Anpassung an neue Herausforderungen?**	**129**
4.1	Neuere Entwicklungen in der makroökonomischen Theorie	129
4.1.1	Neue Klassische Makroökonomik	130
4.1.2	Neue Keynesianische Makroökonomik	132
4.1.3	Neue Neoklassische Synthese	134
4.2	Neuere Entwicklungen in der mikroökonomischen Theorie	135
4.2.1	Neue Mikroökonomik	135
4.2.2	Neue Institutionenökonomik	137
4.2.3	Property-Rights-Theorie	138
4.2.4	Public Choice (Neue Politische Ökonomie)	140
4.3	Weitere aktuelle Entwicklungen	141
4.3.1	Neue Wachstumstheorie	141
4.3.2	Evolutorische Ökonomik	143
4.3.3	Spieltheorie	144
4.3.4	Neuroökonomie	145
5	**Fazit**	**147**
Literaturverzeichnis		**149**
Personenverzeichnis		**169**
Sachverzeichnis		**173**

1 Einleitung

Wer heutzutage das Studium der Volkswirtschaftslehre beginnt und zur ersten Orientierung ein einführendes Lehrbuch aufschlägt, erhält häufig den Eindruck, als sei die Ökonomie durch ein festgefügtes, von allen Seiten akzeptiertes Fundament an Fakten, Gesetzen, Theorien und Methoden zu beschreiben. Das „Glücksgefühl" unumstößlicher Wahrheiten wird jedoch spätestens dann erschüttert, wenn man einen Blick auf die Geschichte der Volkswirtschaftslehre wirft. Dabei wird sehr schnell deutlich, dass die Ökonomie eine Wissenschaft ist, deren Fragestellungen, Methoden und Erklärungsansätze einem ständigen Wandel unterworfen sind – was allerdings auch für andere Wissenschaften gilt. Nur wer die Wandelbarkeit ökonomischer Denkmuster kennt, bleibt gegenüber der „Mainstream-Ökonomie" kritisch. Durch die Kenntnis der Geschichte des ökonomischen Denkens lernen wir ferner Bescheidenheit im Hinblick auf das, was die Ökonomie gegenwärtig leistet und zu leisten vermag.

Jeder Versuch einer Rekonstruktion der Geschichte der Volkswirtschaftslehre sieht sich zu Beginn zwei Fragen ausgesetzt. Erstens: Warum sollen wir uns überhaupt mit der Geschichte der Ökonomie beschäftigen und zweitens, wie und auf welche Weise soll diese Geschichte geschrieben werden?

Befassen wir uns mit der ersten Frage: Sind es nicht bloß die „falschen Ansichten toter Männer", haben wir es nicht lediglich mit einer „Ansammlung überkommener Lehrsätze" zu tun, wenn wir uns mit ökonomischer Theoriegeschichte beschäftigen? Und überhaupt: Ist das Studium eines veralteten Wissensstoffes nicht überflüssig? Sollte man sich nicht besser mit der Lösung drängender aktueller wirtschaftstheoretischer und wirtschaftspolitischer Fragen beschäftigen? Gilt nicht der Satz, dass „Fehler nicht dazu da seien, um gelehrt, sondern um vergessen zu werden" (JEAN-BAPTISTE SAY, zit. nach: ZIMMERMAN 1954, S. 9). Unsere weiteren Betrachtungen werden zeigen, dass mit solchen Urteilen wie „falsch" oder „richtig" sowie „veraltet" oder „neu" sehr vorsichtig umgegangen werden muss.

Nach MARK BLAUG erschließt sich uns die moderne Ökonomie nur dann, wenn wir sie als theoretisches Erbe interpretieren.

> „What we know today about the economic system is not something we discovered this morning but is the sum of our insights, discoveries and false starts in the past." (BLAUG 1991a, S. x).

In seinem Buch „Economic Theory in Retrospect" (2002) zeigt er auf, dass ein Großteil des ökonomischen Wissens als Entgegnung auf wichtige, ungelöste Fragen der praktischen Wirtschaftspolitik in Erscheinung trat. Aber ebenso wird die Geschichte der ökonomischen Theorie von Auseinandersetzungen über logische Fehlschlüsse und analytische Unvollkommenheiten begleitet, Umständen, die nichts mit den jeweiligen zeitgenössischen wirtschaftspolitischen Problemen zu tun hatten.

JOSEPH A. SCHUMPETER, dessen „History of Economic Analysis" (1954) in Weite und Tiefe ein alles überragendes Monument auf dem Gebiet ökonomischer Theoriegeschichte darstellt, nennt drei Gründe, die aus seiner Sicht für eine Beschäftigung mit der Geschichte der ökonomischen Analyse sprechen: pädagogischer Gewinn, neue Anregungen und Einblicke in die Wege des menschlichen Geistes. Unter ökonomischer Analyse versteht er die intellektuellen Anstrengungen, die unternommen wurden, um ökonomische Phänomene zu verstehen „oder mit anderen Worten: die ... analytischen oder wissenschaftlichen Aspekte ökonomischen Denkens" (SCHUMPETER 1965, S. 31). Die Beschäftigung mit der Geschichte sei auch deshalb geboten, weil die Wirtschaftswissenschaft der verschiedenen Epochen sich mit wechselnden Fakten- und Problemkomplexen befasst habe. Darüber hinaus gebe es sich periodisch wiederholende Auseinandersetzungen um grundlegende Probleme, von denen aus die Ökonomie zu begreifen sei (vgl. auch NEUMARK 1975). SCHUMPETERS Fazit: Wer die Geschichte der ökonomischen Analyse nachzeichnet, der begibt sich auf eine interessante Entdeckungsreise. Er entdeckt die weiten Höhenzüge vergangener Gedankenwelten, scheinbar begrabene Lehrsätze, die plötzlich wieder zum Leben erweckt werden, verlorengegangene Schätze, die auf einmal wiederentdeckt und neu ausgewertet werden.

Wenden wir uns nun der zweiten Frage zu: Wie lässt sich die Entwicklung des ökonomischen Denkens seit seinen Anfängen bis in unser Jahrhundert darstellen?

Werfen wir zunächst einen Blick in einige der bekanntesten Werke zur Geschichte der Volkswirtschaftslehre. Bei aller Vielfalt und Verschiedenartigkeit lassen sich doch zwei Grundlinien in den Darstellungsweisen unterscheiden. Die erste stellt das Wirken bedeutender Ökonomen – auch als Klassiker des ökonomischen Denkens bezeichnet – in den Vordergrund und arbeitet deren Beitrag für die Entwicklung der Nationalökonomie heraus (vgl. RECKTENWALD 1971, STARBATTY 1989). Diese Vorstellung von Wissenschaft ist ohne Zweifel faszinierend und fesselnd – der Bedarf an „Helden" wird befriedigt und die Ökonomie kann ebenfalls eine *hall of fame* oder ein *Pantheon* einrichten und bevölkern. Die Problematik eines solchen Ansatzes liegt darin, dass das Ordnungsprinzip für die Auswahl durchaus unterschiedlich sein kann. „Jede Sammlung von Essays über Klassiker einer Disziplin ist arbiträr. Der eine oder andere Kundige mag sich wundern, warum ausgerechnet *der* hier aufgenommen wurde, während er *den* schmerzlich vermisst." (STARBATTY 1989, S. 9). Der Einzug in das Pantheon ist somit nicht frei von der prinzipiellen Perspektivität des Urteilenden. Ruhm und Ansehen „der Helden" lassen sich unter zwei Gesichtspunkten werten: von der fachlichen Leistung her und von ihrer Bedeutung für alle oder einzelne Wissensgebiete oder Lebensbereiche. Je nach Standort des Betrachters kann die Auswahl erheblich differieren (RECKTENWALD 1971, S. 17). Zudem unterliegt man stets der Versuchung, dass diese Betrachtungsweise zur Mythenbildung oder zum Ahnenkult beiträgt (NIEHANS 1989).

Die zweite Herangehensweise legt den Schwerpunkt auf die Geschichte der ökonomischen Theorie (BLAUG 2002; NEGISHI 1989; EKELUND/HÉBERT 1990; NIEHANS 1990), die Geschichte der ökonomischen Analyse (SCHUMPETER 1965; HAHNE RIMA 1996) oder des ökonomischen Denkens (PRIBRAM 1998; LANDRETH/COLANDER 1994). Im Vordergrund stehen

1 Einleitung

weniger die Lebensbilder großer Ökonomen als vielmehr theoriegeschichtliche Epochen. Aufgezeigt wird, mit welchen allgemein vertretenen und akzeptierten Erklärungsmustern in bestimmten Perioden ökonomische Phänomene untersucht wurden. Werden Begriffe, Probleme und theoretische Konstruktionen der Vergangenheit als mehr oder weniger wahrheitsgetreue Reflexionen der jeweils herrschenden Bedingungen beschrieben, dann liegt das vor, was in der Geschichtsschreibung (Historiographie) als historische Rekonstruktion bezeichnet wird. In den ökonomischen Theorien werden lediglich Spiegelbilder der jeweiligen Epoche gesehen. Rekonstruiert wird das, was wirklich geschrieben und wie es wirklich gemeint war, ohne dabei die Dinge durch eine bestimmte „Brille" anzuschauen.

Im Gegensatz zu historischen Rekonstruktionen konzentrieren sich rationale Rekonstruktionen auf den Erkenntnisfortschritt in der Nationalökonomie. Dabei wird vom gegenwärtigen Stand der ökonomischen Wissenschaft auf die Theorien vergangener Epochen zurückgeblickt. Die Klassiker des ökonomischen Denkens werden quasi als Zeitgenossen betrachtet, mit denen wir Meinungen austauschen und ihre Ideen im Hinblick auf „Fehler" (aus heutiger Sicht gesehen) analysieren können. Rationale Rekonstruktionen, d.h. Rekonstruktionen, die davon ausgehen, dass die Geschichte der Nationalökonomie zugleich die Geschichte ihres Fortschritts ist, unterliegen jedoch der Gefahr, die Geschichte als einen gradlinigen, folgerichtigen und allein sachlich bestimmten Prozess anzusehen, der allmählich zur ganzen Wahrheit führt. Aber auch in der Wissenschaftsgeschichte gibt es Umwege des Missverstehens, Abwege des Irrtums und das Spiel des Zufalls (zur Unterscheidung zwischen historischen und rationalen Rekonstruktionen in der Historiographie BLAUG 1990, 1991a; ferner RORTY 1984).

Ziehen wir ein vorläufiges Fazit: Alle geschilderten Rekonstruktionsmodelle sind legitime Ansätze zur Modellierung der Geschichte des ökonomischen Denkens; sie haben ihre Vorteile und ihre Nachteile. Welche Position man einnimmt, hängt davon ab, auf welche Frage eine Antwort gegeben werden soll.

Die Darstellung der Geschichte einzelner Wissenschaften lag in der Vergangenheit zumeist in den Händen derjenigen Wissenschaftler, die selbst auf dem betreffenden Gebiet tätig waren; sie schrieben die Geschichte ihrer jeweiligen Fachdisziplin. Das Ziel, das damit verfolgt wurde, lag vorrangig in dem Aufbau und der Festigung einer Tradition. Die Geschichtsschreibung reduzierte sich auf eine chronologische Aneinanderreihung positiver wissenschaftlicher Leistungen. Methodologische Probleme spielten eher eine untergeordnete Rolle. Mit SCHUMPETERS „History of Economic Analysis" begann auch in der Ökonomie die Suche nach einer neuen Methodologie der Geschichtsschreibung, die durch BLAUG (1976, 1990, 1992), BRONFENBRENNER (1970), COATS (1969, 1976), DE MARCHI (1976, 1991), HICKS (1976), HUTCHISON (1978), KUNIN/WEAVER (1971), LATSIS (1976), STIGLER (1969) u.a. fortgesetzt wurde. Im Verlauf dieser Diskussion haben Überlegungen Einfluss genommen, die aus wissenschaftsphilosophischen bzw. wissenschaftstheoretischen Absichten erwuchsen. Die Geschichte der Fachdisziplinen diente als Anschauungsmaterial für die Beantwortung der Frage nach den Kriterien wissenschaftlicher Rationalität. Vor allem der von KUHN veröffentlichte Essay „The Structure of Scientific Revolutions" (1962) schlug große Wellen. Der Grund hierfür lag darin, dass KUHN das weitverbreitete Bild der Wissenschaftsentwicklung als lineare Wissensakkumulation in Frage stellte. Seine zentrale These lautet: Der Fortschritt in der Wissenschaft vollzieht sich nicht durch einen kontinuierlichen Zuwachs an Wissen, sondern durch revolutionäre Prozesse. Ein bisher geltendes Erklärungsmodell wird verworfen und durch ein neues ersetzt. Dieser Vorgang wird von KUHN als „Paradigmenwechsel" bezeichnet. In der Folge wurde KUHN nicht nur von Wissenschaftstheoretikern gelesen, sondern auch von Fachwissenschaftlern, die sein Modell der Wissenschaftsdynamik in zunehmendem Maße für das Verständnis einzeldisziplinärer Entwicklungen heranzogen.

Die Zielsetzung dieses Buches besteht darin, den Wandel der Denkmuster bzw. Denkstile, aber auch die Kontinuität grundlegender Fragestellungen in der Geschichte der Volkswirtschaftslehre deutlich zu machen. Diskontinuität mit Kontinuität zu verbinden – so lautet die Leitlinie.

Was die Modellierung des Wandels in der ökonomischen Theoriegeschichte betrifft, so soll im nachfolgenden Kapitel näher untersucht werden, ob und inwieweit der Kuhnsche Ansatz, aber auch damit konkurrierende Ansätze über die Geschichte und die Natur von Theorien fruchtbar genutzt werden können. Zugleich aber sind die Grenzen des Erreichbaren abzustecken. Keineswegs wird der Anspruch erhoben, den „wirklichen" Gang der Geschichte der Volkswirtschaftslehre nachzuvollziehen und zu erklären. Vielmehr geht es darum, an dem bereits bekannten, in vielfältiger Weise dargestellten Bild neue Aspekte sichtbar werden zu lassen, indem das verfügbare Wissen in einen neuen, durch die Modellierungslogik vorgegebenen Zusammenhang gestellt wird.

2 Zur Frage einer Rekonstruktion der Geschichte des ökonomischen Denkens

Nach Ansicht von BLAUG ist die „Geschichte der Ökonomie weniger ein Almanach kontinuierlich gesammelter Errungenschaften auf dem Gebiet der Wirtschaftstheorie als eine Geschichte aufgebauschter intellektueller Revolutionen, im Verlauf derer bereits bekannte Wahrheiten zugunsten neuer Entdeckungen dem Vergessen anheimfallen. Manchmal sieht es fast so aus, als sei die Ökonomie durch einen Kodex der Symmetrie vorangetrieben worden, demzufolge jede neue Theorie das genaue Gegenteil der vorangegangenen besagen muß" (BLAUG 1971, S. 28).

Dieses Wechselspiel des wissenschaftlichen Interesses kann unterschiedlich erklärt werden: zum einen aus der Eigendynamik intellektueller Kräfte. Dies allein dürfte jedoch nicht ausreichen, um tiefe Einschnitte, wie die Marginalrevolution oder die Keynessche Revolution, hinreichend zu erklären. Wandlungen in der Gesellschaftsstruktur und das Auftauchen neuer wirtschaftspolitischer Probleme werden damit einhergegangen sein. Zum anderen kann ein solcher Wandel des wissenschaftlichen Interesses durch die Veränderung philosophischer Strömungen oder anderer herrschender Denkweisen verursacht werden.

Über welche allgemein gültigen Maßstäbe verfügen wir, um Theorien zu beurteilen? Orientieren wir uns an POPPER (1968), dann ist Wissenschaft ein Prozess, in dessen Verlauf Hypothesen falsifiziert werden. Was bedeutet es jedoch, eine ökonomische Theorie zu falsifizieren? Die Problematik liegt hier darin, dass wir eine Hypothese oder Theorie nicht unter angemessenen Laborbedingungen experimentell testen können. Die Wirtschaftswissenschaft ist keine Experimentalwissenschaft. Von daher gibt es unter Ökonomen auch keine Einigkeit darüber, nach welchen Kriterien eine Hypothese falsifiziert werden soll. Müssen wir zudem eine Theorie bereits dann unter den Tisch fallen lassen, wenn nur ein einziges ihrer Ergebnisse falsifiziert wird? Ohne Zweifel lässt sich die Frage nicht so einfach beantworten. Aus diesen Gründen, aber nicht nur deswegen, führen ökonomische Theorien unter Umständen ein langes Leben.

Im Anfangsstadium einer Wissenschaft sind die zur Lösung von Problemen verwandten Begriffe weitgehend bestimmt vom Alltagswissen bzw. vom Alltagsverstand, von einer herrschenden philosophischen Tradition oder von den angesehenen zeitgenössischen Wissenschaften.

Die Vertreter einer ausgereiften Wissenschaft sind demgegenüber ausgebildet in einem differenzierten Theoriesystem sowie instrumenteller, mathematischer und verbaler Methoden. Sie bilden eine besondere Gemeinschaft, deren Mitglieder die bevorzugten Adressaten und die einzige Prüfinstanz für ihre Arbeiten auf diesem Gebiet sind. Die Probleme, mit denen sie sich beschäftigen, werden kaum noch von der übrigen Gesellschaft gestellt, sondern weitgehend durch wissenschaftsinterne Antriebe. Dennoch ist die Autonomie des wissenschaftsinternen Ansatzes teilweise irreführend. So hängt die Anziehungskraft verschiedener Forschungsprogramme ganz wesentlich von wissenschaftsexternen Faktoren ab. Ferner wird der Fortschritt in einigen Bereichen manchmal von vorausgegangenen Entwicklungen auf einem anderen Gebiet bestimmt. Diese unterschiedlichen Wachstumsgeschwindigkeiten können eine ganze Forschungsdisziplin beeinflussen. Außerdem können neue Techniken oder Veränderungen in den gesellschaftlichen Rahmenbedingungen die Bedeutung der Probleme bestimmter Fachdisziplinen ändern, eventuell neu schaffen. Als Folge hiervon können alte Theorien verworfen und durch neue Theorien ersetzt werden. Ebenso darf die Finanzierung des Wissenschaftssektors als Einflussfaktor nicht vernachlässigt werden.

Welchen Nutzen hat nun die Beschäftigung mit Wissenschaftsgeschichte? An erster Stelle steht die Erwartung von mehr und besseren Darstellungen der Geschichte der Wissenschaft. Am wenigsten beeinflusst dürfte wohl die wissenschaftliche Forschung werden. Zwar wird die Wissenschaftsgeschichte gelegentlich als Fundgrube vergessener Ideen und Methoden dargestellt, von denen einige durchaus zur Lösung aktueller wissenschaftlicher Probleme geeignet sein können. Vielfach findet man in der älteren Literatur auch Vorläufer von Begriffen oder Theorien, die in neueren Publikationen mit großem Erfolg als Innovation in der Wissenschaft gefeiert werden.

Zweifelsohne ist zurzeit die Wissenschaftstheorie dasjenige Gebiet, auf dem der Einfluss der Wissenschaftsgeschichte am spürbarsten ist, „wenn auch ihr Eindringen immer noch mehr Hitze als Licht verbreitet" (KUHN 1992, S. 188). Zum besseren Verständnis soll zunächst eine kurze Erläuterung der Begriffe erfolgen (DIEDERICH 1974, S. 7 ff.). Wissenschaftsgeschichte steht für zweierlei: zum einen für das Geschehen selbst und zum anderen für die Beschreibung dieses Geschehens. Letztere wird auch mit dem Begriff *Wissenschaftsgeschichtsschreibung* oder *Historiographie* bezeichnet. Ziel der Wissenschaftsgeschichte als wissenschaftliche Fachdisziplin ist das Nachzeichnen wissenschaftlicher Leistungen vergangener Epochen. Diese werden gesammelt, nachgeprüft und in aller Regel in eine chronologische Reihenfolge gebracht. Zugleich wird versucht, die beschriebenen Geschehnisse „zu erklären", doch die Erklärungen werden nahezu ohne Rückgriff auf Allgemeinaussagen oder Gesetzmäßigkeiten erzielt. Die *Wissenschaftstheorie* – der Begriff Wissenschaftsphilosophie (als deutsche Übersetzung von *philosophy of science*) wird häufig synonym verwendet – zielt dagegen ausdrücklich auf Allgemeinaussagen ab. Sie beschäftigt sich nicht mit bestimmten wissenschaftlichen Theorien, sondern mit Theorie an sich. Ihr Augenmerk richtet sich nicht auf die Entdeckungszusammenhänge wissenschaftlicher Leistungen, sondern auf die Rechtfertigungszusammenhänge wissenschaftlicher Aussagen. Verkürzt lässt sich formulieren: Dem Wissenschaftstheoretiker geht es um die Konstruktion eines Argumentes, dem Wissenschaftshistoriker um die Rekonstruktion älterer Gedanken bzw. Argumente. Im Vordergrund der Wissenschaftstheorie stehen ahistorische Problemstellungen. Es besteht kein Interesse an

2 Rekonstruktion der Geschichte des ökonomischen Denkens

der zeitlichen Entwicklung von Theorien, sondern lediglich an ihrer statischen Struktur als Beispiel vernünftiger Erkenntnis. Beispielsweise geht es um Aussagen über die Exaktheit und den Wahrheitswert wissenschaftlicher Sätze oder die Formulierung eines Kriteriums zur Unterscheidung wissenschaftlicher von metaphysischen Aussagen.

Wissenschaftsgeschichte und Wissenschaftstheorie haben somit verschiedene Ziele. Wegen der Grundverschiedenheit beider Disziplinen verwundert es daher nicht, dass sie lange Zeit kaum voneinander Notiz nahmen. Nach KUHN kann insbesondere die Wissenschaftsgeschichte zur Überbrückung der zunehmenden Kluft zwischen Wissenschaftstheorie als quasi methodologischer Überbau und der Wissenschaft selbst beitragen (KUHN 1992, S. 49 ff.). Ähnlich der Wissenschaftstheoretiker LAKATOS, ein Schüler POPPERS, der KANTS berühmtes Diktum paraphrasiert: „Wissenschaftsphilosophie ohne Wissenschaftsgeschichte ist leer; Wissenschaftsgeschichte ohne Wissenschaftsphilosophie ist blind." (LAKATOS 1974a, S. 271). Der Brückenschlag von der Wissenschaftsgeschichte zur Wissenschaftstheorie gelte vor allem deshalb, weil auch die Wissenschaftsgeschichtsschreibung für sich in Anspruch nehme, an rationalen Rekonstruktionen zu arbeiten, sich auf das Wesentliche zu konzentrieren. Das Problem bzw. die Schwierigkeit liege darin, was „das Wesentliche" sei. Daher müssen die Ergebnisse beider Disziplinen keineswegs die gleichen sein.

Was macht nun die Geschichte zu einer möglichen Quelle für eine rationale Rekonstruktion der Wissenschaft? KUHN bezeichnet die Auffassung als überholt (bzw. sie werde nur noch von wenigen geglaubt), die Wissenschaftsgeschichte sei eine bloße Sammlung vergangener wissenschaftlicher Leistungen in der Chronologie ihres Auftretens. Gestehe man ihr das Ziel zu, die beschriebenen Ereignisse zu erklären – zurückhaltender formuliert: den Versuch einer Erklärung zu unternehmen –, dann müssen die Geschehnisse nicht nur dargestellt, sondern auch Verbindungen zwischen ihnen analysiert werden.

Das Gesetzesmodell, das in den Naturwissenschaften zur Anwendung kommt, trägt seiner Ansicht nach wenig zur Erklärung historischer Geschehnisse bei. Die Erklärungskraft beruhe vielmehr auf den Tatsachen sowie auf der Art und Weise, in der der Wissenschaftshistoriker sie ordnet. Die verschiedenen Teile des Puzzles müssen zu einem „Bild" zusammengefügt werden, das zwar „etwas Ganzheitliches" darstellt, ohne es auf eindeutige Gesetzmäßigkeiten und Verallgemeinerungen zurückführen zu können. Kriterium für eine „richtige" Lösung des Puzzles seien ähnliche Bilder, wobei die Ähnlichkeit sich in der Geschichte einer „gesetzesartigen Reformulierung" entziehe. Dem Einwand, dass die verschiedenen Teile eines Bilder-Puzzles ein und nur ein Bild ergeben könne, wird von KUHN entgegen gehalten, dass die Wissenschaftsgeschichte vor der Aufgabe steht, aus einer Menge von „Bildteilen" eine Auswahl zu treffen, um diese so zusammenzusetzen, dass sich daraus ein Bild erkennbarer Gegenstände in einleuchtender Anordnung ergibt, eine geschichtliche Darstellung, die eine erkennbare Struktur aufweist und nicht nur eine Aufzählung von Tatsachen (KUHN 1992, S. 49 ff.).

Folgen wir MITTELSTRAß (1981, S. 89 ff.), so gehört der Begriff „rationale Rekonstruktion" heute zum selbstverständlichen terminologischen Bestandteil einer auf methodisches Vorgehen bedachten Wissenschaftstheorie wie einer methodisch orientierten Wissenschaftsgeschichtsschreibung. Grundlage oder Basis rationaler Rekonstruktionen sind gegebene Theorien. Rekonstruktion bedeutet zunächst einmal Wiederherstellung eines älteren „Gedankengebäudes", d.h. deskriptive Aufgaben überwiegen. Kommen kritische Elemente hinzu, so umfasst die Rekonstruktion auch normative Funktionen. In dem Begriff „rationale Rekonstruktion" kollaborieren beide Aspekte; die rationale Rekonstruktion umfasst somit deskriptive wie normative Elemente.

Während es in der wissenschaftstheoretischen Diskussion bei diesem Terminus um die Rekonstruktion von Theorien, nicht von historischen Entwicklungen geht, steht in der Wissenschaftsgeschichtsschreibung die historische Dimension von Theoriegenese und Theoriebewährung im Vordergrund. Der Versuch einer rationalen Rekonstruktion unterstellt im heuristischen Sinn, dass Wissenschaft nicht einfach naturwüchsig, ohne vernünftige Schrittfolgen, zustande gekommen ist und dass die wissenschaftliche Praxis historisch konstruierbare Entwicklungsstufen einschließt. Für das historische Begreifen von Theoriebildungen lautet in diesem Fall die alles beherrschende Frage: Welcher Art ist das Verhältnis zweier Theorien – beispielsweise Theorie I und Theorie II –, die einander im Prozess der Wissenschaftsdynamik ablösen?

2.1 Die Geschichte der Wissenschaft als Abfolge von Normalwissenschaft und wissenschaftlichen Revolutionen – das Konzept vom Paradigmenwechsel

THOMAS S. KUHN (1922-1996) war Professor für Wissenschaftstheorie und Wissenschaftsgeschichte an verschiedenen Universitäten in den USA. Er studierte zunächst Theoretische Physik und wandte sich dann der Geschichte wissenschaftlicher Ideen zu. Im Jahre 1962 veröffentlichte er sein bekanntestes Werk „The Structure of Scientific Revolutions". Die deutsche Übersetzung erschien 1967 unter dem Titel „Die Struktur wissenschaftlicher Revolutionen". Eine zweite englische Auflage erschien 1970 mit einem „Postskriptum" von 1969. Das Postskriptum, in dem KUHN auf einige Anmerkungen seiner Kritiker eingeht, ist in der 1976 erschienenen Übersetzung der zweiten Auflage enthalten. Dieser Text ist Grundlage der folgenden Ausführungen und zwar in der fünften (unveränderten) Auflage von 1981.

Wie bereits erwähnt, stellt KUHN das weitverbreitete Bild der Wissenschaftsentwicklung als lineare Wissensakkumulation kritisch in Frage. Er skizziert an dessen Stelle ein neues Bild, das revolutionäre Prozesse in den Mittelpunkt rückt. Zugleich erhebt es den Anspruch, zu einer neuen Konzeption der Wissenschaft im Ganzen zu gelangen. Da wir den Spuren, die KUHN gezogen hat, folgen wollen, sollen zunächst einmal die Grundlinien seines Ansatzes einer Theorie der Wissenschaftsgeschichte nachgezeichnet werden.

2.1 Konzept vom Paradigmenwechsel

Das Konzept der *wissenschaftlichen Revolution* beschreibt einen Vorgang, bei dem ein bisher geltendes Erklärungsmodell, an dem und mit dem die Wissenschaftler gearbeitet haben, abgelöst und durch ein anderes ersetzt wird; es findet das statt, was KUHN als *Paradigmenwechsel* bezeichnet.

Der *Paradigma*-Begriff ist deshalb von zentraler Bedeutung für die von KUHN vertretene Position. Bei der inhaltlichen Präzisierung dieses Begriffes stößt man allerdings auf erste Schwierigkeiten, da die vielen Deutungen, die KUHN diesem Begriff gibt, es erheblich erschweren, den damit beabsichtigten Sinn deutlich zu machen. An einigen Stellen seiner Ausführungen hat es den Anschein, als stünde Paradigma für „erfolgreiche Theorie". „Um als Paradigma angenommen zu werden, muß eine Theorie besser erscheinen als die mit ihr im Wettstreit liegenden, sie braucht aber nicht - und tut es tatsächlich auch niemals - alle Tatsachen, mit denen sie konfrontiert wird, zu erklären." (S. 32). Für diese Interpretation spricht, dass der Ausdruck Paradigma vorzugsweise an jenen Stellen benutzt wird, an denen von bestimmten wissenschaftlichen Theorien oder wissenschaftlichen Traditionen, die auf bestimmten Theorien fußen, die Rede ist. KUHN schreibt den Paradigmen folgende Charakteristika zu:

> *„... allgemein anerkannte wissenschaftliche Leistungen, die für eine gewisse Zeit einer Gemeinschaft von Fachleuten maßgebende Probleme und Lösungen liefern." (S. 10).*

Es deutet also viel darauf hin, dass Paradigmen als erfolgreiche Theorien anzusehen sind. Gleichwohl sind sie ein vielschichtiges Phänomen, das nicht durch eine einfache Definition der Wortbedeutung vollkommen erfasst werden kann. Eine wissenschaftliche Tradition wird durch Theorien, Gesetze, Hypothesen, Regeln, Modellvorstellungen oder bestimmte Normen geprägt. Alle diese Elemente können paradigmatisch sein, ohne dass sie einzeln ein Paradigma identifizieren.

Die Wirkungsweise des Paradigmas steht im engen Zusammenhang mit dem, was KUHN als *normale Wissenschaft* bezeichnet. Normalwissenschaftliche Tätigkeit ist paradigmageleitet, wobei das Paradigma selbst außer Diskussion gestellt wird. Ein Aspekt des Paradigmas ist, dass es aufzeigt, welche Fragen überhaupt sinnvoll gestellt werden, welche Probleme in Angriff genommen werden können und dass die Wissenschaftler ihre Problemlösungen nicht außerhalb des Paradigmas suchen. Auch ist zumeist im Voraus ungefähr bekannt, wie die Lösungen aussehen müssen, da sie im Paradigma angelegt sind. KUHN vergleicht deshalb normalwissenschaftliche Tätigkeit mit dem *Lösen von Rätseln (puzzle solving)*. „Um als Rätsel klassifiziert zu werden, muß ein Problem (aber – B.Z.) durch mehr charakterisiert sein als eine sichere Lösung. Es müssen auch Regeln vorhanden sein, die sowohl die Zahl der annehmbaren Lösungen wie auch die Schritte, durch die sie erzielt werden sollen, einschränken." (S. 52). Fragen, für die das Paradigma keine Antwort verspricht, werden gewöhnlich als falsch gestellt, metaphysisch oder zu schwierig abgetan. Diese Haltung bewirkt eine Einengung des Blickfeldes, aus der nach KUHNS Ansicht die besondere Effektivität der normalen Wissenschaft herrührt. Die Wissenschaftler konzentrieren sich auf ein durch das Paradigma abgestecktes Segment von Problemen, welches sie mit einer Genauigkeit und bis zu einer Tiefe untersuchen, die sie sich sonst kaum hätten vorstellen können.

Als Zwischenergebnis wollen wir festhalten:

Das Paradigma gibt durch ein Netzwerk von begrifflichen, theoretischen, instrumentellen und methodologischen Verpflichtungen die Probleme und Lösungsnormen der normalen Wissenschaft vor. Darüber hinaus ist das Paradigma konstitutiv für das Weltbild der Wissenschaftler; es prägt ihre Wahrnehmungen.

Eine weitere zentrale Kategorie ist die *Gemeinschaft der Wissenschaftler (scientific community)*. Das Paradigma kann seine Wirkungsweise nur unter der Voraussetzung entfalten, dass es von der Gemeinschaft der Wissenschaftler allgemein akzeptiert und anerkannt wird. Erst diese Anerkennung macht eine Theorie zu einem Paradigma. Die stärker soziologische (sozialpsychologische) Betonung von wissenschaftlicher Forschungsarbeit, die hier zum Ausdruck kommt, gehört zu den Erkenntnissen KUHNS, die besondere Beachtung gefunden haben. Die Wissenschaftler vertrauen darauf, dass das Paradigma ihre Erwartungen an das Lösen von Rätseln erfüllt. In diesem Vertrauen wird normalwissenschaftliche Forschung betrieben. KUHN bezeichnet sie als ein kumulatives Unternehmen, dessen Ziele stetige Ausweitung und genauere Exaktheit wissenschaftlicher Erkenntnisse sind. Die Kehrseite hiervon ist eine zunehmende Verkrustung und eine Einengung des Gesichtsfeldes. Es fehlt die Innovation, die sich in der Suche nach neuartigen Tatsachen und neuen Theorien ausdrückt. Die Akzeptanz eines Paradigmas durch die Gemeinschaft der Wissenschaftler stellt nun jenen Mechanismus bereit, der Voraussetzung für die Preisgabe des Paradigmas ist. Neue Theorien müssen, um Paradigmastatus zu erwerben, jenes Vertrauen gewinnen, das die Wissenschaftler bisher dem „alten" Paradigma zukommen ließen. Welche Gründe für einen Paradigmenwechsel maßgebend sein können, darauf soll an späterer Stelle näher eingegangen werden.

Zunächst geht es um die Frage, wie *wissenschaftliche Gemeinschaften* identifiziert werden können und worauf sie sich gründen. Die ursprüngliche Antwort von KUHN lautete: Wissenschaftliche Gemeinschaften stützen sich auf ein Paradigma oder eine Reihe von Paradigmata. In seinem „Postskriptum-1969" (S. 186-221) formuliert er dagegen: „Wissenschaftliche Gemeinschaften können und sollten ohne vorherigen Rückgriff auf Paradigmata isoliert werden. Letztere können dann durch die Untersuchung des Verhaltens der Mitglieder einer gegebenen Gemeinschaft herausgefunden werden." (S. 188). Mit diesem Vorschlag versucht er folgende Zirkularität aufzuheben, die ihm von einer Reihe von Kritikern entgegengehalten wurde: Ein Paradigma sei, was den Mitgliedern einer wissenschaftlichen Gemeinschaft gemeinsam sei, und umgekehrt bestehe eine wissenschaftliche Gemeinschaft aus Menschen, die ein Paradigma teilen.

KUHN verweist darauf, dass die Identifikation und die Struktur wissenschaftlicher Gemeinschaften zunehmend Gegenstand soziologischer Forschung geworden sei und vorläufige Resultate vermuten ließen, dass die empirischen Methoden zur Analyse der Gemeinschaftsbindungen keineswegs trivial seien, sondern durchaus fruchtbare Ergebnisse erwarten ließen. Zur Verdeutlichung seiner Argumentation erläutert er den von ihm zunächst eher intuitiv verwendeten Begriff näher. Eine wissenschaftliche Gemeinschaft besteht danach aus Fachleuten eines wissenschaftlichen Spezialgebietes, die einer gleichartigen Ausbildung und einem gleichartigen beruflichen Werdegang unterlagen. Sie lesen die gleiche Fachliteratur und ziehen vielfach dieselben Schlüsse daraus, es herrscht eine relative Einmütigkeit der

2.1 Konzept vom Paradigmenwechsel

Fachurteile vor. Die durch die Fachliteratur gezogenen Grenzen definieren zugleich die Grenzen ihres wissenschaftlichen Untersuchungsgegenstandes. Von daher ist auch die Kommunikation zwischen verschiedenen wissenschaftlichen Gemeinschaften recht mühsam, häufig von Missverständnissen geprägt und kann durchaus zu gravierenden Meinungsverschiedenheiten führen.

KUHN führt weiter aus, dass solche Gemeinschaften auf zahlreichen Ebenen bestehen. Für den Bereich der Naturwissenschaften, denen er das historische Beweismaterial für seine Theorie entnimmt, stellt sich als umfassende Gemeinschaft die aller Naturwissenschaftler dar. Dann folgen die Gemeinschaften der Astronomen, Physiker, Chemiker etc. Nach diesen noch relativ leicht zu definierenden Gemeinschaften folgen Untergruppen, die Teildisziplinen betreffen, wie beispielsweise anorganische und organische Chemie. Auf der untersten Ebene finden sich schließlich Spezialistengruppen von ungefähr 100, manchmal auch bedeutend weniger Wissenschaftlern. Gemeinschaften dieser Art sind es letztlich, die wissenschaftliche Erkenntnisse produzieren und prüfen. Indikatoren einer Zuordnung können sein der Besuch von Fachkongressen, das Austauschen von Manuskriptentwürfen sowie formelle wie informelle Kommunikationsnetze einschließlich derjenigen, die sich aus Briefwechsel und gegenseitigem Zitieren ergeben. Paradigmata sind dann etwas, „das den Mitgliedern solcher Gruppen gemeinsam ist." (S. 189 f.).

Über die Struktur von wissenschaftlichen Gemeinschaften ist aber, wie KUHN zugesteht, bislang noch sehr wenig bekannt. Deshalb seien nur vorsichtigste Verallgemeinerungen möglich. Die wichtigste Funktion solcher Gemeinschaften liege in der verantwortlichen Bearbeitung eines bestimmten Spezialgebietes oder Teilgegenstandes. In ihrem normalen Zustand sei eine wissenschaftliche Gemeinschaft ein effizientes Instrument zur Lösung der Probleme und Rätsel, die ihr Paradigma definiert. Ferner fungiere die Gemeinschaft als alleiniger Schiedsrichter in Fragen fachwissenschaftlicher Leistungen. Sie trage die Ausbildung des fachwissenschaftlichen Nachwuchses und sorge mit der Rekrutierung der Nachfolger für die Kontinuität der Forschungstradition. Die genannten Merkmale sind ausschließlich aus der Praxis normalwissenschaftlicher Tätigkeit abgeleitet. In Zeiten wissenschaftlicher Krisen oder wissenschaftlicher Revolutionen dürften alle diese Merkmale mehr oder weniger stark in Mitleidenschaft gezogen sein, da wissenschaftliche Revolutionen nach KUHN immer auch eine Veränderung der Gruppenbindungen mit sich bringen.

Bevor eine Wissenschaft das Stadium der Reife erfährt und eine normalwissenschaftliche Tradition entfalten kann, durchläuft sie eine Periode, die KUHN als *Vor-Paradigma-Zeit* bezeichnet (S. 32). Während dieser Zeit konkurrieren verschiedene Schulen um die Vorherrschaft über einen bestimmten Gegenstandsbereich. Charakteristisch hierfür sind Unterschiede in der Beschreibung und Interpretation von Phänomenen, mit denen eine Wissenschaft und die auf diesem Gebiet arbeitenden Wissenschaftler konfrontiert werden. Überraschend ist dann nach KUHN, dass diese anfänglichen Unterschiede weitgehend verschwinden können und tatsächlich auch verschwinden. Zumeist wird ihr Verschwinden durch den Triumph einer der konkurrierenden Schulen ausgelöst, die Paradigmastatus erlangt. Das Auftauchen eines Paradigmas berührt ebenfalls die Struktur der wissenschaftlichen Gemeinschaft. Ein Teil der Mitglieder, die bisher anderen Schulen anhingen, tritt zur erfolgreichen Theorie über; die nachfolgende Wissenschaftlergeneration fühlt sich in starkem Maße angezogen.

Zwar gibt es immer noch einige, die sich an die eine oder andere Theorie klammern, ihre Stellung in der Gemeinschaft ist jedoch isoliert und ihre Arbeiten werden daraufhin weitgehend ignoriert.

Das Kriterium für den Übergang zur Reife ist somit die Verfügbarkeit einer „guten Theorie" und einer Technik, die eine normalwissenschaftliche Forschungsaktivität im Sinne des *Rätsellösens* in Gang setzt. Die Periode der Theorievermehrung und der Kritik geht zu Ende. Schwierigkeiten tauchen dadurch auf, dass die vorwissenschaftliche Periode gewisse Ähnlichkeiten mit der Krisenphase einer „reifen" Wissenschaft aufweist. Deshalb bedarf es einer eingehenden Prüfung des zeitlich vorangehenden und eventuell nachfolgenden Zeitabschnitts, um zu entscheiden, ob im konkreten Fall eine Periode als *Vorwissenschaft* oder als *reife* Wissenschaft im Stadium der Krise zu definieren ist.

Zusammenfassend lässt sich formulieren:

Indikatoren für den Übergang einer Vorwissenschaft zu einer normalen Wissenschaft sind nach KUHN die Beendigung von Grundlagendebatten, der Rückgang konkurrierender Schulen, der Erwerb eines oder mehrerer Musterbeispiele, die sich als fähig erweisen, die Forschung der wissenschaftlichen Gemeinschaft einer Fachdisziplin zu lenken, die Konstituierung einer rätsellösenden Tradition, die Gründung von Fachzeitschriften und Fachvereinigungen sowie die Beanspruchung eines eigenständigen Platzes im Lehrplan.

Mit dem Übergang zur normalen Wissenschaft kehren wir zum Paradigma-Begriff zurück. Als Folge zahlreicher kritischer Anmerkungen (insbesondere SHAPERE 1964 und MASTERMAN 1974) hat KUHN im „Postskriptum-1969" eine veränderte Terminologie vorgeschlagen. Er unterscheidet jetzt zwischen Paradigmata als disziplinäre Systeme (in der Literatur auch als *Paradigma I* oder *Paradigma 0* bezeichnet) und Paradigmata als Musterbeispiele (*Paradigma II* oder *Paradigma I*). Die Bezeichnung *disziplinäres System* geht auf folgende Überlegung zurück: Das Wort „System" soll verdeutlichen, dass es sich um eine Zusammensetzung von verschiedenartig geordneten Elementen handelt; disziplinär deshalb, weil auf den gemeinsamen Besitz von Wissenschaftlern einer bestimmten Disziplin hingewiesen wird. Als Hauptelemente eines disziplinären Systems (oder einer *disziplinären Matrix*) nennt KUHN „symbolische Verallgemeinerungen", „Modelle", „Werte" und „exemplarische Problemlösungen". Alle diese Elemente stehen mit dem Ausdruck „Theorie" in engem Zusammenhang, gehen jedoch über das hinaus, was in der Wissenschaftstheorie heute unter diesem Begriff verstanden wird.

Symbolische Verallgemeinerungen sind die Formeln, die problemlos von allen Wissenschaftlern einer Fachdisziplin verwendet werden. Sie umfassen die formalen oder leicht formalisierbaren Bestandteile des disziplinären Systems. Einige werden normalerweise in Worten ausgedrückt, wie „actio gleich reactio", andere werden bereits in symbolischer Form geschrieben, wie $k = m \cdot b$ (d.h. Kraft gleich Masse mal Beschleunigung). „Würden nicht solche Formeln allgemein akzeptiert, dann könnten die Gruppenmitglieder bei ihrem Rätsellösen nirgendwo mit den leistungsfähigen Methoden der Logik und Mathematik ansetzen." (S. 194). Diese Verallgemeinerungen haben zwei Funktionen: Zum einen ähneln sie Naturgesetzen, haben mithin Gesetzesfunktion. Zum anderen haben sie auch eine Definitionsfunktion, da sie einige der Symbole, die sie verwenden, zugleich auch definieren. Die Balance

2.1 Konzept vom Paradigmenwechsel

zwischen diesen untrennbaren Funktionen ändert sich im Laufe der Zeit. „Gesetze sind oft Stück um Stück korrigierbar, was für Definitionen, da sie Tautologien sind, nicht gilt." (S. 195).

Modelle liefern zulässige oder bevorzugte Metaphern und Analogien, die einer Gemeinschaft von Wissenschaftlern eine Entscheidung darüber erleichtern, welche Problemlösungen und Erklärungen anerkannt werden und umgekehrt, welche Probleme ungelöst sind und wie jedes einzelne in seiner Wichtigkeit zu bewerten ist. Das Vertrauen auf bestimmte Modelle drückt sich in der gemeinsamen Bindung an bestimmte Auffassungen aus; KUHN dehnt den Begriff Modell so weit aus, dass auch die heuristische Spielart darunter fällt.

Werte bzw. *Normen* sind ebenfalls Element eines disziplinären Systems. Dazu zählen: Genauigkeit der Vorhersagen, Folgerichtigkeit, Plausibilität, Einfachheit und Widerspruchsfreiheit. Sie erweisen sich dann als besonders wichtig, wenn die Mitglieder einer bestimmten Gemeinschaft eine Krise ihres Fachs erkennen. Mit Hilfe der Werte lässt sich weitgehende Einstimmigkeit in Fragen wie der Wahl zwischen konkurrierenden Theorien oder der Unterscheidung zwischen einer normalen Anomalie oder einer Anomalie, die eine Krise hervorbringt, erzielen. Darüber hinaus werden gemeinsame Werte als wichtige Determinanten des Gruppenverhaltens angesehen, selbst wenn die Mitglieder sie nicht alle auf dieselbe Weise anwenden. Zweitens können individuelle Verschiedenheiten in der Anwendung gemeinsamer Werte durchaus wissenschaftliche Funktionen haben. Wie nicht jede Anomalie die Ursache einer Krise ist, so erweist sich nicht jede neue Theorie als richtig. Die Berufung auf gemeinsame Werte bietet der Gemeinschaft die Möglichkeit, das Risiko (auf Anomalien oder neue Theorien einzugehen) zu verteilen und den langfristigen Erfolg zu sichern.

Exemplarische Problemlösungen oder *Musterbeispiele* stellen das vierte Element eines disziplinären Systems dar. Gemeint sind damit die konkreten Problemlösungen, denen Studierende am Anfang ihrer Ausbildung begegnen; ferner Problemlösungen, wie sie Wissenschaftlern während ihrer Forscherlaufbahn in Fachzeitschriften begegnen und gleichfalls beispielhafte Arbeitsanleitungen geben. Diese Komponente der gemeinsamen Positionen einer Gruppe hatte KUHN im Sinn, als er den Ausdruck Paradigma verwendete. „Da das Wort aber ein Eigenleben angenommen hat, werde ich ..'Musterbeispiele' ('exemplars') sagen." (S. 198). In der Literatur wird zumeist von Paradigma II gesprochen. Paradigma als gemeinsames Beispiel stellt – so KUHN – das zentrale Element des neuartigen, aber am wenigsten verstandenen Aspekts seines Ansatzes dar. Von daher verlangten Musterbeispiele mehr Aufmerksamkeit als die anderen Bestandteile der disziplinären Matrix. Sie ermöglichen es den Studenten oder Wissenschaftlern, über erlernte Ähnlichkeitsbeziehungen Probleme zu lösen. „Wissenschaftler lösen Probleme dadurch, daß sie sie auf die Form früherer Problemlösungen bringen und dabei oft nur in ganz geringem Maße auf symbolische Verallgemeinerungen zurückgehen". (S. 201). Theorien und Regeln zu ihrer Anwendung trügen zwar zu einer größeren Gewandtheit bei der Lösung von Aufgaben bei, Musterbeispiele vermittelten jedoch Kenntnisse über den empirischen Gehalt von früher erlernten Gesetzen und Theorien. Derartige Musterbeispiele dienten in der normalwissenschaftlichen Periode dazu, Situationen als einander ähnlich zu sehen und als Untersuchungsobjekt für die Übertragung derselben Gesetze oder Gesetzesskizzen.

Ein weiteres Charakteristikum der normalen Wissenschaft besteht darin, dass der Fortschritt *kumulativ* ist. In der Forschung geht es primär darum, die Reichweite der anerkannten Theorie zu vergrößern und genauere Informationen sowie zunehmende Exaktheit im Zusammenspiel von Empirie und Theorie zu erreichen. Die normalwissenschaftliche Tätigkeit entspricht dem Bild von Wissenschaft, das wir üblicherweise haben. Andererseits wird die Normalwissenschaft zunehmend starrer, bedingt durch die vom herrschenden Paradigma vorgezeichneten Probleme und Problemlösungsmöglichkeiten. Was fehlt, ist das innovative Element.

Wie kommt es nun zu solchen Innovationen oder Änderungen in der Wissenschaft? KUHN unterscheidet analytisch zwischen neuartigen Tatsachen (*Entdeckungen*) und neuen Theorien (*Erfindungen*). Entdeckungen beginnen mit dem allmählichen Bewusstwerden einer Anomalie, die Natur bzw. die Welt erfüllt nicht mehr die von einem Paradigma erzeugten Erwartungen. Ein beobachtetes Phänomen ist mit den geltenden Begriffskategorien nicht fassbar. Nun beginnt die Erforschung des Bereichs der Anomalie, um das neue Faktum zu assimilieren. Der Vorgang endet, wenn das Anomale zum Erwarteten wird. In dieser Zeit der Entdeckungen werden viele vorläufige und spekulative Theorien entwickelt, nicht alle diese Theorien erreichen den Status von Paradigmatheorien. Entscheidend für die weiteren Überlegungen KUHNS ist, dass das Assimilieren eines neuen Faktums mehr verlangt als eine additive Anpassung der herrschenden Theorie. Deshalb sind das Auftauchen neuer Tatsachen und die Entstehung neuer Theorien eng miteinander verbunden.

Betrachten wir jetzt die „Erfindung" neuer Theorien. Dieser Innovation, die sowohl destruktiv (Zerstörung eines *alten* Paradigmas) wie konstruktiv (Entstehung eines *neuen* Paradigmas) wirkt, geht im Allgemeinen eine Periode der Unsicherheit voraus. Sie wird durch das andauernde Unvermögen erzeugt, für die Rätsel der normalen Wissenschaft die erwartete Auflösung zu finden, anders ausgedrückt: die Problemlösungskompetenz des alten Paradigmas versagt. Als ein Beispiel zur Verdeutlichung referiert KUHN den Wechsel vom geozentrischen Weltbild des PTOLEMÄUS zum heliozentrischen Weltbild des KOPERNIKUS. Wie in anderen Fällen trat hier die neue Theorie erst zutage, nachdem die normale Problemlösungstätigkeit versagt hatte. Derartige Prozesse beanspruchen häufig Zeit; im Beispiel PTOLEMÄUS/KOPERNIKUS waren es fast 100 Jahre, bis sich das heliozentrische Weltbild durchsetzte. Allerdings können Entdeckungen wie Erfindungen auch durch Zufall erfolgen (Beispiel Röntgenstrahlen).

Für die Wahrnehmung einer Neuerung ist bedeutsam, dass der Gemeinschaft der Wissenschaftler die Krise der anerkannten Theorie bewusst ist. „Solange die von einem Paradigma gelieferten Hilfsmittel sich als fähig erweisen, die von ihm definierten Probleme zu lösen, schreitet die Wissenschaft dann am schnellsten voran und dringt am tiefsten ein, wenn diese Hilfsmittel voll Überzeugung gebraucht werden. Der Grund ist klar. Wie bei der Fabrikation, so auch in der Wissenschaft – ein Wechsel der Ausrüstung ist eine Extravaganz, die auf die unbedingt notwendigen Fälle beschränkt bleiben soll. Die Bedeutung von Krisen liegt in dem von ihnen gegebenen Hinweis darauf, daß der Zeitpunkt für einen Wechsel gekommen ist." (S. 89).

2.1 Konzept vom Paradigmenwechsel

Welche Reaktion zeigt die Gemeinschaft der Wissenschaftler auf derartige Krisensituationen? Zunächst liegt es nahe anzunehmen, das Paradigma, das sie in die Krise hineingeführt hat, werde verworfen. Nach KUHN ist das aber keinesfalls so:

> *„Wenn eine wissenschaftliche Theorie einmal den Status eines Paradigmas erlangt hat, wird sie nur dann für ungültig erklärt, wenn ein anderer Kandidat vorhanden ist, der ihren Platz einnehmen kann." (S. 90).*

Hier wird ein entscheidender Unterschied zu POPPER und dessen methodologischer Schablone der Falsifikation deutlich, nach der eine Theorie bereits dann zu verwerfen ist, wenn eine Hypothese falsifiziert, widerlegt wird. „Ein Paradigma abzulehnen, ohne gleichzeitig ein anderes an seine Stelle zu setzen, heißt die Wissenschaft selbst ablehnen. Es ist ein Schritt, der nicht auf das Paradigma, sondern auf den Menschen zurückfällt, der ihn tut. In den Augen seiner Kollegen erscheint er unvermeidlich als 'der Zimmermann, der seinem Werkzeug die Schuld gibt'." (S. 92).

Anomalien werden zunächst nicht als Gegenbeispiele zur anerkannten Theorie behandelt. Die Verteidiger der Theorie versuchen, das Widerstand leistende Problem mit den Regeln des Paradigmas anzugehen und durch Modifikationen ihrer Theorie, Konflikte zu eliminieren. Bei anhaltender Gegenwehr werden jedoch die Regeln des normalen Rätsellösens in der Weise gelockert, dass letztlich ein neues Paradigma auftauchen kann – nicht aber auftauchen muss. Gewöhnlich findet sich jede Theorie mit Anomalien konfrontiert. Vom Standpunkt der Normalwissenschaft bedeuten sie oft nicht mehr als offene Probleme, die ihrer Lösung mit den gewohnten Methoden noch nicht zugeführt sind. KUHN kommt zu dem Schluss, dass es auf die Frage, wann eine Anomalie eine Krise hervorruft, wahrscheinlich keine allgemeingültige Antwort gibt. Voraussetzung ist jedoch, dass die Anomalie mehr zu werden scheint als ein weiteres Rätsel der Normalwissenschaft. Dass sie darüber hinaus allgemein als solche anerkannt und ihr besondere Aufmerksamkeit gewidmet wird. In diesem Fall hat nach KUHN der Übergang zur Krise und zur außerordentlichen Wissenschaft (Forschung) begonnen.

Alle Krisen fangen mit der Aufweichung eines Paradigmas und der damit verbundenen Lockerung der Regeln an. Sie enden auf eine von drei Arten: Entweder erweist sich die normale Wissenschaft als fähig, mit dem krisenproduzierenden Problem fertig zu werden oder das Problem sperrt sich gegen radikale Alternativen zum herrschenden Paradigma. Im zweiten Fall wird das Problem archiviert und künftigen Generationen von Wissenschaftlern überantwortet. Der Krisenzustand findet aber auch drittens dann sein Ende, wenn ein neuer Paradigma-Anwärter auftaucht und der Streit über dessen Anerkennung geführt wird.

Da der Übergang von einem alten (krisenbehafteten) Paradigma zu einem neuen Paradigma – aus dem wiederum eine neue Tradition der Normalwissenschaft hervorgeht – kein kumulativer Prozess ist, unterscheidet er sich von einer Präzisierung oder Erweiterung des alten Paradigmas. Es handelt sich vielmehr um einen Neuaufbau, der eine Reihe elementarer theoretischer Verallgemeinerungen des Fachgebiets wie auch viele seiner Paradigmamethoden und Paradigmaanwendungen verändert. Nach Abschluss dieses Übergangs hat die Fachwissenschaft ihre Anschauung über das Gebiet, die Methoden und die Ziele geändert. KUHN betont die Ähnlichkeit mit einem Wechsel der visuellen Gestalt (*Gestaltwechsel*): „Die Zeichen auf dem Papier, die erst als Vogel gesehen wurden, werden jetzt als Antilope gesehen, oder umgekehrt." (S. 98).

Der Übergang zu einem neuen Paradigma wird als *wissenschaftliche Revolution* bezeichnet. Manchmal spiegelt sich die Form des neuen Paradigmas bereits in der Struktur wider, welche die außerordentliche Forschung der Anomalie gegeben hat. Öfter aber taucht das neue Paradigma „ganz plötzlich, manchmal mitten in der Nacht, im Geist eines tief in die Krise verstrickten Wissenschaftlers auf." (S. 102). Dem Zusammenbruch eines alten Paradigmas muss jedoch nicht immer und in allen Fällen eine Revolution folgen. Historisch ließe sich der Beginn einer wissenschaftlichen Revolution kennzeichnen durch den Zeitpunkt der Formulierung jener Theorie, die sich in der Folge durchsetzt und zum neuen Paradigma einer normalwissenschaftlichen Tradition wird.

Die Übertragung der Metapher *Revolution* – die üblicherweise zur Kennzeichnung einer politischen Entwicklung verwandt wird – auf die Wissenschaftsgeschichte wird von KUHN ausführlich begründet (vgl. auch BAYERTZ 1981). In der Politik gehe es bei Revolutionen um die Wahl zwischen konkurrierenden politischen Institutionen, in der Wissenschaft um die Wahl zwischen konkurrierenden Paradigmen. Im Ergebnis handele es sich in beiden Fällen um die Wahl zwischen unvereinbaren Lebensweisen einer Gemeinschaft. Ein revolutionärer Konflikt werde allerdings in der Wissenschaft nicht oder nur selten mit Gewalt entschieden. Eine weitere Parallele liege darin, dass es – vergleichbar zu politischen Revolutionen – auch bei wissenschaftlichen Revolutionen in der Frage der Auswahl eines Paradigmas keine höhere Norm gebe als die Billigung durch die Gemeinschaft der Wissenschaftler. Die Wahl werde niemals allein durch Logik und Experiment eindeutig entschieden werden können. „Wenn Paradigmata in eine Diskussion über die Wahl von Paradigmata eingehen – und sie müssen es ja –, dann ist ihre Rolle notwendigerweise zirkulär. Jede Gruppe verwendet ihr eigenes Paradigma zur Verteidigung eben dieses Paradigmas." (S. 106). Diese Zirkularität mache die Argumente aber weder falsch oder auch nur unwirksam.

Kann es aber nicht doch Verträglichkeiten zwischen altem und neuem Paradigma geben, welche die These einer kumulativen wissenschaftlichen Entwicklung rechtfertigen? Nach KUHN gibt es für diese Ansicht durchaus gewichtige Gründe. Andererseits sprächen immer mehr Gründe dafür, dass eine kumulative Entwicklung nicht nur in der Realität selten, sondern auch im Prinzip unwahrscheinlich sei. Zwischen dem Paradigma, das mit einer Anomalie konfrontiert werde, und dem Paradigma, welches eine Anomalie gesetzeskonform mache, müsse es einen Konflikt geben. Allgemein seien nur drei Arten von Phänomenen vorhanden, für die eine neue Theorie entwickelt werden könne: Die erste umfasse jene Phänomene, die vom vorhandenen Paradigma gut erklärt werden. Für die Konstruktion neuer Theorien bestehe im Grunde genommen keinerlei Anlass. Würde dies dennoch geschehen, so fänden die Theorien selten Anerkennung, da die „Welt" der Wissenschaft keine Grundlage der Unterscheidung liefere. Für die zweite Art von Phänomenen gelte, dass deren Wesen durch das vorhandene Paradigma erklärt werde, ihre Einzelheiten aber nur durch eine weitere „Artikulation" der Theorie verstanden werden können. Hätten diese Versuche keinen Erfolg, begegneten die Wissenschaftler dem dritten Phänomen-Typ (den anerkannten Anomalien), deren Charakteristikum ihr hartnäckiger Widerstand gegen jede Vereinnahmung durch das herrschende Paradigma sei. Nur der letzte Typ ließe neue Theorien entstehen. „Wenn aber neue

2.1 Konzept vom Paradigmenwechsel

Theorien aufgeboten werden, um Anomalien in der Beziehung einer existierenden Theorie zur Natur aufzulösen, dann muß die erfolgreiche neue Theorie Voraussagen ermöglichen, die sich von den aus ihrer Vorgängerin abgeleiteten unterscheiden. Dieser Unterschied wäre nicht möglich, wenn die beiden Theorien logisch vereinbar wären." (S. 110). KUHN nimmt als erwiesen an, „daß die Gegensätze zwischen aufeinanderfolgenden Paradigmata ebenso notwendig wie unversöhnbar sind." (S. 115). Eine veraltete Theorie lässt sich zwar durchaus noch als ein Spezialfall der modernen Nachfolgerin ansehen, doch muss sie zu diesem Zweck umgewandelt werden. In ihrer Neuformulierung wäre sie jedoch als Richtschnur für wissenschaftliche Forschung nicht mehr ausreichend. Aus den notwendigen wie unversöhnbaren Gegensätzen aufeinanderfolgender Paradigmen zieht KUHN den Schluss: „Die normalwissenschaftliche Tradition, die aus einer wissenschaftlichen Revolution hervorgeht, ist mit dem Vorangegangenen nicht nur unvereinbar, sondern oft sogar inkommensurabel." (S. 116).

Mit dem neuen Paradigma ändern sich nicht nur die Probleme, häufig findet auch eine Änderung der Normen statt. Die normative Funktion des Paradigmas beschreibt KUHN mit folgender Metapher: Zunächst entsteht mit Hilfe einer wissenschaftlichen Theorie eine Landkarte, deren Einzelheiten durch wissenschaftliche Forschung aufgehellt werden. Diese Landkarte ist ebenso wichtig wie Beobachtung und Experiment. Paradigmen versorgen die Wissenschaftler jedoch nicht nur mit einer Landkarte, sondern auch mit einigen wesentlichen Richtlinien für die Erstellung einer Landkarte. Gehen nun die Auffassungen zweier wissenschaftlicher Schulen darüber auseinander, was ein Problem und was eine Lösung ist, werden sie aneinander vorbeireden, wenn über die relativen Vorzüge ihrer jeweiligen Paradigmata eine Diskussion entbrennt. Paradigmadiskussionen bringen stets die Frage mit sich: Welche Problemlösung ist bedeutsamer? „Wie der Streit konkurrierender Normen kann diese Wertfrage nur im Rahmen von Kriterien entschieden werden, die außerhalb der normalen Wissenschaft liegen, und gerade diese Zuflucht zu äußeren Kriterien macht ganz offensichtlich die Paradigmadiskussion revolutionär." (S. 122).

Wissenschaftliche Revolutionen, Paradigmenwechsel, führen zu Änderungen in der wissenschaftlichen Wahrnehmung oder zu einem Wandel des Sehens. Als erläuterndes Beispiel verwendet KUHN wiederum die bekannten Darstellungen eines visuellen Gestaltwandels: „Was in der Welt des Wissenschaftlers vor der Revolution Enten waren, sind nachher Kaninchen." (S. 123). Der Wissenschaftler setzt – bildhaft gesprochen – eine „neue Brille" auf. Dabei drängt sich zunächst der Gedanke auf, Paradigmenwechsel bedeuteten lediglich Änderungen der Interpretation der Wissenschaftler, während die Beobachtungen durch die Natur der Umwelt und des Wahrnehmungssystems fixiert sind. Die Interpretationstätigkeit kann aber – so KUHN – ein Paradigma nur artikulieren, nicht korrigieren. Anomalien und Krisensituationen werden nicht durch Überlegung und Interpretation beendet, „sondern durch ein relativ plötzliches und ungegliedertes Ereignis gleich einem Gestaltwandel …". „Die Wissenschaftler sprechen dann oft von den 'Schuppen, die ihnen von den Augen fallen' oder dem 'Blitzstrahl', der ein vorher dunkles Rätsel 'erhellt', wodurch seine Bestandteile in einem neuen Licht gesehen werden können, das zum erstenmal seine Lösung gestattet." (S. 134). Zur Kennzeichnung derartiger Situationen passe nicht der übliche Sinn des Wortes „Interpretation".

Als Fazit dieses Gedankenganges ist festzuhalten:

> Wissenschaftliche Revolutionen sind mit Wandlungen des Weltbildes verbunden. Zwar leben die Wissenschaftler nicht plötzlich auf einem anderen Planeten, sie sehen jedoch die Welt ihres Forschungsbereichs durch eine andere Brille.

Als nächstes stellt KUHN die Frage, wie wissenschaftliche Revolutionen zu Ende gehen. Dazu wird in einem ersten Schritt untersucht, aus welchen Quellen Wissenschaftler und Laien ihre Vorstellungen von innovativer wissenschaftlicher Tätigkeit beziehen. Im Regelfall geschehe dies aus wissenschaftlichen Lehrbüchern, den auf ihnen aufbauenden allgemein verständlichen Darstellungen und aus wissenschaftstheoretischen Schriften. Allen drei Informationsquellen sei gemeinsam, dass sie das Paradigma der jeweiligen normalwissenschaftlichen Tradition zur Grundlage nehmen. Ändern sich Sprache, Problemstrukturen oder Normen dieser Tradition, dann müssen die Lehrbücher als Folge wissenschaftlicher Revolutionen ganz oder teilweise neu geschrieben werden. Lehrbücher enthielten aber nur selten Geschichtliches; wenn überhaupt, dann in einem einführenden Kapitel oder in gelegentlichen Hinweisen auf die großen Helden vergangener Epochen. Dadurch werde das Gefühl genährt, an einer beständigen historischen Tradition teilzuhaben, obwohl diese Tradition tatsächlich niemals existiert habe. Durch Auslese oder Verzerrung würden dann die Wissenschaftler früherer Zeitalter so dargestellt, als hätten sie an den gleichen oder ähnlichen Problemen gearbeitet, welche die letzte Revolution mit dem Stempel der Wissenschaftlichkeit versehen hat. Von daher sei es kein Wunder, dass der wissenschaftliche Fortschritt linear und kumulativ erscheine. Vorherrschend sei folgendes Bild: Zug um Zug hätten „die Wissenschaftler in einem Prozess, der oft mit dem Aufeinanderfügen von Ziegelsteinen bei einem Bau verglichen werde, ein neues Faktum, einen Begriff, ein Gesetz oder eine Theorie dem Bestand von Informationen, den die jeweiligen wissenschaftlichen Lehrbücher liefern, hinzugefügt." (S. 151 f.). Diese Auslegung der Wissenschaftsgeschichte mache die Revolutionen unsichtbar. Nach KUHN können jedoch nur wenige Rätsel einer normalwissenschaftlichen Tradition bis zum geschichtlichen Beginn der Wissenschaft zurückverfolgt werden. Frühere Epochen hatten nicht nur ihre eigenen Probleme, sondern auch ihre eigenen Instrumente und Problemlösungsmethoden.

Was veranlasst nun Wissenschaftler, eine normalwissenschaftliche Tradition zugunsten einer anderen aufzugeben? Erinnern wir uns: Die Überprüfung eines Paradigmas erfolgt erst dann, wenn durch das andauernde Unvermögen, ein bedeutsames Rätsel zu lösen, eine Krise entstanden ist. Voraussetzung ist ferner, dass das Bewusstsein der Krise einen Alternativkandidaten hervorgebracht hat. Paradigmaprüfung ist somit

> *„ein Teil des Wettstreits zwischen zwei rivalisierenden Paradigmata um die Gefolgschaft der wissenschaftlichen Gemeinschaft."* (S. 156).

In diesem Wettstreit hilft das Poppersche Kriterium der Falsifikation nicht viel weiter – so die Auffassung KUHNS. Keine Theorie löse jemals alle Rätsel, mit denen sie zu einem bestimmten Zeitpunkt konfrontiert sei; auch die erzielten Lösungen seien oft unvollkommen. „Wenn jede einzelne Nichtübereinstimmung (von Fakten und Theorie – B.Z.) ein Grund für die Ablehnung einer Theorie wäre, müßten alle Theorien allezeit abgelehnt werden. Wenn andererseits nur eine schwerwiegende Nichtübereinstimmung eine Theorieablehnung recht-

2.1 Konzept vom Paradigmenwechsel

fertigte, brauchten die Anhänger Poppers ein Kriterium der 'Unwahrscheinlichkeit' oder des 'Grades der Falsifikation'. Bei der Entwicklung eines solchen würden sie mit ziemlicher Sicherheit auf das gleiche Geflecht von Schwierigkeiten treffen, in das sich schon die Verfechter der verschiedenen .. Verifikationstheorien verstrickt haben." (S. 157 f.). Ob und wie gut eine Theorie zu den Fakten passe, könne nur bis zu einem gewissen Grade beantwortet werden. Betrachte man Theorien zusammen oder auch nur paarweise, dann sei es durchaus sinnvoll zu fragen, welche von zwei miteinander konkurrierenden Theorien besser zu den Fakten passe.

Die Konversion von einem Paradigma zum anderen ist oft mit Schwierigkeiten verbunden und wird durch viele Gründe beeinflusst. KUHN zitiert hierzu CHARLES DARWIN (Die Entstehung der Arten) und MAX PLANCK (Wissenschaftliche Autobiographie): „Obgleich ich von der Richtigkeit der … in diesem Werke mitgeteilten Ansichten durchaus überzeugt bin, erwarte ich keineswegs auch die Zustimmung solcher Naturforscher, deren Geist von Tatsachen erfüllt ist, die sie jahrzehntelang von einem entgegengesetzten Standpunkt aus ansahen … (Aber) ich sehe mit großem Vertrauen in die Zukunft. Junge, aufstrebende Naturforscher werden unparteiisch die beiden Seiten der Frage prüfen können" (DARWIN) – „Eine neue wissenschaftliche Wahrheit pflegt sich nicht in der Weise durchzusetzen, daß ihre Gegner überzeugt werden und sich als belehrt erklären, sondern vielmehr dadurch, daß die Gegner allmählich aussterben und daß die heranwachsende Generation von vornherein mit der Wahrheit vertraut gemacht ist." (PLANCK) - (beide Zitate nach KUHN 1981, S. 162).

Das Interesse von KUHN ist jedoch vorrangig auf die wissenschaftliche Gemeinschaft gerichtet und nicht so sehr auf das Individuum, dessen Konversion oder Widerstand u.a. von Lebenslauf, Persönlichkeit, Reputation als innovativer Wissenschafter, oder gar Nationalität abhängen können.

Im Weiteren werden deshalb einige Argumente vorgestellt, die sich in dem Wettstreit um einen Paradigmenwechsel als besonders wirksam erwiesen haben. Die Befürworter eines neuen Paradigmas beanspruchen eine größere Kompetenz bei der Lösung der Probleme, die das alte Paradigma in die Krise geführt haben. Dies ist die häufigste und auch zumeist wirksamste Behauptung im Kampf der Paradigmen.

Kann die größere Problemlösungskompetenz zunächst nicht in Anspruch genommen werden, dann gilt es, auf anderen Feldern der Fachdisziplin überzeugendere Positionen zu beziehen, wie beispielsweise die Vorhersage von Phänomenen, die unter der Vorherrschaft des alten Paradigmas niemand vermutet hätte (Prognosekompetenz).

Letztlich gibt es, wenn auch nur selten explizit geäußert, Argumente, die „an den Sinn des einzelnen für das Passende oder das Ästhetische appellieren – die neue Theorie, so heißt es, sei 'sauberer', 'besser geeignet' oder 'einfacher' als die alte." (S. 166). Die ästhetische Anziehungskraft neuer Paradigmen ist nicht geringzuschätzen: „Wenn ein neuer Paradigmakandidat von Anfang an dem Urteil praktisch-nüchterner Leute unterläge, die nur die relative Problemlösungsfähigkeit untersuchten, dann würden die Wissenschaften sehr wenige größere Revolutionen erleben." (S. 168). Derjenige Wissenschaftler, der ein neues Paradigma in einem frühen Stadium annimmt, muss den Glauben besitzen, dass das Neue mit den bedeutendsten Problemen seiner Disziplin besser fertig wird als das Alte, wobei er nur weiß, dass das alte Paradigma bei einigen großen Problemen versagt hat.

Trifft am Ende zu, dass neue Paradigmen durch irgendeine mystische Ästhetik triumphieren? KUHN verneint dies, da nur wenige Mitglieder einer wissenschaftlichen Gemeinschaft aus diesem Grund mit einer Tradition brechen. Zwar könne es in der Anfangsphase durchaus einzelne mit gelegentlich fragwürdigen Motiven geben; durchsetzen würden sich jedoch nur diejenigen, welche im Kampf um die Vorherrschaft die Problemlösungskompetenz des neuen Paradigmas verbessern. Mehr und mehr Wissenschaftler würden dann bekehrt werden, und die Erforschung des neuen Paradigmas würde voranschreiten. Schließlich würden immer mehr Forscher die neue Ausübung der normalen Wissenschaft annehmen, bis nur einige ältere „Starrköpfe" übrigblieben. Von diesen ließe sich aber nicht behaupten, sie seien im Unrecht. Der Widerstand sei in keiner Phase des Streits unlogisch oder unwissenschaftlich.

Zum Abschluss seines Versuches einer schematischen Beschreibung der wissenschaftlichen Entwicklung beschäftigt sich KUHN noch mit der Frage, ob es in der Wissenschaft einen Fortschritt gibt. In den vorparadigmatischen Perioden lässt sich ein Fortschritt nur innerhalb der miteinander konkurrierenden Schulen verfolgen. Die schöpferische wissenschaftliche Tätigkeit ist die Aufgabe einzelner, die Resultate ihrer Arbeit ergeben aber noch keine Wissenschaft im heute verstandenen Sinn. Auch in der Phase einer wissenschaftlichen Revolution, in der es um die Ablösung des herrschenden Paradigmas durch ein ihm entgegengesetztes geht, gibt es Zweifel an der Möglichkeit eines weiteren Fortschritts. Demnach scheint nur in den Zeiten normaler Wissenschaft Fortschritt offenkundig und gesichert zu sein. Die Akzeptanz eines gemeinsamen Paradigmas befreit die wissenschaftliche Gemeinschaft davon, ihre Grundprinzipien permanent zu überprüfen. Dadurch ist die Möglichkeit gegeben, sich auf die subtilsten und esoterischsten Probleme zu konzentrieren. Zwangsläufig steigert dies die Wirksamkeit und Leistungsfähigkeit. Die Leistungsfähigkeit wird ferner verstärkt durch die Absonderung der wissenschaftlichen Gemeinschaft von der Außenwelt. Der Wissenschaftler arbeitet in der Regel nur für einen kleinen Kreis von Kollegen, der seine Werte und Normen teilt. Die Wahl der Forschungsprobleme muss daher nicht unmittelbar etwas mit der Dringlichkeit ihrer Lösung zu tun haben. KUHN verweist in diesem Zusammenhang auf einen Unterschied zwischen Naturwissenschaften und vielen Sozialwissenschaften. Letztere verknüpften oft die Wahl des Forschungsproblems mit dem Argument der sozialen Bedeutung einer erzielten Lösung.

Das erste Fazit seiner Ausführungen zum Fortschritt lautet: „In ihrem normalen Zustand ist .. eine wissenschaftliche Gemeinschaft ein immens wirksames Instrument für die Lösung der Probleme und Rätsel, die ihr Paradigma definiert. Außerdem muß das Ergebnis der Lösung dieser Probleme zwangsläufig Fortschritt bedeuten." (S. 177 f.).

Kommen wir jetzt zu den wissenschaftlichen Revolutionen: Gehört Fortschritt zu deren universellen Begleiterscheinungen? KUHN betrachtet schon allein das Ergebnis – der Sieg über das gegnerische Lager – als Fortschritt.

Ein Paradigmenwechsel hat zur Folge, dass die Lehrbücher verworfen werden, in denen das alte Paradigma Gestalt gewonnen hatte. Nach einer siegreichen Revolution wird die Geschichte der Disziplin neu geschrieben. Hierbei taucht zwangsläufig die Vorstellung auf, dass Macht Recht schaffe. Kuhn verneint dies jedoch, da die Vollmacht, zwischen Paradigmen zu wählen, einer besonderen Gemeinschaft, nämlich der scientific community übertragen ist.

Was das Fortschrittsproblem betrifft, so müssen wir „vielleicht die – ausdrückliche oder unausdrückliche – Vorstellung aufgeben, daß der Wechsel der Paradigmata die Wissenschaftler ... näher und näher an die Wahrheit heranführt." (S. 182). Nichts deute darauf hin, dass die Entwicklung im Verständnis der Natur (Welt) eine Entwicklung „auf etwas hin" beinhalte.

Zum Abschluss seiner wissenschaftsgeschichtlichen Betrachtungen stellt KUHN eine Analogie zwischen der Evolution von Organismen und der Evolution wissenschaftlicher Ideen her. Die Lösung wissenschaftlicher Revolutionen erfolge durch Selektion – das Fortschreiten in den (Natur-) Wissenschaften stelle sich als eine Folge revolutionärer Selektionen dar, die sich mit Perioden normaler Forschung abwechseln. Die aufeinanderfolgenden Stadien dieses Entwicklungsprozesses seien durch eine Steigerung von Artikulation und Spezialisierung im Verstehen der Natur (Welt) gekennzeichnet.

2.2 Die Methodologie wissenschaftlicher Forschungsprogramme als Wegweiser der Geschichte

Die Betrachtung des wissenschaftlichen Fortschritts, wie sie bei KUHN zu finden ist, stieß aus wissenschaftstheoretischer Sicht auf die Kritik von POPPER und dessen Anhängern. Das Voranschreiten einer neuen, der alten widersprechenden Theorie wurde von ihnen als der entscheidende Schritt „kritischer Rationalität" gewertet, der sich ihrer Ansicht nach nicht mit Begriffen wie „Bekehrung" und „Gestaltwandel" fassen lässt. Der Vorwurf des „Irrationalismus" ist denn auch der gegenüber KUHN am häufigsten vorgebrachte Kritikpunkt. Der weitreichendste und umfassendste Gegenentwurf stammt von LAKATOS (1974a). In seinem Beitrag „Die Geschichte der Wissenschaft und ihre rationalen Rekonstruktionen" vergleicht LAKATOS seine „Methodologie wissenschaftlicher Forschungsprogramme" mit konkurrierenden Methodologien, wie dem Induktivismus, Konventionalismus und (methodologischem) Falsifikationismus, hinsichtlich ihrer wissenschaftsgeschichtlichen Brauchbarkeit. Er geht dabei von einer Wechselwirkung zwischen Wissenschaftstheorie und Wissenschaftsgeschichte aus, die beide aneinander zu messen gestatte; der Wissenschaftshistoriker bedürfe bei der Auswahl der zu ordnenden und in einen Zusammenhang zu bringenden historischen Daten einer leitenden Wissenschaftsauffassung, während umgekehrt der Wissenschaftstheoretiker über markante wissenschaftliche Fortschritte einen Maßstab zur Beurteilung von Methodologien abzugeben vermag. Da LAKATOS in jeder Methodologie der Wissenschaft zugleich eine Theorie wissenschaftlicher Rationalität erblickt und darüber hinaus „interne Wissenschaftsgeschichte" mit „rational rekonstruierter Wissenschaftsgeschichte" gleichsetzt, differieren Methodologien für ihn auch darin, dass sie die Grenze zwischen interner (methodologisch rekonstruierbarer) und externer Wissenschaftsgeschichte verschieden ziehen.

Versuchen wir als erstes, den Kern des Ansatzes von LAKATOS herauszuschälen. Im Mittelpunkt seiner Überlegungen einer *rationalen Rekonstruktion* von Wissenschaftsgeschichte steht nicht eine isolierte Theorie als Ordnungssystem oder eine falsifizierbare Hypothese, das *Wissenschaftsspiel* wird vielmehr durch ein *Forschungsprogramm* eröffnet. Ein solches Forschungsprogramm besteht aus einem durch Konvention akzeptierten (und somit vorläufig „unwiderlegbarem") *harten Kern* und einer *positiven Heuristik*. Treibende Kraft in diesem Spiel ist die positive Heuristik, welche die Problemwahl der Wissenschaftler bestimmt, die Konstruktion eines „Hypothesengürtels" skizziert, Anomalien voraussieht und diese erfolgreich in Musterbeispiele verwandelt.

Damit kann – so LAKATOS – der hohe Grad an Autonomie der theoretischen Wissenschaft erklärt werden – eine Erklärung, die der Falsifikationismus mit seinen zusammenhanglosen Ketten von Vermutungen (conjectures) und Widerlegungen (refutations) zu leisten nicht imstande sei.

Betrachten wir jetzt die Wissenschaftsdynamik. Ein Forschungsprogramm führt zu Fortschritten in der Wissenschaft, solange sein theoretisches Wachstum die neuen Tatsachen, mit denen es konfrontiert wird, mit einigem Erfolg vorhersagt (*progressive Problemverschiebung*); das Programm stagniert, wenn das theoretische Wachstum hinter dem empirischen Wachstum der zu lösenden Probleme zurückbleibt (*degenerative Problemverschiebung*). Ist ein konkurrierendes Forschungsprogramm in der Lage, neue Tatsachen vergleichsweise besser zu erklären und vorherzusagen, so wird dies auf Dauer das herrschende Forschungsprogramm aufheben, eliminieren oder zur Seite stellen. Die Phase der Konkurrenz bei rivalisierenden Forschungsprogrammen ist in der Regel recht lang. Während dieses Zeitraums arbeiten die Wissenschaftler innerhalb der jeweiligen Programme durchaus rational, unter Umständen können sie auch in beiden arbeiten. Die von LAKATOS als möglich betrachtete gleichzeitige Arbeit an rivalisierenden Forschungsprogrammen widerspricht der These KUHNS, dass konkurrierende Programme bzw. Paradigmen inkommensurabel sind.

Je mehr ein alternatives Programm in Erklärung und Prognose fortschreitet, desto schwerer ist es für den Rivalen, sich zu behaupten. Es kommt zu dem, was LAKATOS „Degeneration" nennt. Erreicht das alternative Programm einen entscheidenden Vorsprung, so kann der Rivale „eliminiert" werden – ein Vorgang, der auch bei LAKATOS als wissenschaftliche Revolution bezeichnet wird. Wann genau dies der Fall sein wird, lässt sich nur schwer entscheiden. „Weder der Nachweis eines Widerspruchs von Seiten des Logikers noch die Feststellung einer Anomalie durch den Experimentalwissenschaftler kann ein Forschungsprogramm mit einem Streich schlagen." (Zitat im Original kursiv – B.Z.) (LAKATOS 1974a, S. 282). Ebenso ist durchaus möglich, dass ein weit zurückgebliebener Rivale ein „comeback" erleben kann. Kein Vorteil für ein wissenschaftliches Forschungsprogramm darf als absolut endgültig angesehen werden. Bescheidenheit und Hartnäckigkeit haben in der Konzeption von LAKATOS einen größeren „rationalen Spielraum". Verlangt wird jedoch, dass die Liste der Erfolge und Misserfolge konkurrierender Programme aufgezeichnet und jederzeit offen vorgelegt wird.

Eine Wissenschaftsgeschichtsschreibung, die sich die Methodologie wissenschaftlicher Forschungsprogramme zum Leitfaden macht, wird in der Geschichte nach konkurrierenden Forschungsprogrammen, nach progressiven und degenerativen Problemverschiebungen suchen. Mit Hilfe dieses Grundmusters wird dann der rationale Aspekt des Wachstums wissenschaftlicher Erkenntnisse erklärt. Wie jede andere Theorie rationaler Rekonstruktion muss auch sie unter Umständen durch eine externe Geschichte ergänzt werden. Diese hat den Zweck, die verbleibenden nicht-rationalen Faktoren zu erklären. Nach LAKATOS ist die Geschichte der Wissenschaft stets reicher als ihre rationale Rekonstruktion; aber es gilt: Die interne Geschichte (oder rationale Rekonstruktion) ist primär, die externe Geschichte nur sekundär.

Was die allgemeine Kritik an der Idee einer rationalen Rekonstruktion von Wissenschaftsgeschichte und ihren Wandel betrifft, so vertritt LAKATOS die These, dass „Geschichte ohne theoretisches 'Vorurteil' .. unmöglich (ist)." (Zitat im Original kursiv – B.Z.) (LAKATOS 1974a, S. 290). Die Geschichte der Wissenschaft sei eine Geschichte von Ereignissen, die in normativer Weise ausgewählt und interpretiert werden.

Im Anschluss an diese Überlegungen wird das Problem abgehandelt, wie sich im Wettstreit befindliche Methodologien der Geschichtsschreibung, rivalisierende rationale Rekonstruktionen bewerten lassen. Die Grundidee der Problemlösung von LAKATOS lautet: Alle Methodologien fungieren ebenfalls als historiographische Forschungsprogramme. Sie lassen sich kritisieren, indem die rationale Rekonstruktion von Wissenschaft, zu der sie den Leitfaden liefern, kritisiert wird. Als Ergebnis seiner Argumentation – auf deren ausführliche Darstellung hier verzichtet wird – kommt er zu dem Urteil, dass sich letztlich alle rationalen Rekonstruktionen – auch seine eigene Methodologie wissenschaftlicher Forschungsprogramme – historiographisch „falsifizieren" lassen. Er begründet dies damit, dass keine rationale Rekonstruktion mit der wirklichen Geschichte jemals ganz übereinstimmt (LAKATOS 1974a, S. 300 f.). Es besteht vielmehr die Gefahr, dass die Wissenschaftsgeschichte in das Prokrustes-Bett einer jeweils definierten Rationalität gezwungen und so eine Konstruktion geschaffen wird, welche die passenden Mythen bereitstellt.

Historiographische Kritiker dieser Methodologien vertreten die Auffassung, dass man zwar in besonderen Fällen rationale wissenschaftliche Bewertungen treffe könne, es aber keine allgemeine Theorie der wissenschaftlichen Rationalität gebe. Die Wissenschaft sei zwar rational, aber ihre Rationalität ließe sich nicht unter die allgemeinen Gesetze irgendeiner Rationalität zusammenfassen. Am weitesten geht FEYERABEND (1974, 1983) mit seiner Auffassung, dass es weder eine allgemeine Theorie wissenschaftlicher Rationalität, noch eine Sache wie wissenschaftliche Rationalität selbst gebe. In eine andere Richtung stößt die Kritik von KUHN, der in seiner Konzeption einen revolutionären Wechsel rationaler Autoritäten konstituiert. Für LAKATOS kann die Aufgabe jedoch nur darin bestehen, nach einer verbesserten Methodologie zu suchen, die gleichfalls eine bessere rationale Rekonstruktion der Wissenschaft erlaubt.

Er hat deshalb ein neues „konstruktives" Kriterium vorgeschlagen, mit dessen Hilfe es möglich sein soll, „Methodologien qua (im Original kursiv – B.Z.) rationale Rekonstruktionen der Geschichte zu bewerten." (LAKATOS 1974a, S. 301). Der Kunstgriff besteht darin, dass Lakatos eine Methodologie wissenschaftlicher Forschungsprogramme zweiter Ordnung, quasi eine Meta-Methode, konstruiert, die von ihm auch als Methodologie historiographischer Forschungsprogramme bezeichnet wird. Eine rationale Rekonstruktion wird danach zugunsten einer anderen verworfen, wenn mit diesem Übergang eine progressive Verschiebung in der Reihe der Programme rationaler Rekonstruktionen verbunden ist, d.h., wenn es gelingt, einen größeren Bereich der Wissenschaftsgeschichte in einen kohärenten Denkrahmen einzuordnen und zu erklären. Kein Forschungsprogramm kann jedoch die gesamte Geschichte der Wissenschaft rational interpretieren. Anomalien oder andere Inkonsistenzen werden nie vollständig beseitigt werden können. Dennoch ist wissenschaftlicher Fortschritt möglich. Ein besseres historiographisches Programm kann zu einer Ausdehnung der internen Geschichte führen und zu einer Zurückdrängung externer Erklärungen. Nach LAKATOS ist der Hinweis auf „eindrucksvolle", „umfassende", „weitreichende" externe Erklärungen der Wissenschaftsgeschichte häufig ein Indiz für einen schwachen methodologischen Unterbau und damit auch Zeichen einer internen Geschichte, die vieles in der Wissenschaftsgeschichte unerklärt lässt oder als Anomalie beibehält. Verwendet ein externalistisches historiographisches Programm, „ob nun bewußt oder unbewußt, eine naive Methodologie (die sich so leicht in seine 'deskriptive' Sprache einschleichen kann), verwandelt sich seine Darstellung in ein Märchen, daß trotz seiner scheinbar gelehrten Spitzfindigkeit bei genauerer historiographischer Untersuchung zusammenbrechen muß." (LAKATOS 1974a, S. 305).

LAKATOS schließt seine Betrachtungen mit dem Bonmot, dass die Wissenschaftsgeschichte häufig eine Karikatur ihrer rationalen Rekonstruktionen ist; dass rationale Rekonstruktionen oft Karikaturen der wirklichen Geschichte sind; und dass einige Wissenschaftsgeschichten Karikaturen sowohl der realen Geschichte als auch ihrer rationalen Konstruktionen darstellen.

Vergleichen wir die deskriptive Variante der *Methodologie wissenschaftlicher Forschungsprogramme* mit dem von KUHN gezeichneten Bild der Wissenschaftsentwicklung, so drängen sich folgende Fragen geradezu auf: Ist das, was innerhalb eines Forschungsprogramms betrieben wird, nicht gleichzusetzen mit KUHNS normalwissenschaftlicher Tätigkeit? Entspricht nicht die „degenerative Problemverschiebung" der Kuhnschen „Krise"? Und bedeutet das Fallenlassen eines Programms zugunsten eines neuen mit einem anderen „harten Kern" nicht dasselbe wie die revolutionäre Verdrängung eines alten „Paradigma" durch ein neues? (DIEDERICH 1974, S. 16).

Die Unterschiede und Gemeinsamkeiten zu Lakatos hat KUHN in seiner Antwort auf LAKATOS klar herausgearbeitet (KUHN 1974, S. 313 ff.). Übereinstimmung gibt es – so KUHN – insbesondere in der Frage, dass kein Wissenschaftshistoriker ohne Vorannahmen über das arbeiten kann, was essentiell ist und was nicht. Diese Annahmen spielen eine bedeutende Rolle bei der Abgrenzung von „interner" und „externer" Geschichte. Die Übereinstimmung setzt sich fort in der ähnlichen Auffassung, dass die bedeutenden wissenschaftlichen Entscheidungen, die üblicherweise als Wahl zwischen Theorien dargestellt werden, besser beschrieben werden können als Wahl zwischen „Arten, Wissenschaft zu betreiben"

2.2 Wegweiser der Geschichte

oder zwischen „Traditionen" oder zwischen „Paradigmen" oder zwischen „wissenschaftlichen Forschungsprogrammen".

Auch die These KUHNS, dass ein Paradigma für eine geraume Zeit von der Gemeinschaft der Wissenschaftler akzeptiert und als forschungsleitende Instanz nicht in Frage gestellt wird, findet seine Entsprechung in dem „harten Kern" eines wissenschaftlichen Forschungsprogramms.

Und drittens ist die „degenerierende Problemverschiebung" in der Entwicklung eines Forschungsprogramms, die Phase also, in der beispielsweise das Programm zu keinen neuen Entdeckungen oder Erfindungen mehr führt oder in der Ad-hoc-Hypothesen entstehen, durchaus vergleichbar mit dem, was KUHN über die Rolle der Krise in der wissenschaftlichen Entwicklung eines Paradigmas ausgeführt hat.

Fassen wir zusammen: Auch LAKATOS plädiert für eine Verknüpfung von Wissenschaftstheorie und Wissenschaftsgeschichte. Seine Auffassung von Wissenschaftsdynamik stellt eine erhebliche Liberalisierung des Wissenschaftsprogramms von POPPER dar. Andererseits gerät LAKATOS durchaus in die Nähe von KUHN, obwohl seine Methodologie wissenschaftlicher Forschungsprogramme ursprünglich als Antwort des kritischen Rationalismus auf KUHN gedacht war. STEGMÜLLER (1973, S. 293) urteilt hierzu: „Eine detaillierte Präzisierung der Ideen von Lakatos ... würde die Ähnlichkeit so stark hervortreten lassen, daß man geneigt sein könnte zu sagen, Lakatos sei fast zum Kuhnianer geworden, beschreibe aber dieselben Phänomene soweit als möglich in einer Popperschen Terminologie."

Trotz dieser Ähnlichkeiten sind auch wichtige Differenzen in den Auffassungen von LAKATOS und KUHN festzustellen. Beispielsweise die Monopolstellung der Normalwissenschaft bei KUHN, der fast permanente Wettstreit zwischen Forschungsprogrammen bei LAKATOS, die unterschiedlichen Auffassungen darüber, was dem internen und was dem externen Bereich von Wissenschaft zuzurechnen ist. Dennoch weist KUHN darauf hin, dass die Ähnlichkeit der Auffassungen von LAKATOS mit seinen eigenen viel weiter reicht, als es LAKATOS wahrhaben möchte. Er vermutet, die Unterschiede würden deshalb künstlich hochstilisiert, weil LAKATOS meine, die Rationalität der Wissenschaft verteidigen zu müssen. KUHN hält nach wie vor die Unterstellung für ungerechtfertigt, er betrachte die Wissenschaftsgeschichte eher irrational als rational. Er glaube vielmehr, die gegenwärtige Auffassung über das, was Rationalität ist, bedürfe einer Korrektur. KUHN betont, dass sein Interesse an einer rationalen Rekonstruktion um nichts geringer sei, als das der Wissenschaftstheoretiker auch.

2.3 Ökonomie als Wandel der Denkstile – Möglichkeiten und Grenzen einer Modellierung der Geschichte des ökonomischen Denkens

Die Diskussion über die von KUHN und LAKATOS entwickelten Ansätze konzentrierte sich vorrangig auf wissenschaftstheoretische Probleme (SUPPE 1974, SNEED 1971, TOULMIN 1974, STEGMÜLLER 1973). In diesem Buch geht es aber weniger um wissenschaftstheoretische Fragen einer Rekonstruktion der Wissenschaftsgeschichte. Vielmehr steht die Komposition der „Erzählstruktur" im Vordergrund. Wie soll die Geschichte des ökonomischen Denkens von den Anfängen bis in die Gegenwart dargestellt bzw. erzählt werden?

KUHNS Ideen wurden bereits zu einem frühen Zeitpunkt in den Wirtschaftswissenschaften aufgenommen. LEIJONHUFVUD (1968, dt.: 1973) erwähnt beispielhaft die Debatte um Kapital und Zins vor der keynesianischen Revolution. Diese Diskussion habe sich dadurch ausgezeichnet, dass sie heftige theoretische Kontroversen auslöste, jedoch keine allgemein akzeptierte Alternative zur klassischen Zinstheorie hervorbrachte. Das Problem des Kapitals und des Zinses habe sich somit in einem „vorparadigmatischen Stadium" (LEIJONHUFVUD 1973, S. 169) befunden. Erst nach dem Erscheinen der „General Theory" von KEYNES sei diese Debatte verstummt. Nach Auffassung von LEIJONHUFVUD lassen sich die Thesen KUHNS „auf wunderbare Weise auf die keynesianische Revolution anwenden." (S. 368).

Diese Ansicht wurde jedoch zunehmend einer kritischen Betrachtung unterzogen. In den sechziger und siebziger Jahren kam es zu einer heftigen Diskussion über die Vor- und Nachteile einer Übertragbarkeit des Kuhnschen Ansatzes auf die Ökonomie (BRONFENBRENNER 1971, BUCHDAHL 1965, COATS 1969, GORDON 1965, KUNIN/WEAVER 1971, LATSIS 1976). Dabei standen zwei Problembereiche im Vordergrund, die aus der unterschiedlichen Struktur der Naturwissenschaften und der Wirtschaftswissenschaften abgeleitet wurden. Der erste Problembereich bezieht sich auf die Unterschiedlichkeit der Erkenntnisobjekte. Die „Natur" als Erkenntnisobjekt der Naturwissenschaften stelle ein historisch unveränderbares Phänomen dar. Ein Paradigmenwechsel stehe hier nicht im Zusammenhang mit einer Änderung des Erkenntnisobjektes selbst, sondern das beobachtete Naturphänomen könne mit dem neuen Paradigma „besser" erklärt werden. Demgegenüber studierten die Wirtschafts- und Sozialwissenschaftler ein „Universum", das sich historisch verändere. Die sozialen Institutionen, innerhalb derer Güter produziert und verteilt werden, änderten sich im historischen Zeitablauf. Somit würden nicht nur Änderungen in der Betrachtung der Phänomene auftreten, sondern diese selbst verändern sich.

Der zweite Problembereich resultiert aus dem unterschiedlichen Verhältnis von Theorie und Empirie in beiden Wissenschaften. Während in den Naturwissenschaften Entdeckungen, die häufig mit dem Bewusstwerden einer Anomalie beginnen, und entscheidende Experimente den Paradigmenwechsel einleiten, sei dies in den Sozialwissenschaften kaum der Fall. Hier komme ein Paradigmenwechsel vielmehr dadurch zustande, dass neue wissenschaftliche Theorien auftauchen, die eine größere Problemlösungskompetenz reklamieren. Voraus gehe eine Periode fachwissenschaftlicher Unwissenheit, die durch Schwierigkeiten in der Prob-

2.3 Ökonomie als Wandel der Denkstile

lemlösungsfähigkeit erzeugt werde. Das Unvermögen des „Rätsellösens" könne sowohl auf wissenschaftsinterne wie wissenschaftsexterne Gründe zurückzuführen sein.

Die Kritik an KUHN führte danach zu dem Versuch, LAKATOS' Konzept wissenschaftlicher Forschungsprogramme für die Wirtschaftswissenschaften fruchtbar zu machen. Es ging um „KUHN versus LAKATOS" oder „Paradigmata versus Forschungsprogramme". Die Debatte konzentrierte sich auf folgende Fragen: „When is one economic theory better than another? Are there objective criteria for assessing the cognitive value of theories and what is the status of such criteria? Are there pragmatic temporary criteria? Or are there no articulable criteria at all?" (LATSIS 1976, S. vii). Letztlich hat diese Auseinandersetzung keinen Abschluss gefunden, wichtige Probleme bleiben nach wie vor offen.

In den achtziger Jahren haben die Beiträge von MCCLOSKEY (1985) und MIROWSKI (1989) für Aufsehen gesorgt. Der *rhetorische Ansatz* (*rhetorical approach*) von MCCLOSKEY betont die Überzeugungskraft der Sprache. Danach wird eine Theorie nicht in erster Linie deshalb akzeptiert, weil sie analytisch „vollkommen" ist, sondern weil ihre Vertreter gegenüber der *scientific community* erfolgreiche Überzeugungsarbeit leisten und zwar durch ihre überlegene Rhetorik. Nach MIROWSKI (1986, 1989) muss die Geschichte der Marginalrevolution und der modernen Ökonomie neu geschrieben werden. Die neoklassische Werttheorie habe nichts anderes getan, als an die Stelle der „Energie" den „Nutzen" zu setzen und damit sowohl die zentrale Metapher als auch das mathematische Rüstzeug bei der Physik ausgeliehen. Allerdings habe sie die *Konservierung von Energie* unberücksichtigt gelassen, was zu brüchigen Grundlagen derer geführt habe, die auf dieser Werttheorie die „Struktur" der modernen Ökonomie errichteten.

Ziehen wir eine kurze Zwischenbilanz. Nicht nur in methodologischer Hinsicht (DOW 1997), sondern auch in historiographischer erleben wir in der Ökonomie eine Zeit der Erosion. Damit eröffnet sich aber zugleich die Chance, pragmatisch vorzugehen, um an dem bekannten Bild der Geschichte des ökonomischen Denkens neue Akzente sichtbar werden zu lassen.

In den Mittelpunkt der Modellierungslogik soll der Wandel der Denkstile oder Denkmuster gerückt werden. Der Erfolg des Kuhnschen Ansatzes beruht zu einem großen Teil auf dem Herausstellen von Diskontinuitäten in der Wissenschaftsgeschichte, dem Hinweis auf Bruchstellen in der Tektonik wissenschaftlichen Denkens und den damit verbundenen Auswirkungen auf die Denktradition wissenschaftlicher Gemeinschaften. Das Bild eines gradlinigen und progressiven Geschichtsverlaufs ist dagegen weitgehend in den Hintergrund getreten. Um diese Diskontinuitäten zu charakterisieren, sollen die Begriffe *Paradigma* und *Paradigmenwechsel* verwendet werden. Paradigmen sind die Quellen aller Methoden, Problemgebiete und Lösungsnormen, die von einer wissenschaftlichen Gemeinschaft zu irgendeinem Zeitraum anerkannt werden.

Ohne Zweifel gibt es gewichtige Einwände gegen die Anwendung dieser Schlüsselbegriffe des Kuhnschen Wissenschaftsmodells auf die Geschichte der Ökonomie (SCHNEIDER 1982). Andererseits können eine Reihe von Gegenargumenten in die Waagschale geworfen werden. Dem Einwand, das Kuhnsche Konzept sei aus Untersuchungen der Entwicklung der Naturwissenschaften gewonnen worden, woraus folge, dass die Transformation auf die Geschichte der Wirtschafts- und Sozialwissenschaften erst nachzuweisen sei, ist entgegenzuhalten, dass die Frage der Übertragbarkeit bzw. Nichtübertragbarkeit sinnvoll erst im Anschluss an durchgeführte Rekonstruktionsversuche beantwortet werden kann. Außerdem sind in anderen Wissenschaften, wie beispielsweise in der Politikwissenschaft (BERNSTEIN 1976), einige Versuche unternommen worden, die zu interessanten Ergebnissen geführt haben. Ein abschließendes Urteil abzugeben, wäre jedoch verfrüht. Auch der Einwand, die Brauchbarkeit des Konzepts sei durch vage und mehrdeutige Begrifflichkeiten und Inkonsistenzen in den Aussagen stark eingeschränkt, ist schwerwiegend. Wenn man jedoch akzeptiert, dass KUHN mit seinen Untersuchungen Neuland betreten hat, dann bekommen diese Schwächen einen anderen Stellenwert. Es drängt sich vielmehr der Eindruck auf, dass das, was die Wissenschaftstheorie an dem Kuhnschen Ansatz verwirrt und zu verschiedenen Interpretationen verleitet, gerade der Umstand zu sein scheint, der die Fachwissenschaftler fasziniert.

Die Andersartigkeit des Paradigmenwechsels ist zudem kein schlagendes Argument gegen die Übertragbarkeit der Kuhnschen Theorie. Der für das wissenschaftliche Wissen relevante Natur- oder Weltbegriff ist bei KUHN der einer Erscheinungswelt, einer Welt, die durch die Aktivitäten der Erkenntnissubjekte, also der Wissenschaftler, konstituiert ist. Nur so ist seine Aussage verständlich, dass Paradigmenwechsel die Wissenschaftler veranlassen, die Welt ihres Forschungsbereichs anders zu sehen. Es sei fast so, als wäre die *scientific community* auf einen anderen Planeten versetzt worden, „wo vertraute Gegenstände in einem neuen Licht erscheinen und auch unbekannte sich hinzugesellen." (KUHN 1981, S. 123).

Vielfach überlesen wird auch jene Passage, die am Ende des „Postskriptums von 1969" zu finden ist. KUHN beschäftigt sich dort mit denjenigen, die seine Hauptthesen auch auf vielen anderen Gebieten für anwendbar halten. „Ich verstehe sie und möchte sie in ihren Versuchen, den Standpunkt auszuweiten, nicht entmutigen; dennoch hat mich ihre Reaktion verwirrt. In dem Maße, wie das Buch die wissenschaftliche Entwicklung als eine Folge traditionsgebundener Perioden darstellt, zwischen denen nicht-kumulative Umbrüche liegen, sind seine Thesen zweifellos weithin anwendbar. Kein Wunder, denn sie sind aus anderen Bereichen zusammengetragen. Die Geschichtsschreibung der Literatur, Musik, bildenden Kunst, Politik und vieler anderer menschlicher Tätigkeiten beschreibt ihren Gegenstand seit langem auf diese Weise. Periodisierung durch revolutionäre Umbrüche von Stil, Geschmack und institutioneller Struktur gehören zu ihren Standardwerkzeugen. Wenn ich hinsichtlich solcher Vorstellungen originell war, dann hauptsächlich durch ihre Anwendungen auf die Naturwissenschaften, auf Gebiete also, von denen man allgemein dachte, sie entwickelten sich anders." (KUHN 1981, S. 219 f.).

Ein weiterer Einwand zielt darauf ab, dass das Zyklusmodell KUHNS sich auf „reife" Wissenschaften beziehe, dieses Stadium hätten aber einige Wirtschafts- und Sozialwissenschaften noch nicht erreicht. „Die Anwendung des Kuhnschen Paradigma-Begriffs auf ökonomische Theorien mag problematisch erscheinen. Zumindest im Vergleich zu den Naturwissenschaften weisen die Sozialwissenschaften noch typische Merkmale eines vorparadigmatischen Zustands auf." (ZINN 1976, S. 194). Auch nach Ansicht von KUHN ist durchaus fraglich, welche Teildisziplinen der Sozialwissenschaften bereits das Stadium der Reife erlangt haben. Im Vorwort seines Buches „Die Struktur wissenschaftlicher Revolutionen" erwähnt er seine Überraschung hinsichtlich der Zahl und des Ausmaßes der offenen Meinungsverschiedenheiten unter den Sozialwissenschaftlern über das Wesen der sinnvollen wissenschaftlichen

2.3 Ökonomie als Wandel der Denkstile

Probleme und richtigen Methoden. Diese Kontroversen über die Grundlagen einer Wissenschaft seien in den Naturwissenschaften normalerweise nicht zu beobachten (KUHN 1981, S. 9 f.).

Als weiteres Problem wird angeführt, dass der „externen" Wissenschaftsgeschichte und damit den sozialen Einwirkungen auf die Wissenschaft als Institution sowie auf die einzelnen Wissenschaftler ein qualitativ anderer Stellenwert eingeräumt wird als bei den Naturwissenschaften. Hinzu kommt, dass der Paradigmenwechsel in der Ökonomie anders verläuft als in den Naturwissenschaften.

In der Geschichte des ökonomischen Denkens führt ein Paradigmenwechsel vielfach nicht zu einer vollständigen Ablösung des „alten" Paradigmas durch ein „neues", sondern mehrere Theorien existieren nebeneinander, teils ergänzend, teils substituierend (ROTHSCHILD 1984, HELMSTÄDTER 2002). Jede dieser Theorien hat sich mehr oder weniger rasch fortentwickelt, gelegentlich in Konfrontation mit der oder den konkurrierenden Theorien, ohne Tendenz in Richtung Synthese oder friedlicher Koexistenz. Manchmal hat der Wandel der Denktraditionen nur Karussellcharakter. Die Verschiebung von Gewichten in der Sichtweise führt dazu, dass auf Vorläufer zurückgegriffen wird, deren Perspektiven aufgenommen, weiterentwickelt und den geänderten Rahmenbedingungen angepasst werden.

Die Ökonomie ist daher eher als eine *multiparadigmatische* Wissenschaft zu charakterisieren. In der Regel bleibt ein Bestand an „älteren" Theorien erhalten und bildet ein aktualisierbares Theoriepotential. Insofern bietet der Ansatz von LAKATOS, der das Nebeneinander und den Wettstreit von wissenschaftlichen Forschungsprogrammen ausdrücklich vorsieht, eine „liberale" Variante zur Monopolstellung der normalen Wissenschaft bei KUHN. Allerdings werden durch den Selektionsprozess, der von wissenschaftsinternen und wissenschaftsexternen Kriterien geprägt ist, bestimmte Theorien zu herrschenden Schulen („Mainstream-Ökonomie") herausgefiltert, die quasi Paradigmastatus erlangen. Gleichwohl bleibt in der Phase der Normalwissenschaft nicht nur eine Theorie zurück und die anderen verschwinden, sondern neben der „Mainstream-Theorie" existieren weitere Theoriegebäude. Diese Kumulation führt zu einem mehr oder weniger breiten Theorieangebot und damit auch zu einem breiten Angebot an Problemlösungen.

Betrachten wir kurz den Begriff „wissenschaftliche Gemeinschaft" und seine Übertragbarkeit auf die Geschichte des ökonomischen Denkens. Für die Entstehungszeit der Ökonomie als Wissenschaft ist die Identifikation von wissenschaftlichen Gemeinschaften problematisch. Im 18. und überwiegend auch im 19. Jahrhundert gab es Einzelpersonen, die zum Fortschritt der jungen Wissenschaft Erhebliches leisteten; von einer Gemeinschaft der Ökonomen konnte man jedoch kaum reden. Erst mit dem 20. Jahrhundert fand die Verschmelzung zu wissenschaftlichen Gemeinschaften statt. Innerhalb der Volkswirtschaftslehre können wiederum größere Untergruppen unterschieden werden, die Teildisziplinen betreffen, wie Makroökonomie, Mikroökonomie, Finanzwissenschaft, Ökonometrie u.a. Aber auch diese Untergruppen lassen sich erneut nach verschiedenen Gesichtspunkten unterscheiden, beispielsweise die Makroökonomie in Neue Klassische Makroökonomik und Neue Keynesianische Makroökonomik. Die Vielschichtigkeit dieser Ansätze macht es gegenwärtig außerordentlich schwer, Teileinheiten exakt abzugrenzen. Vielmehr vermittelt die Fachliteratur gegenwärtig den

Eindruck, als gehörten die Ökonomen zu einer Spezies von Wissenschaftlern, die im Erfinden neuer Forschungsansätze sehr erfolgreich sind.

Da die Isolierung von *scientific communities* zurzeit schwer lösbare empirische Probleme aufwirft, ist KUHNS Vorschlag, wissenschaftliche Gemeinschaften ohne Rekurs auf ihr Paradigma abzugrenzen, zur Zeit nicht praktikabel. Dennoch ist die Analyse der Gemeinschaftsstruktur für die Zukunft von eminenter Bedeutung, da nach KUHN sowohl die normale Wissenschaft als auch die wissenschaftlichen Revolutionen gemeinschaftsbezogene Tätigkeiten sind. Gerade weil Entscheidungen bei der Wahl zwischen alternativen Theorien seiner Ansicht nach niemals ausschließlich mit Hilfe logischer Regeln getroffen werden, sind die soziologischen und psychologischen Bedingungen von Interesse, die bei solchen Entscheidungen maßgebend sind.

In einer Weiterentwicklung von KUHNS Sichtweise wollen wir den Blick nicht nur auf die Diskontinuitäten, sondern ebenfalls auf die *Kontinuitäten* in der Geschichte des ökonomischen Denkens richten.

Die Konzeptionen der modernen Ökonomie sind geschichtlich gewachsene Produkte, die ohne Rekurs auf eben diese Geschichte nicht verständlich zu machen sind. Ökonomische Konzeptionen beruhen aber nicht allein auf empirischen Beobachtungen wirtschaftlicher Phänomene, sondern auch auf Ideen, deren Genese weit in die Vergangenheit zurückgeht. Wissensvorstellungen sind stets in ihren historischen Entstehungszusammenhang eingebettet. In der Geschichte des ökonomischen Denkens gibt es sich wiederholende Auseinandersetzungen um grundlegende *Probleme* oder *Rätsel*, von denen aus die Ökonomie zu verstehen ist. Diese Probleme lassen sich zeitlich zumeist weit zurückverfolgen und bestehen trotz aller Wechsel der Paradigmen oder der Denkstile fort. Von den neuen Paradigmen werden sie nur anders interpretiert und einer veränderten Problemlösung zugeführt. Ihr Wert liegt genau darin, dass ihr Inhalt stets neu verstanden wird, so dass sie für die Entwicklung der Wissenschaft eine regulierende Funktion übernehmen. In der Geschichte des ökonomischen Denkens sind das insbesondere die Frage nach der Natur und den Ursachen des wirtschaftlichen Wohlstands, das Problem der Einkommensverteilung, das Verhältnis von Markt und Staat, von Individuum und Gesellschaft, von Ökonomik und Ethik, von Wert und Preis, von produktiver und unproduktiver Arbeit, die Frage des Zinses oder die Funktionen des Geldes. Die Wiederbelebung früherer Fragestellungen und Theorien in einem neuen Kontext sind Beleg für die Bedeutung der Kontinuität in der ökonomischen Theoriegeschichte.

Die vorgenommene Weiterentwicklung ist durchaus mit dem Kuhnschen Ansatz vereinbar. Auch er verweist – wie an anderer Stelle bereits erwähnt – darauf, dass nach seiner Ansicht durchaus einige Rätsel einer normalwissenschaftlichen Tradition bis zum geschichtlichen Beginn der Wissenschaft zurückverfolgt werden können.

In neuerer Zeit hat SERRES (2002) sowohl die Vorstellung einer gradlinigen Abfolge stetigen Wissenserwerbs als auch die einer Sequenz plötzlicher Revolutionen, die eine vergangene Entwicklung umwälzen und in Vergessenheit stürzen, verworfen. Die Wissenschaftsgeschichte wird vielmehr mit einem Fluss verglichen, der zahlreiche Verzweigungen aufweist. An den Knotenpunkten der Verzweigungen sollten Verbindungslinien zwischen Theorien aus vergangenen Zeiten und dem modernen Denken gezogen werden. Während die Wissenschaft sich unablässig verändere, in vielfältige Disziplinen trenne, seien es gerade die Orte der Verzweigung, aber auch der Konvergenz, die in der unruhigen Wissenschaftsgeschichte relativ invariant sind.

3 Paradigmenwechsel in der Geschichte des ökonomischen Denkens

Beginnen wir nun mit dem Versuch einer Rekonstruktion der Geschichte des ökonomischen Denkens. Der Bogen wird dabei recht weit gespannt. Mit Hilfe der gewählten Modellierungslogik soll dargelegt werden, wie von der Antike bis in die moderne Zeit über ökonomische Probleme nachgedacht wurde und welche Probleme dies waren bzw. sind. Um die Aufgabe lösbar zu machen, beschränken wir uns auf die Probleme oder *Rätsel*, welche die jeweils herrschende Theorie – das Paradigma – beschäftigt haben. Durch diese Reduktion lässt sich der Geschichte des ökonomischen Denkens leichter folgen. Denn es ist ja keineswegs so, dass ein Paradigma, eine Schule oder ein Ökonom sich mit allen ökonomischen Problemen befasst hat. Wir werden außerdem bestätigt finden, dass einige Probleme gleich bleiben, die angebotenen Problemlösungen sich aber durchaus unterscheiden. Auf der anderen Seite treten neue Probleme hinzu, die bisher unbekannte Lösungen erfordern.

Die erste Frage ist mit dem Auftauchen der Ökonomie als Wissenschaft verbunden. Woher stammt die Ökonomie? Wo und wann hat sie das Licht der Welt erblickt?

Als wissenschaftliche Disziplin ist die Ökonomie relativ jung. Nach weitgehend übereinstimmender Auffassung in der dogmengeschichtlichen Literatur dauerte der Prozess, in dem sich die „Volkswirtschaftslehre" zu einer allgemein anerkannten Wissenschaft emanzipierte, von der Mitte des 17. Jahrhunderts bis zum Ende des 18. Jahrhunderts Davor lassen sich keine „Schulen" identifizieren, die sich ausschließlich mit ökonomischen Fragen beschäftigten. Der schottische Moralphilosoph und Nationalökonom ADAM SMITH fasste die zwischen 1650 und 1750 erschienene Literatur zusammen, entwickelte sie weiter und verwandelte sie in eine Wissenschaft, die er „Political Economy" nannte. Mit der Veröffentlichung seines Buches „The Wealth of Nations" im Jahre 1776 wurde nach einer langen Periode der Kontroverse eine weitgehende Übereinstimmung hinsichtlich der Konsolidierung des „Neuen" erzielt (LANDRETH/COLANDER 1994, S. 7).

Als Erklärung dafür, weshalb dieser Prozess erst im 17. Jahrhundert begann, wird ein ganzes Bündel von Ursachen genannt: die Bildung von Nationalstaaten mit weitreichenden ökonomischen Transaktionen auf nationaler Ebene, die zunehmende Marktorientierung der Produktion und die Ablösung der religiösen Ethik durch eine ökonomische Ethik in der Bewertung wirtschaftlicher Vorgänge. Gleichwohl lässt sich das Rätsel nicht vollständig lösen, weshalb es vor dem 17. Jahrhundert kein systematisches ökonomisches Denken gab und ökonomischen Überlegungen neben religiösen und philosophischen Betrachtungen keine eigene Sphäre zuerkannt wurde. Soll aber deswegen auf die Beiträge von ARISTOTELES oder den Scholastikern zu theoriegeschichtlich interessanten Ideen bzw. Problemen der Ökonomie verzichtet werden? Damit würde eine über Jahrhunderte gehende Zeitspanne ausgeblendet werden – eine Epoche, deren wirtschaftstheoretische Betrachtungen zwar als *ökonomische Paläontologie* (BLAUG 1971, S. 15) bezeichnet wird, die aber andererseits unser wissenschaftliches Denken entscheidend geprägt hat. Begriffe wie Hypothese, Theorie, Methode, Postulat und Axiom sind ohne die antike griechische Philosophie nicht vorstellbar.

Obwohl es vermessen wäre, den Anspruch einer umfassenden und tiefgehenden Analyse der griechischen Philosophie zu erheben oder die historischen Hintergründe der scholastischen Überlegungen zu Geld, Zins und Wucher voll auszuleuchten, sollen die in der Antike und im Mittelalter zu identifizierenden ökonomischen Präideen herausgearbeitet werden.

Der Begriff *Präidee* oder *Uridee* geht auf FLECK zurück (2006), der ihn in einer Monografie aus dem Jahr 1935 verwendet. Damit bezeichnet er in großer zeitlicher Distanz entstandene Ideen, die in den verschiedenen Denktraditionen weiterbestehen. Derartige Ideen, die häufig mehr oder weniger unklar seien, gäbe es in den meisten Wissenschaften und zwar Jahre vor einer exakten wissenschaftlichen Begründung. So sind z.B. viele Vorstellungen der modernen Atomtheorie in den Thesen der antiken Philosophen vorgebildet. Die Bedeutung der Präideen liege nicht in ihrem logischen oder sachlichen Inhalt, sondern in ihrem heuristischen Gehalt als Entwicklungsanlage neuzeitlicher Theorien.

3.1 Ökonomische Präideen in der Antike und im Mittelalter

Wo liegen die ersten Ursprünge ökonomischer Ideen? In Ägypten, im Alten China, in Griechenland? Die meisten Dogmenhistoriker votieren für die Griechen. Auch wir halten uns auf der Seite des abendländischen Denkens, vernachlässigen also mögliche Entwicklungen in der Geschichte des Orients.

Folgen wir BERTRAND RUSSELL, einem der bedeutendsten Philosophen und Mathematiker des 20. Jahrhunderts, so ist die Entstehung der antiken griechischen Kultur, die innerhalb weniger Jahrhunderte eine erstaunliche Fülle herausragender Werke in Kunst, Literatur, Wissenschaft und Philosophie hervorbrachte, „eines der wunderbarsten Ereignisse in der Geschichte" (RUSSELL 1992, S. 20). Weder vorher noch nachher sei etwas Ähnliches zu beobachten gewesen. Der zentrale Begriff der griechischen Philosophie sei der „Logos", was unter anderem „Rede", „Wort" und „Vernunft" bedeute. Diskussion und wissenschaftliche Tätigkeit sind somit eng miteinander verbunden. Am Anfang jeder Wissenschaft stehe das Aufwerfen allgemeiner Fragen oder allgemeiner Probleme. Derartige Fragen hätten im weitesten Sinne den Zweck, in dem, was zunächst als Gewirr zufälliger Vorgänge erscheine, nach Ordnungen oder Strukturen zu suchen. Die Vorstellung der Ordnung beziehe sich sowohl auf die Gesellschaft als auch auf die Natur. Kennzeichnend für die griechische Philosophie sei der Einfluss verschiedener Dualismen, wie der Unterschied zwischen Wahrheit und Irrtum, der Dualismus von Gut und Böse, von Harmonie und Kampf oder der Unterschied von Erscheinung und Realität, von Geist und Materie oder der Dualismus von Chaos und Ordnung.

Blicken wir etwas genauer, so lassen sich vier Perioden der antiken Philosophie unterscheiden: die „Vorsokratische Philosophie", die „Attische Philosophie" mit Athen als Zentrum und gleichsam Höhepunkt der griechischen Philosophie, die „Philosophie des Hellenismus" – etwa zwischen 300 bis 30 vor Christus – und als vierte Periode die „Philosophie der römischen Kaiserzeit" – bis zirka 529 nach Christus; das Jahr, in dem der römische Kaiser Justinian Platons Akademie zu Athen schloss und verbot, dass weiterhin in Athen philosophiert werde (HIRSCHBERGER 1981, S. 10).

3.1.1 Die aristotelische Ökonomik

Auf der Suche nach historischen Präideen ist vor allem die Epoche der „Attischen Philosophie", mit SOKRATES, PLATON und ARISTOTELES als herausragende Repräsentanten, von Interesse (BALOGLOU/PEUKERT 1996). Und hier wiederum sind es in erster Linie die Werke von ARISTOTELES, in denen wir einige Reflexionen über ökonomische Probleme finden.

ARISTOTELES wurde im Jahre 384 v. Chr. in Stagira (Thrakien) geboren und starb 322 in Chalkis. Im Alter von 18 Jahren kam er nach Athen, um an PLATONS Akademie zu studieren. Fast 20 Jahre lang – bis zum Tode PLATONS – blieb er Mitglied der Akademie. Danach verließ ARISTOTELES Athen und kehrte erst 12 Jahre später (335 v. Chr.) zurück. In dieser Zeit gründete er seine eigene Schule, Lyzeum genannt. Nach dem Tode ALEXANDER DES GROßEN (323 v. Chr.), den er einst unterrichtete, verließ ARISTOTELES erneut Athen und starb kurze Zeit später (SCHEFOLD 1989). Der zweiten Athener Periode werden die meisten der uns überlieferten Werke von ARISTOTELES zugerechnet; einige beruhen auf Vorlesungsnotizen, andere stellen höchstwahrscheinlich Vorlesungsmitschriften seiner Schüler dar.

Bevor wir uns jedoch mit der aristotelischen Ökonomik näher beschäftigen, wollen wir auf einige Überlegungen von XENOPHON (etwa 430 bis 354 v. Chr.) und PLATON (427-347 v. Chr.) eingehen.

In seiner Schrift „Ökonomik" („Oikonomikos") schildert XENOPHON das Idealbild einer kleinbäuerlichen Familie auf eigenem Grund und Boden – mit Anweisungen zur Feldbestellung und Viehzucht, Bodenmelioration und Grundstücksverkauf. Ökonomik wird definiert als „die Wissenschaft, durch welche die Menschen ihr Hauswesen emporzubringen imstande sind" (XENOPHON, zit. nach BRAEUER 1981, S. 38). Wir finden Hinweise über die Arten und die zu beachtenden Regeln des Ackerbaus, des Verhältnisses zwischen Grundbesitzern und Sklaven und über die ökonomischen und ethischen (sittlichen) Wirkungen der Arbeit einerseits und der Arbeitsscheu andererseits. Die *Landwirtschaft* wird als *Quelle des Wohlstandes* (sowohl des Haushaltes wie der Polis) betrachtet. Davon hängt das Wohlergehen von Handel und Gewerbe ab. Vergleichbare Aussagen finden wir später bei dem Physiokraten FRANÇOIS

QUESNAY, der eine entsprechende Passage aus der Ökonomik von XENOPHON an den Anfang seines Aufsatzes „Analyse du Tableau économique" stellt (erschienen erstmals 1766 im „Journal de l'Agriculture, du Commerce et des Finances", zit. nach SCHNEIDER 1965, S. 381 ff.).

Die Frage nach der Quelle des volkswirtschaftlichen Wohlstands gehört zu den ersten ökonomischen Rätseln, die Diskontinuität und Kontinuität in der Geschichte des ökonomischen Denkens symbolisieren. Sie ist Bestandteil vieler Paradigmata, die Antworten unterscheiden sich aber beträchtlich (FUSFELD 1975, S. 24 ff.).

Eine weitere ökonomische Uridee oder Präidee, die wir bei XENOPHON finden, ist der Begriff der *Arbeitsteilung*. Beschrieben wird die arbeitsteilig organisierte Zubereitung der Speisen am persischen Königshof. Hervorgehoben wird von XENOPHON die geschmackliche Verbesserung der Speisen durch Spezialisierung der Köche. Neben der Berufsgliederung erwähnt er ebenfalls die Teilung der Arbeit innerhalb eines Handwerks. Wie bei PLATON liegt auch bei XENOPHON der Grund der Arbeitsteilung in der Verschiedenheit der Menschen – eine völlig andere Sichtweise als die, welche ADAM SMITH später in seinem „Wohlstand der Nationen" liefert. Gleichwohl wird diese Stelle bei XENOPHON vielfach als erste Uridee dessen interpretiert, was SMITH mehr als 2000 Jahre später an den Anfang seines Wohlstandes der Nationen stellte – die Arbeitsteilung als Instrument zur Förderung und Verbesserung der Arbeitsproduktivität (SALIN 1951, BRAEUER 1981). Auch KARL MARX zitiert im ersten Band seines Werkes „Das Kapital" XENOPHON (MARX 1983, S. 388, Fn 81). Er weist ferner darauf hin, dass XENOPHON bereits als einer der ersten die Stufenleiter der Arbeitsteilung als abhängig von der Größe des Marktes ansieht.

Bei PLATON sind unter dem Aspekt „ökonomische Präideen" seine Werke „Politeia" (Staat) und „Nomoi" (Gesetze) von Interesse. In der „Politeia" (1982a) entwirft er die Vision eines idealen Staates, wobei die Griechen den Staat als eine Stadt (*Polis*) dachten. Der Anstoß, ein Staatsmodell zu entwerfen, erfolgt dabei jedoch nicht aus ökonomischen Gründen, sondern aus der Fragestellung heraus, wie Gerechtigkeit entsteht und was Gerechtigkeit ist. Das zu entwerfende Gedankengebäude beginnt mit den Anfängen staatlichen Lebens. Um die elementaren Bedürfnisse nach Nahrung, Wohnung und Kleidung besser befriedigen zu können, kommt es in den Anfängen der Stadtgründung zur Arbeitsteilung, je nachdem, wie sich der einzelne als Bauer, Baumeister oder Weber eignet. „Keiner von uns (ist) von Natur aus ganz gleich .. wie der andere, sondern .. jeder (hat) verschiedene Anlagen .., der eine zu dieser, der andere zu jener Betätigung" (Politeia 370 a/b). Die Ursache der Arbeitsteilung als mitgestaltendes Prinzip des Staates wird somit wiederum in den verschiedenen Fähigkeiten der Menschen gesehen. Die Vorteile liegen in der qualitativen Verbesserung der Güter und dem Zuwachs an wirtschaftlichen Funktionen, d.h. mehrere Berufe werden notwendig. Die Steigerung der Arbeitsproduktivität spielt in der Antike (noch) keine Rolle.

Da es nicht möglich ist, die Polis an einer Stelle zu gründen, wo sie keinerlei Zufuhren bedarf, ist es ferner notwendig, die inländischen Produkte nicht nur für den eigenen Bedarf zu produzieren, sondern einen Überschuss zu erwirtschaften, der dem entspricht, was von außerhalb benötigt wird. Die Ausfuhr und die Einfuhr jener Waren definiert PLATON als Aufgabe der Großhändler. Innerhalb der Stadt soll die Bedarfsdeckung durch Kauf und Verkauf

3.1 Ökonomische Präideen

erfolgen. Dadurch kommt es zur Herausbildung von Märkten. In entwickelten Städten übernehmen Kaufleute (Krämer) den Warenaustausch. Mit der Einführung des Geldes als Zahlungsmittel wird dieser Tausch erleichtert. Dabei muss der Staat festlegen, was als *token* (Zeichen, Symbol) des Tausches gelten soll. Dieses *Symbol*, dessen Wert bei PLATON unabhängig von seiner stofflichen Substanz ist (SCHUMPETER 1965, S. 94 ff.), hat zwei Funktionen zu erfüllen: Tauschmittel und allgemeiner Wertmaßstab. Inwieweit hier bereits Ansätze einer Geldtheorie und Werttheorie vorliegen, ist in der Literatur umstritten.

Zweifellos ist das Denken PLATONs über ökonomische Phänomene von Herkunft und Zielsetzung metaökonomischer Art und muss innerhalb der Institution der Polis gesehen werden, welche die Grenzen für das Individuum absteckt. Die Ökonomie ist weder autonom, folgt somit keinen eigenen Gesetzmäßigkeiten, noch spielen individuelle Werte eine Rolle (SALIN 1951, S. 13 ff.).

Auch bei ARISTOTELES sind die Ausführungen zu wirtschaftlichen Fragen eingebettet in philosophische Betrachtungen. Die Wirtschaft ist kein von der Ethik und der Politik unabhängiger Bereich (KOSLOWSKI 1993, S. 49 f.). Insofern ist die aristotelische Ökonomik im weitesten Sinn eher eine „Politische Ökonomie" als eine „exakte Ökonomik". Welchen Einfluss ARISTOTELES auf die Entwicklung der modernen Ökonomie hat, wird in der Literatur kontrovers diskutiert (POLANYI 1979, SALIN 1951, FINLEY 1971, SCHUMPETER 1965, LOWRY 1987).

Da die ökonomischen Abhandlungen erstens nicht sehr ausführlich und zweitens über mehrere Werke verstreut sind, wollen wir sie zunächst in einen größeren Zusammenhang stellen. ARISTOTELES unterscheidet zwischen theoretischer und praktischer Philosophie. Das Ziel der theoretischen Philosophie sei die Erkenntnis dessen, was ist, also der Wahrheit. Diese Erkenntnis werfe keinen Nutzen ab, sie habe ihren Zweck in sich selbst. Die Aufgabe der Theorie bestehe aber auch in der Suche nach den Ursachen der Erscheinungen. Eine Erscheinung gilt dann als begriffen, wenn man die Ursache kennt, aus der sie hervorgeht.

Der Theorie stehe die praktische Philosophie gegenüber. In ihr gehe es nicht um das, was ist, sondern um das, was sein soll, also um das Gute als letzten Zweck. Sie müsse Nutzen abwerfen und zwar im dem Sinne, dass das Gute, von dem sie spricht, durch den Menschen verwirklicht werden kann, und das sie auch fähig sei, den Weg zur Verwirklichung des Guten zu zeigen.

Die aufgezeigte Trennung manifestiert sich im Aufbau der Schriften von ARISTOTELES. Auf der einen Seite haben wir die theoretischen Schriften, beginnend mit der Physik und endend mit der Metaphysik, auf der anderen Seite die Werke der praktischen Philosophie, die dem antiken Schema gemäß in *Ethik, Ökonomik* und *Politik* aufgegliedert sind. Mittelpunkt der Ethik ist dasjenige Gute, das der Mensch als obersten Zweck seines Handelns zu realisieren vermag.

Im Aufbau der praktischen Philosophie nimmt zwar die Ökonomik als Lehre von der „Hausverwaltung" einen eigenen Platz ein. Die Überlieferung ist jedoch in einem ungewöhnlich bruchstückhaften Zustand. Nach allgemeiner Auffassung werden die beiden Bände mit dem Titel „Oikonomika" fälschlicherweise ARISTOTELES zugeschrieben (KOSLOWSKI 1979, S. 60,

SCHINZINGER 2002, S. 18). Einen teilweisen Ersatz für systematische Betrachtungen zur Ökonomik bieten das erste Buch der „Politik", Kapitel 8-11, und das fünfte Buch der „Nikomachischen Ethik" (im Folgenden: „Ethik"), insbesondere Kapitel 8.

In der „Ethik" wird im ersten Buch, Kapitel 1, als Ziel der Ökonomik bzw. Wirtschaftskunst der Reichtum definiert. Andererseits ist die Ökonomik der Staatskunst untergeordnet, so dass deren Ziel gegenüber dem Ziel der Wirtschaftskunst, wie auch denen der anderen Wissenschaften, als höherwertig betrachtet wird. Das Wohl des Gemeinwesens steht über dem Wohl der einzelnen Menschen, des Individuums.

Im weiteren Verlauf der „Ethik" finden wir erste Ansätze für Regeln zur „Quantifizierung" der Gerechtigkeit beim Warentausch. Dabei wird wiederum deutlich, dass ethische Fragestellungen dominieren, die Behandlung ökonomischer Aspekte von metaökonomischen Einflüssen geprägt ist. ARISTOTELES unterscheidet eine doppelte Bedeutung von Gerechtigkeit: erstens gesetzliche Gerechtigkeit (Achtung vor dem Gesetz) und zweitens Bewahrung der Gleichheit. Erstere wird von ihm auch als allgemeine Gerechtigkeit bezeichnet; letztere als besondere Gerechtigkeit, die wiederum aufgeteilt wird in: (a) verteilende Gerechtigkeit und (b) ausgleichende Gerechtigkeit. Die ausgleichende Gerechtigkeit betrifft den Tauschverkehr bzw. Tauschhandel. ARISTOTELES verwendet hier die Begriffe *Gewinn* (Vorteil) und *Verlust* (Nachteil). Gewinnen bedeutet danach mehr erhalten als man hatte; verlieren heißt weniger erhalten als man vorher besaß. Wenn jeder das Seinige erhält, dann sagt man, man mache weder Gewinn noch Verlust. In der Mitte zwischen Gewinn und Verlust liegt nach ARISTOTELES das Recht („Gerechte"): definiert als eine Situation, in der beide Tauschpartner nach wie vor das Gleiche haben.

Anschließend stellt er die Frage, ob diese Wiedervergeltung im Tauschverkehr („Jedem das Seinige") mit ausgleichender Gerechtigkeit identisch sei. In einem auf Gegenseitigkeit beruhenden Tauschverkehr gehe es nicht um eine Wiedervergeltung nach Maßgabe der Gleichheit, sondern nach Maßgabe der Proportionalität. Dadurch werde der Zusammenhalt der Gesellschaft gewahrt. Betrachten wir dazu eine Textstelle aus der „Nikomachischen Ethik": „Das Entgelt nach Verhältnis kommt zustande durch eine Verbindung der Daten nach Maßgabe der Diagonale; z.B. a sei Baumeister, b Schuster, c Haus und d Schuh. Der Baumeister muß nun vom Schuster dessen Arbeit bekommen und selbst ihm die seinige dafür zukommen lassen. Wenn nun zuerst die Gleichheit im Sinne der Proportionalität bestimmt ist, und dann der Ausgleich nach diesem Verhältnis stattfindet, so geschieht das, was wir meinen. Geschieht jenes aber nicht, so ist keine Gleichheit da, und ein geordneter Verkehr und Austausch kann nicht stattfinden." (Ethik 1133 a 5). Diese Passage wird in der Literatur zumeist zitiert, wenn es darum geht, ARISTOTELES als Vorläufer eines arbeitswerttheoretischen Ansatzes zu vereinnahmen (PRIDDAT/SEIFERT 1987).

Verfolgen wir aber die weitere Argumentation von ARISTOTELES: Alles, was untereinander ausgetauscht wird, muss quantitativ vergleichbar sein, damit nach Maßgabe der Proportionalität entgolten wird. Dazu ist bei ihm das Geld bestimmt: „Denn das Geld mißt alles und demnach auch den Überschuß und den Mangel; es dient also z.B. zur Berechnung, wie viel Schuhe einem Haus oder einem gewissen Maß von Lebensmitteln gleichkommen." (Ethik 1133 a 15/20). „Ohne solche Berechnungen kann kein Austausch und keine Gemeinschaft sein." (Ethik 1133 a 25). Diese Berechnung setze voraus, dass die fraglichen Werte in gewissem Sinne gleich sind. „So muß denn für alles ein Eines als Maß bestehen, ... Dieses Eine ist in Wahrheit das *Bedürfnis*, das alles zusammenhält. Denn wenn die Menschen nichts bedürften oder nicht die gleichen Bedürfnisse hätten, so würde entweder kein Austausch sein oder kein gegenseitiger." (Ethik 1133 a 25).

In der wechselhaften Interpretationsgeschichte aristotelischer Ökonomik wird diese Textstelle herangezogen, um ARISTOTELES als Urahn einer nachfrage- und nutzenorientierten Werttheorie zu rekrutieren (PRIDDAT/SEIFERT 1987). Beide Beispiele sind Belege für die Heterogenität der ARISTOTELES-Interpretation in Sachen Ökonomik und zugleich ein Hinweis darauf, dass die Interpretationsweisen häufig durch die jeweils herrschende ökonomische Theorie beeinflusst wurde.

Die Ausführungen von ARISTOTELES zum Warenaustausch stellen ebenfalls für MARX eine Quelle der Inspiration dar („Das Kapital", Bd. I, S. 74). „Das Genie des Aristoteles glänzt darin, daß er im Wertdruck der Waren ein Gleichheitsverhältnis entdeckt. Nur die historische Schranke der Gesellschaft, worin er lebte, verhindert ihn herauszufinden, worin denn 'in Wahrheit' dies Gleichheitsverhältnis besteht." Der Hinweis auf die historische Schranke erinnert daran, dass die damalige griechische Gesellschaft durch Sklavenarbeit geprägt war, die Ungleichheit der Menschen und ihrer Arbeitskraft somit als von Natur aus gegeben betrachtet wurde. Deshalb sei ARISTOTELES daran gescheitert, eine Werttheorie zu entwickeln.

Was den monetären Sektor der Ökonomie betrifft, so finden wir einige Aussagen zu den Funktionen des Geldes. Nach ARISTOTELES ist das Geld kraft Übereinkunft Stellvertreter des Bedürfnisses geworden, „und darum trägt es den Namen Nomisma (Geld), weil es seinen Wert nicht von Natur hat, sondern durch den Nomos, das Gesetz, und weil es bei uns steht, es zu verändern, und außer Umlauf zu setzen" (Ethik 1133 a 30). Geld dient aber auch als Wertaufbewahrungsmittel: „Für einen späteren Austausch ist uns, wenn kein augenblickliches Bedürfnis vorliegt, das Geld gleichsam Bürge, daß wir ihn im Bedürfnisfall vornehmen können". Zugleich weist ARISTOTELES bereits auf mögliche Inflationsgefahren hin: „Freilich geht es mit dem Geld, wie mit anderen Dingen: es behält nicht immer genau seinen Wert. Jedoch ist derselbe naturgemäß mehr den Schwankungen entzogen" (Ethik 1133 b 10). „Daher muß alles seinen Preis haben; denn so wird immer Austausch und damit Verkehrsgemeinschaft sein können. Das Geld macht also wie ein Maß alle Dinge kommensurabel und stellt dadurch eine Gleichheit unter ihnen her. Denn ohne Austausch wäre keine Gemeinschaft und ohne Gleichheit kein Austausch und ohne Kommensurabilität keine Gleichheit. In Wahrheit können freilich Dinge, die so sehr voneinander verschieden sind, nicht kommensurabel sein, für das Bedürfnis aber ist es ganz gut möglich." (Ethik 1133 b 15).

Zur Illustration entwickelt ARISTOTELES ein einfaches Tauschmodell: „a sei ein Haus, b zehn Minen, c ein Bett. a ist nun ½ b, wenn das Haus fünf Minen wert oder ihnen gleich ist. Das Bett c sei 1/10 b. So sieht man dann, wieviel Betten dem Haus gleich sind, nämlich fünf." (Ethik 1133 b 20/25). Für den Tausch habe es keine Bedeutung, ob man fünf Betten für ein Haus oder den Geldwert der fünf Betten gibt.

Fassen wir zusammen: Wie für PLATON, so ist auch für ARISTOTELES das Geld nur ein Zeichen zum Zwecke der Erleichterung des Warenaustausches; dem Geld wird kein innerer Wert beigemessen, sondern nur ein von menschlichen Entscheidungen bestimmter Wert.

Alle Geldtransaktionen gehören somit in den Bereich der von Menschen gemachten Gesetze. Die dabei zu beachtenden Regeln ergeben sich nach ARISTOTELES aus dem Prinzip der Gerechtigkeit. Eine andere Interpretation liefert SCHUMPETER (1965, S. 103 ff.). Seiner Ansicht nach sind in der aristotelischen Geldtheorie zwei Lehrsätze enthalten: Die grundlegende Funktion des Geldes sei seine Verwendung als Tauschmittel. Damit es in dieser Funktion fungieren könne, müsse es ein Gegenstand sein, der selbst einen Tauschwert hat - unabhängig von seiner monetären Funktion. Die Ware Geld werde nach Gewicht und Qualität (Reinheit) gemessen. Aus Zweckmäßigkeitsgründen kann man ihr einen Stempel aufprägen, um ihren Wert nicht ständig neu feststellen zu müssen. Dieser Stempel sei aber nicht die Ursache des Geldwertes, sondern verberge nur die Quantität und Qualität der Ware, die in diesem Geld enthalten ist. Schumpeter charakterisiert daher die Ausführungen von ARISTOTELES als Metallismus oder metallistische Theorie des Geldes.

Kommen wir nun zur „Politik": Im ersten Buch wird der Haushalt und dessen Wissenschaft in den Mittelpunkt gestellt. Nach ARISTOTELES muss die Frage nach der staatlichen Gemeinschaft bei der häuslichen Gemeinschaft als Ursprung des Staates beginnen. Der Haushalt (Oikos) ist die selbstverständliche Grundlage und von Natur aus ein Teil der Polis. Der Haushalt geht dabei dem Staat nicht voraus, sondern kann ohne die Polis nicht existieren. Das Haus oder der Haushalt ist in der Antike eher Herrschafts- als Wirtschaftsverband, sein Leitbild ist gerechte Herrschaft und Verwaltung und weniger eine effiziente Produktionsweise.

Produktion und Konsumtion finden im Haushalt statt. Sie werden jedoch ergänzt durch Warenaustausch auf dem Markt. ARISTOTELES unterscheidet zwei Formen der Wirtschaftskunst: die *Ökonomik* und die *Chrematistik*.

Die Ökonomik beschäftigt sich mit der Beschaffung und Bewahrung jener Güter, die für das Haus oder den Staat nützlich und notwendig sind. „In diesen Dingen besteht ja auch wohl einzig der wahre Reichtum." (Politik, 1256 b 30). Da die Menge an Werkzeugen bzw. Instrumenten, die den Reichtum der Haus- oder Staatsverwaltung bilden, nach Größe und Zahl nicht unbegrenzt sei, könne auch der Reichtum nicht unbegrenzt sein. ARISTOTELES verwirft somit die Auffassung, dass Reichtum keinerlei Grenze habe. Von daher gebe es für die Haushaltsvorstände und die Staatsmänner eine *natürliche Erwerbskunst*.

Dieser natürlichen Erwerbskunst stellt ARISTOTELES die Chrematistik entgegen, der es darum geht, durch einen als Selbstzweck betriebenen Tauschhandel, Geld zu akkumulieren. Die Chrematistik kristallisiert sich unter anderem als Folge der Einführung des Geldes als Tauschmittel heraus. ARISTOTELES gibt ihr die Schuld daran, dass man häufig meine, Reichtum und Besitz seien unbegrenzt. Die Kunst des Gelderwerbs oder der Bereicherung, von ihm auch als *widernatürliche Erwerbskunst* bezeichnet, betreibt Tausch nicht mehr um der Bedarfsdeckung des Hauses und des Staates Willen, sondern um Reichtum anzuhäufen. Reichtum wird dabei mit Gelderwerb gleichgesetzt.

An dieser Stelle finden wir in der „Politik" eine weitere ökonomische Uridee: den Begriff Wert und die Unterscheidung zwischen *Gebrauchswert* und *Tauschwert*. „Von jedem Besitzstück gibt es einen zweifachen Gebrauch; ... Der erste Gebrauch ist dem Dinge eigentümlich, der andere ist es nicht; ein Beispiel für beide Weisen des Gebrauchs ist etwa bei einem Schuh einerseits das Anziehen, andererseits seine Verwendung als Tauschobjekt. Beides ist ein Gebrauch des Schuhes. Auch wer ihn an jemanden, der ihn nötig hat, für Geld oder Lebensmittel vertauscht, gebraucht den Schuh als Schuh, nur nicht nach dem ihm eigentümlichen Gebrauch, da er ja nicht des Tausches wegen gemacht worden ist. ... Der Tauschhandel kann bei allen Dingen stattfinden und hat zuerst mit dem, was naturgemäß ist, angefangen, indem die Menschen von der einen Art von Produkten mehr, von der anderen weniger hatten, als sie brauchten." (Politik, 1257a 5-15).

Wegen ihrer engen Verwandtschaft gehen jedoch beide Künste, Ökonomik und Chrematistik, ineinander über. Deshalb erblicken manche in der Hauswirtschaft die Aufgabe, dass vorhandene Kapitalvermögen zu vermehren. Sie verlangen deshalb nach unbeschränkten Mitteln, um dieses Verlangen befriedigen zu können. Der Wohlstand werde an das Übermaß des Besitzes geknüpft. Werde dieser Überfluss nicht durch natürliche Erwerbskunst erzielt, versuche man es auf anderen Wegen und mache von allen menschlichen Vermögen und Vorzügen einen widernatürlichen Gebrauch.

Neben dem Hausvorstand und dem Händler unterscheidet ARISTOTELES ein drittes Gewerbe – das des *Wucherers*. Dieses Gewerbe sei mit vollstem Recht verhasst,

> *"weil es aus dem Gelde selbst Gewinn zieht und nicht aus dem, wofür das Geld doch allein erfunden ist. Das Geld ist für den Umtausch aufgekommen, der Zins aber weist ihm die Bestimmung an, sich durch sich selbst zu vermehren. Daher hat er auch ... den Namen tokos (Junges) bekommen; denn das Geborene (tiktomenon) ist seinen Erzeugern ähnlich, der Zins aber stammt als Geld vom Gelde. Daher widerstreitet auch diese Erwerbsweise unter allen am meisten dem Naturrecht"* (Politik, 1258 b 5).

Dem Schuldner werde mehr genommen, als ihm zuvor gegeben werde. Der Zins widerspreche damit dem Gebot der ausgleichenden Gerechtigkeit. Für das Verständnis dieser Sichtweise spielt sicher eine Rolle, dass in der Antike fast alle Darlehen eher konsumtiver Art waren. Der Gläubiger war gewöhnlich wohlhabend, der Schuldner eher arm. Durch den Zins werde dem Armen ein weiterer Teil weggenommen, um ihn dem Reichtum des ohnehin Wohlhabenden hinzuzufügen. Strittig in der Literatur ist, ob ARISTOTELES als Vorläufer moderner monetärer Zinstheorien betrachtet werden kann. Von den meisten Autoren wird dies verneint. ARISTOTELES habe lediglich eine ethische Bewertung des Zinses vorgenommen, jedoch keine Erklärung geliefert, weshalb der Zins trotzdem gezahlt werde (SCHUMPETER 1965, S. 105 f.).

Was eine abschließende Würdigung der aristotelischen Ökonomik angeht, so bleiben bis heute die Fragen nach den Grenzen des Reichtums und des Zusammenhangs von Ökonomik, Ethik und Politik.

3.1.2 Die scholastische Ökonomik

Damit wollen wir die aristotelische Ökonomik verlassen und unseren Blick zunächst auf das römische wie auch das frühchristliche Denken werfen. Beide Richtungen zeichnen sich durch ein nahezu völliges Fehlen von Beiträgen zur Weiterentwicklung oder Neuentwicklung ökonomischer Fragestellungen aus. Die in den Heiligen Schriften zu findenden Ansichten über ökonomische Sachverhalte sind Gebote, die Teil einer allgemeinen Lebensordnung sind und keine wissenschaftlichen Lehrsätze. Selbst bei einem der bedeutendsten christlichen Kirchenväter AUGUSTINUS (354-430) fehlt eine Beschäftigung mit ökonomischen Problemen, die ihre Berechtigung in sich selbst trägt, wenngleich er mit seiner Schrift „Vom Gottesstaat" („De Civitate Dei") das Weltbild der mittelalterlichen Gesellschaft entscheidend prägte. Ökonomische Auffassungen gehörten, wenn überhaupt, in den Bereich theologischen Schlussfolgerns (PRIBRAM 1998, S. 21). Ein weiterer Erklärungsversuch für diese Enthaltsamkeit lautet: Die christliche Kirche habe soziale Reformen niemals in einem anderen Sinne angestrebt als dem der sittlichen Erneuerung der Lebensführung des Einzelnen. Zu keiner Zeit sei ein Angriff auf die jeweilige Gesellschaftsordnung oder auf ihre wichtigsten Institutionen unternommen worden. Die Kirche habe nie ein Paradies vor dem Tode versprochen, alles Denken war auf das „Jenseits" ausgerichtet (SCHUMPETER 1965, S. 113 f.).

Vergegenwärtigen wir uns kurz die historischen Hintergründe dieser Epoche. Im 5. Jahrhundert nach Christus ging das Weströmische Reich unter. Die antike Mittelmeerwelt wurde abgelöst durch drei Herrschafts- und Kulturbereiche: den griechisch-byzantinischen Bereich (der östliche Teil), den islamisch-arabischen Bereich (der südliche Teil) und den lateinisch-fränkischen Bereich (der westliche Teil). Aus naheliegenden Gründen konzentrieren wir uns auf das europäische *Mittelalter*. Seit das Christentum unter dem römischen Kaiser KONSTANTIN zur Staatsreligion wurde, übernahm die römisch-katholische Kirche alle Angelegenheiten, die Gott und die Religion berührten, und überließ dem Kaiser nur die weltlichen Dinge. Die Gesellschaftsform des Mittelalters wird als Feudalismus bezeichnet. Die ökonomische Basis der sozialen Pyramide bildeten die Bauern, die als Leibeigene vom Grundherrn persönlich abhängig waren. Die Produktionsweise war überwiegend naturalwirtschaftlich geprägt. Mit der zunehmenden Bedeutung der Städte gewinnen jedoch Gewerbe, Handel und Finanzwesen an Einfluss. Zeugnis für die wachsende Macht der Städte sind die Städtebünde, wie der *Rheinische Städtebund* (mit den Städten Mainz und Worms als Initiatoren; gegründet 1254) und der *Lombardische Städtebund* (mit den Städten Verona, Padua, Venedig, Mailand u.a.; gegründet 1167). In diesen Handelsstädten, insbesondere in denen Oberitaliens, kamen neue Methoden zur Organisation von Aktivitäten in Handel und Manufaktur zum Einsatz und fanden immer mehr Verbreitung.

Die römisch-katholische Kirche war ein weiterer Machtfaktor. Bis zur *Renaissance* besaß sie praktisch das Bildungsmonopol. Für Wissenschaftler gab es außerhalb der Klostermauern weder Platz noch Sicherheit. Nahezu alle „Intellektuellen" jener Zeit waren Mönche. Für die weitere Entwicklung des mittelalterlichen Denkens war von großer Bedeutung, dass nach und nach die aristotelischen Schriften in lateinischer Übersetzung zugänglich wurden und darüber hinaus verschiedene Abhandlungen, in denen die Werke von ARISTOTELES interpretiert wurden. Die Verbreitung dieser Literatur wurde im 13. Jahrhundert nachhaltig von dem deutschen Kaiser FRIEDRICH II. gefördert. Viele dieser Interpretationen wurden von arabischen Philosophen (z.B. von AVERROES, der in der Scholastik des Mittelalters auch als „der" Kommentator bezeichnet wird) vorgenommen; die Übertragung dieser ARISTOTELES-Kommentare vom Arabischen ins Lateinische war von eminenter Bedeutung.

3.1 Ökonomische Präideen

In der Entwicklung des ökonomischen Denkens lässt sich deshalb zeitlich ein Sprung ins 13. Jahrhundert machen und zwar zu THOMAS VON AQUIN (1225-1274), dessen Werk „Summa theologica" in der Ideengeschichte das darstellt, „was der Südwestturm der Kathedrale von Chartres in der Geschichte der Architektur ist" (SCHUMPETER 1965, S. 116).

Im Mittelalter wurden die „Gelehrten" oder „Professoren" üblicherweise als *Scholastiker (doctores scholastici)* bezeichnet. Mit Scholastik wird auch der Denkstil und die Methode der mittelalterlichen Philosophie und Theologie beschrieben. Hier finden wir erste Ansätze einer „wissenschaftlichen Gemeinschaft". Die Gelehrten sprachen die gleiche Sprache, nämlich Latein; sie erhielten die gleiche Bildung; sie akzeptierten den Papst als höchste Autorität und bekannten sich zu den gleichen fundamentalen Glaubenslehren. Der scholastische Denkstil lässt sich folgendermaßen charakterisieren: Zu Beginn wird eine Frage formuliert, danach folgt eine ausführliche und detaillierte Exposition der Auffassungen, die sowohl für als auch gegen die in der Frage enthaltene Sichtweise sprechen und anschließend wird eine Antwort gegeben. Diese von der Art her deduktive Methode ist jedoch nahezu vollkommen abhängig von den Vorgaben der Theologie. Die Scholastiker berufen sich auf die Schriften der Kirchenväter. Dort sind die Glaubenswahrheiten bereits unumstößlich verkündet (EKELUND/HÉBERT 1997, S. 25 ff.). Zur Begründung und Verteidigung stützen sie sich auch auf die Werke der antiken Philosophie, insbesondere die von ARISTOTELES.

Nach einer groben Einteilung lassen sich drei Perioden scholastischen Denkens unterscheiden: erstens die *Frühscholastik* vom 9. Jahrhundert bis Ende des 12. Jahrhundert. Im Vordergrund dieser Epoche stehen Auseinandersetzungen um theologische und philosophische Fragen. Geprägt wurde diese Phase durch den *Universalienstreit*. Hierbei geht es um die Kontroverse zwischen den Auffassungen, dass nicht nur den (sinnlichen) Wahrnehmungen, sondern auch den (allgemeinen) Begriffen, die wir über sie haben, reale Existenz zukommt (*Realismus*) und der Auffassung, dass diese Begriffe nur in Gestalt, oder in Verbindung mit Namen bestehen, die wir gewissen Eigenschaften der Dinge geben (*Nominalismus*). Der Kampf zwischen Anhängern des Realismus und des Nominalismus über das Problem der Universalien wurde während des ganzen Mittelalters mit Leidenschaft geführt. Auf den Gebieten der Sprachphilosophie und der Mathematik reicht diese Problematik bis in die Gegenwart hinein (STEGMÜLLER, 1974). Die zweite Periode wird als *Hochscholastik* (13. Jahrhundert) oder klassische Periode der Scholastik bezeichnet. Herausragende Vertreter sind DUNS SCOTUS, ALBERTUS MAGNUS und insbesondere THOMAS VON AQUIN. Durch die Wiederentdeckung der aristotelischen Schriften wurde das theologische und philosophische Denken revolutioniert. Die scholastische ARISTOTELES-Interpretation zeichnete sich vor allem dadurch aus, dass ARISTOTELES als „gleichzeitiger" Autor gelesen wurde, der unmittelbar auf seine Aussagen hin befragt werden kann. Seine Philosophie wurde als Wahrheit der eigenen Zeit begriffen.

Die aristotelische Ökonomik wurde von THOMAS VON AQUIN im Sinne einer Textexegese erläutert, kommentiert und teilweise weiterentwickelt („Recht und Gerechtigkeit": Theologische Summe II-II, Fragen 77-78). Er übernimmt ARISTOTELES' Ansichten über Handel und Handelsgewinn. Er qualifiziert den Handel als „etwas Niedriges" im Vergleich zu Landwirtschaft und Handwerk, obwohl der dabei erzielte Gewinn durchaus gerechtfertigt werden kann (zum Zwecke des Lebensunterhalts, für wohltätige Zwecke, zur Verbesserung des Gutes oder zur Abdeckung von Risiken). Ebenfalls im Sinne von ARISTOTELES soll der *gerechte Preis (iustum pretium)* die ausgleichende Gerechtigkeit im Tauschverkehr sichern. Nach der im Mittelalter gültigen Preislehre soll der gerechte Preis, *labor et expensae* aufwiegen, d.h. sowohl die geleistete Arbeit als auch die Ausgaben für Vorleistungen sollen erstattet werden. Wenn aber die Arbeit unterschiedliche Schwierigkeitsgrade aufweist, lässt sich nicht eine Arbeitsstunde gleich einer Arbeitsstunde setzen.

Den Scholastikern zufolge soll sich deshalb der gerechte Preis nach der gegenseitigen Schätzung auf dem Markt bestimmen. Gesucht werden einfache Problemlösungen. Man nimmt an, dass das Zusammenleben der Menschen unmöglich sei, wenn beim Austausch der Güter nicht der Grundsatz gerechter Preise beachtet werde. Beim Verkauf wird dem Käufer ein Wert überlassen, ein unrechtmäßiger Gewinn geht dann zu Lasten des Käufers. Allerdings können Veränderungen von Angebot und Nachfrage den Wert der Güter beeinflussen. Nach THOMAS VON AQUIN kann deshalb der gerechte Preis nicht mathematisch exakt bestimmt werden. Der Preis gilt ihm vorwiegend als Instrument zur gerechten Verteilung der arbeitsteilig hergestellten Güter.

Auch in der Frage des *Geldes* und *Zinses* folgt THOMAS VON AQUIN ARISTOTELES. Nach scholastischer Lehre ist es sündhafter Wucher, Geld gegen Zinsen auszuleihen. Der Zins gilt als ein Preis, den der Schuldner für eine ausgeliehene Summe Geldes zahlt. Man sieht Geld lediglich als Wertmesser an, deshalb scheint es unmöglich, für die Verfügung über Geld einen gerechten Preis festzusetzen. Zudem gelte, Geld werde bei der Nutzung verbraucht; verlange man für die Nutzung von Geld einen Preis, dann hieße das, etwas verlangen für etwas, was nicht existiere.

Das christliche Mittelalter übernimmt diese aristotelische Sicht des Zinsnehmens. Papst INNOZENS III. erließ im Jahre 1215 ein an die Christen gerichtetes Verbot der Zinsnahme, das als *kanonisches Zinsverbot* bekannt geworden ist.

Eine gewisse Modifikation in der Frage des Zinses ist bei THOMAS VON AQUIN insofern festzustellen, als vertraglich vereinbart werden kann, dem Gläubiger eine Entschädigung zu zahlen, wenn er wegen der Geldausleihe einen Schaden erleidet. Auch wer sein Geld in ein Unternehmen einbringt, darf einen Anteil am Gewinn fordern. Mit diesen Modifikationen werden die ersten Weichen für eine neue Sichtweise und eine veränderte Betrachtung des Produktionsfaktors Kapital gestellt.

In der dritten Phase, der *Spätscholastik* (14. bis 15. Jahrhundert), verengte sich das scholastische Denken zunehmend in einer Berufung auf die Schriften der kirchlichen Autoritäten und wurde zur erstarrten Wissenschaft. Die sich abzeichnenden wirtschaftlichen und sozialen Veränderungen führten dazu, dass sich die Betrachtungen über ökonomische Phänomene immer weiter von der Theologie entfernten. Repräsentativ für das auslaufende Zeitalter der Scholastik ist NICOLAUS ORESMIUS (1320-1382). Er schrieb ein Traktat über Geldabwertungen und kritisierte darin die Praktiken der Münzverschlechterung zur Verbesserung der Staatsfinanzen. ORESMIUS betonte die Bedeutung stabilen Münzgeldes für das Staatswesen. Ferner setzte er sich dafür ein, die Entscheidung über das Münzwesen und die Geldwertstabilität in die Hände des durch die Ständeversammlung vertretenen Volkes zu legen (ORESMIUS 1937). Ihm wird auch das Gesetz zugeschrieben, das 200 Jahre später nach THOMAS

GRESHAM (1519-1579) benannt wurde. Das *Greshamsche Gesetz* besagt, dass das vom Metallwert schlechtere Geld stets das bessere Geld verdrängt, da die Münzen mit dem geringeren Metallwert als Zahlungsmittel verwendet werden, die Münzen mit dem höheren Metallwert dagegen gehortet werden.

Im ausgehenden Mittelalter kommt eine Dynamik in Gang, die das wirtschaftliche Leben grundlegend verändert. Neue Verfahren zur Organisation von Produktion und Handel setzen sich zunehmend durch; neue Methoden der Buchführung finden durch LUCA PACIOLI (1445-1514) ihre Verbreitung. Der italienische Mönch gilt als „Erfinder" der doppelten Buchführung. Eine Erfindung, die GOETHE im „Wilhelm Meister" als eine der schönsten des menschlichen Geistes bezeichnet. Zugleich erfolgt mit der Reformation eine Trennung von christlicher und ökonomischer Ethik. Traditionales wirtschaftliches Handeln wird durch rationales ökonomisches Handeln ersetzt. So erkennt JOHANNES CALVIN (1509-1564) die Bedeutung des Kapitals für die wirtschaftliche Entwicklung. Seine Argumentation zugunsten des Zinses hat weitreichende Bedeutung für die Herausbildung des modernen Wirtschaftslebens. MAX WEBER deutet in seiner protestantischen Ethik den „neuen Geist", den die Reformation hervorgebracht hat, als Erklärung für den Prozess des Wandels von der feudalistischen Gesellschaft zum Kapitalismus (WEBER 1993). Diese These ist allerdings umstritten (SCHUMPETER 1965, S. 124).

3.2 Vorparadigmatische Perioden – die ersten theoretischen Fragmente

Die Periode in der Geschichte des ökonomischen Denkens, die wir als Vor-Paradigma-Zeit bezeichnen wollen, wird durch den *Merkantilismus* und die *Physiokratie* geprägt. Der Zusammenhang von monetären Faktoren und wirtschaftlicher Aktivität ist der harte Kern der merkantilistischen „Theorie", während die Vorstellung von der Wirtschaft als Kreislauf und die Idee des Überschusses (surplus) der physiokratische Beitrag zur ökonomischen Theoriegenese darstellt.

3.2.1 Die merkantilistische Ökonomik

Der Übergang vom Denken der Scholastik zur Formulierung neuer ökonomischer Fragen durch die Vertreter des frühen Merkantilismus zog sich über einen längeren Zeitraum hin. Er wurde begleitet von Schriften über Technologie, Landwirtschaft, Bankwesen und Handelspraktiken. Zu den frühen merkantilistischen Autoren gehört ANTONIO SERRA (um 1568 - um 1620). Nach SCHUMPETER (1965, S. 257) gebührt ihm der Ruhm, „die erste, wenn auch unsystematische, wissenschaftliche Abhandlung über ökonomische Prinzipien und Politik geschrieben zu haben". In SERRAS „Breve trattato" (1613) wird bereits die Beziehung zwischen dem Zufluss bzw. Abfluss von Gold und Silber und der Handelsbilanz untersucht.

In den Mittelpunkt der merkantilistischen Diskussion rückt die Frage nach der Quelle des nationalen Reichtums sowie den Zielen und Methoden zur Erfüllung dieses nationalen Interesses. Der nationale Reichtum dient zur Unterstützung der Machtpolitik der damals entstehenden Nationalstaaten.

Zum Verständnis des „neuen Denkens" in ökonomischen Fragen ist der Blick auf einige bedeutsame wissenschaftsexterne Faktoren hilfreich. In der Zeit der Renaissance und des Humanismus kam verstärkt der Gedanke der Nation und des einheitlichen Staates auf. Vor allem im 16. und 17. Jahrhundert hat die Herausbildung der staatlichen Gewalten zugenommen. Die Macht war zumeist in den Händen absolutistischer Herrscher. Das Individuum war weitgehend recht- und machtlos. In dem Beziehungsgeflecht zwischen Individuen und Gemeinschaft, das durch den Staat repräsentiert wurde, dominierten die überindividuellen-staatlichen Ziele. Das Streben nach politischer Macht, um unabhängig von anderen Staaten zu sein, hatte ebenfalls Konsequenzen für die wirtschaftspolitische Ausrichtung. Die wirtschaftlichen Aktivitäten und deren Förderung standen eindeutig im Dienst politischer Ziele.

In der Philosophie und den Naturwissenschaften findet zum Ende des Mittelalters bzw. zu Beginn der Neuzeit ebenfalls ein Paradigmenwechsel statt. Neue Bahnen werden betreten und der Einfluss auf andere Wissensgebiete ist erheblich. Ausgangspunkt dieser Entwicklung sind die Gedanken von FRANCIS BACON (1561-1626) und RENÉ DESCARTES (1596-1650). Im Kern geht es um die Beantwortung von zwei essentiellen philosophischen Fragen: Welches sind die Quellen der Erkenntnis und auf welchen Wegen kommen wir zu unseren Erkenntnissen?

Der (klassische) *Empirismus* (Wegbereiter bzw. Begründer: BACON) betonte die Souveränität der Beobachtung, der Sinneswahrnehmung und die Vorherrschaft der Tatsachen. Ihm ging es darum, die Natur durch sorgsame Beobachtung und Sammlung von Tatsachen beherrschen zu lernen. Als Verfahren zur Erzielung von Erkenntnissen wird die *Induktion* herausgestellt, mit Hilfe derer man zu den allgemeinsten Grundsätzen emporsteigt. Ziel ist, Sicherheit und Gewissheit in der Erkenntnis zu erlangen. Dagegen ging der (klassische) *Rationalismus* (Begründer: DESCARTES) von der Souveränität der Vernunft (ratio), der intellektuellen Intuition und vom Primat des theoretischen Wissens aus. Nur auf diesem Wege ließe sich Erkenntnis gewinnen. Als Methode zur Erzielung von Erkenntnis dient die *Deduktion*. Für DESCARTES gibt es keinen anderen Weg zur sicheren Erkenntnis der Wahrheit als die Kombination der beiden Verfahrensweisen Intuition und Deduktion.

Beide Denkschulen der klassischen Phase der neuzeitlichen Philosophie glaubten, als Ergebnis ihrer Überlegungen – entweder als Vernunfteinsicht oder in der Betrachtung der Realität durch die Fakten selbst – offenbare sich „Wahrheit".

Aus dem Rationalismus ist dann die Aufklärung erwachsen. Es entstand der Glaube an die Macht der Vernunft, die Auffassung, dass alle Unvollkommenheiten und alle Fehler der Individuen nur auf einem Irrtum des Intellekts beruhen und dass es deshalb notwendig sei, zur Bekämpfung dieser Missstände die Menschen geistig aufzuklären.

Daneben gab es aber noch ein zweites Moment, das nicht nur die geistige Einstellung dieses Zeitalters stark beeinflusst hat, sondern auch auf das politische und ökonomische Denken großen Einfluss haben sollte. Die Lehre vom *Naturrecht* war vor allem vom Humanismus, dessen Ziel vornehmlich auf die Wiedererweckung des klassischen Altertums gerichtet war, aufgenommen und neu belebt worden. In England finden wir derartige Gedanken bei THOMAS HOBBES (1588-1679) und JOHN LOCKE (1632-1704). Nach HOBBES handelt der Mensch nur aus Selbstsucht und im Naturzustand herrscht demgemäß Krieg aller gegen alle. Diesem Zustand kann nur dann ein Ende gemacht werden, wenn die Individuen ihren Willen dem Willen eines einzelnen, d.h. eines Menschen oder einer Versammlung, so unterordnen, dass dieser Wille für den Willen aller einzelnen gilt. Aus einem solchen Vertrag ist nach HOBBES der Staat, der Leviathan (so der Titel seiner staatstheoretischen Schrift aus dem Jahr 1651) entstanden, dessen Herrscher von den Bürgern eine unbeschränkte Macht eingeräumt wird. Der Gesellschaftsvertrag ist danach ein Unterwerfungsvertrag unter einen Souverän.

Für LOCKE dagegen war der Urzustand kein Kriegszustand, die Menschen lebten vielmehr in vollkommener Gleichheit friedlich nebeneinander. Auch er hat die Gemeinschaft aus dem Willen des Individuums hergeleitet, aber für ihn ergab sich dabei ein anderes Rechtsverhältnis zwischen Herrscher und Individuum als für HOBBES. In dem Gesellschaftsvertrag haben die Bürger dem Herrscher nicht die uneingeschränkte Gewalt übertragen. Die natürlichen Rechte der Individuen, wie Recht auf Leben, Gesundheit, Freiheit und Eigentum, die unveräußerlich und unübertragbar sind, bleiben dabei erhalten. Mit dem Gesellschaftsvertrag wird dem Herrscher gewissermaßen nur ein Amt übertragen und er steht damit nicht über, sondern unter dem Gesetz. Ihm allein steht die richterliche und die ausübende Gewalt zu, die gesetzgebende Gewalt ist dagegen dem Volk vorbehalten. Mit dieser Auffassung ist LOCKE zum Vorläufer eines liberalen Staatsverständnisses geworden.

Die genannten Einflüsse wurden jedoch erst ab der Mitte des 18. Jahrhundert ab vertieft und ausgebaut und beginnen von da an, ihren Einfluss auf das philosophische, politische, ökonomische und soziale Denken auszuüben. Das Zeitalter des Absolutismus war wenig dazu angetan, diese Denkrichtungen überall und nach allen Seiten hin in die Praxis umzusetzen. Erst als mit dem Ausgang des 18. Jahrhundert unter dem Ansturm der naturrechtlichen Ideen der absolutistische Staat mit seinen politischen und wirtschaftlichen Bindungen anfing zusammenzubrechen, begannen die neuen Lehren stärker den Ausgangs- und Mittelpunkt des gesamten intellektuellen und ökonomischen Denkens zu bilden.

Kehren wir zur merkantilistischen Ökonomik zurück. Zeitgeschichtlich erstreckt sich die Epoche des Merkantilismus vom Ende des 16. Jahrhundert bis zur Mitte des 18. Jahrhundert. Wie erwähnt fällt in diese Zeit die Gründung von Nationalstaaten mit einheitlicher Verwaltung und Rechtsordnung. Der Begriff Merkantilismus dient deshalb auch als Etikett für die Wirtschaftspolitik der europäischen Staaten im Zeitalter des Absolutismus. Entsprechend der ökonomischen und politischen Situation in den einzelnen Ländern sind unterschiedliche Varianten des Merkantilismus entstanden: In England waren es vorrangig Fragen des Außenhandels, welche die Diskussion beherrschten, in Deutschland eher verwaltungs- und finanzwirtschaftliche Probleme (*Kameralismus*) und in Frankreich „gewerbe- bzw. industriepolitische" Aspekte (*Colbertismus*). Diese einzelnen Ausprägungen werden im Weiteren nicht gesondert behandelt, sondern das Schwergewicht liegt darauf, die „Theoriestruktur" des merkantilistischen Denkens herauszuarbeiten.

Der Merkantilismus wird mit einigem Recht als das erste mehr oder weniger systematische Gebäude ökonomischen Denkens bezeichnet (HECKSCHER 1932). Dieses Gebäude beruht allerdings nicht so sehr auf einer einheitlichen, in sich geschlossenen ökonomischen Theorie, sondern ist mehr ein Bündel wirtschaftspolitischer Leitvorstellungen, deren gemeinsames Ziel darin besteht, den nationalen Reichtum und die Staatsmacht zu fördern bzw. zu stärken. Grundmaxime merkantilistischer Wirtschaftspolitik ist die Unterordnung ökonomischer Interessen unter staatliche Interessen und die Regulierung der Wirtschaft durch staatliche Eingriffe. Neben wirtschaftspolitischen Leitsätzen finden sich in der merkantilistischen Literatur aber auch Ansätze, dieser Politik eine theoretische Begründung zu geben.

Bei der Charakterisierung des Merkantilismus als eigenständiger „Schule" in der Geschichte des ökonomischen Denkens ist stets zu bedenken, dass auch zur damaligen Zeit kontroverse Diskussionen über Prinzipien und Detailfragen existierten. Vieles, was vom Standpunkt der modernen ökonomischen Theorie als fehlerhaft erscheint, wurde bereits innerhalb der merkantilistischen Periode korrigiert oder abgelehnt.

> Kerngedanke der merkantilistischen Literatur ist der Lehrsatz, dass eine *aktive Handelsbilanz* den nationalen Reichtum fördert. Wird der Exportüberschuss in Form von Edelmetallen (Münzen oder Barren) eingelöst, so wächst der Reichtum der Nation um die Summe dieses Überschusses.

Von den Gegnern des Merkantilismus wird diese Auffassung mit der Bemerkung kritisiert, hier werde Geld mit Reichtum verwechselt. Es war insbesondere SMITH, der darauf hinwies, dass sich der Reichtum eines Landes nicht nur in seinen Gold- und Silberbeständen, sondern auch in seinen Bodenschätzen, seinen Gebäuden und seinen produzierten Gütern aller Art widerspiegle.

Um eine aktive Handelsbilanz zu erreichen, waren die Merkantilisten bestrebt, den Export von im Inland produzierten Gütern zu fördern und den Import ausländischer Waren soweit als möglich einzuschränken (EKELUND/HÉBERT 1997, S. 42 ff.). Ausfuhrförderung und Einfuhrbeschränkung sind daher die wichtigsten Ansatzpunkte der merkantilistischen Außenwirtschaftspolitik. Die Maßnahmen zur Exportförderung reichten von Zollerstattungen (sog. Rückzöllen), Ausfuhrprämien, vorteilhaften Handelsverträgen bis hin zur Gründung von Kolonien; Importbeschränkungen bestanden in Form von hohen Zöllen und teilweise absoluten Einfuhrverboten.

Binnenwirtschaftlich sollten insbesondere jene Gewerbe staatlich gefördert werden, deren Produkte bisher aus dem Ausland bezogen wurden. Förderungsmaßnahmen waren Steuernachlässe, Kredite, Zuschüsse sowie Vergabe von Monopolstellungen. Diese „Gewerbeansiedlungspolitik" erfolgte mit dem Ziel, das Inland von ausländischen Fertigprodukten unabhängig zu machen (Autarkiegedanke). Die straffe Reglementierung der Gewerbe und ihre Förderung durch Privilegien wurde von einigen merkantilistischen Autoren auch dadurch gerechtfertigt, dass erst eine konkurrenzfähige inländische „Industrie" aufgebaut werden müsse (Schutzpolitik). Das besondere Interesse galt hier den Manufakturen. Im Gegensatz zu dem im Feudalismus verbreiteten *Verlagssystem* – das sind dezentralisierte Großbetriebe, die ihre Arbeiter als Heimarbeiter beschäftigen – fassten die *Manufakturen* eine große Zahl von Arbeitern in einer arbeitsteilig organisierten Produktionsstätte zusammen.

3.2 Vorparadigmatische Perioden

Das Theorem einer aktiven Handelsbilanz begründete auch das Interesse der Merkantilisten an einem raschen Wachstum der Bevölkerung, welches durch staatliche Maßnahmen der „Bevölkerungsvermehrung" gefördert werden sollte (HECKSCHER Bd. II, S. 142 ff.). Zum einen werde die Zahl der Arbeitskräfte und der Steuerpflichtigen im Inland vergrößert, zum anderen sorge ein ständig hohes Angebot an Arbeitskräften für ein niedriges Lohnniveau, was wiederum die Wettbewerbsfähigkeit der Exportgüter sichere und erhöhe.

Hinter der Forderung nach einer aktiven Handelsbilanz stand ohne Zweifel auch ein machtpolitisches Argument. Von Josiah Child (1630-1699), einem englischen Kaufmann und Ökonomen, stammt die Formulierung: „Außenhandel führt zu Reichtum, Reichtum zu Macht, und Macht schützt unseren Handel und unsere Religion" (zitiert nach Schumpeter 1965, S. 437 Fn 21). Jean Baptiste Colbert, unter Ludwig XIV französischer Finanzminister, bezeichnete die französische Außenhandelspolitik als „une guerre d'argent contre tous les Etats de l'Europe" (zit. nach Born 1989, S. 109). Der Kampf um den französischen Anteil am Welthandel sollte zwar mit wirtschaftspolitischen Mitteln geführt werden, eine Vergrößerung der Kriegs- und Handelsflotte wurde aber als unerlässlich angesehen. Diese Auffassung beruhte auf der Überzeugung, dass die Vorräte an Edelmetallen und das Handelsvolumen (als reale Größe betrachtet) in der Welt im Wesentlichen konstant seien. Ein Land könne deshalb seinen Anteil an diesen „Reichtümern" nur auf Kosten anderer Länder vergrößern. Diese Auffassung ist mit der Denkfigur eines Nullsummenspiels gleichzusetzen, wonach jeder Gewinn eines Staates durch einen entsprechenden Verlust anderer Staaten aufgewogen wird.

Was die merkantilistische „Theorie" betrifft, so ist die Diskussion über die Wirkungen einer Geldmengenerhöhung – verursacht durch eine aktive Handelsbilanz – hervorzuheben.

Erstaunlicherweise verzichtet SMITH bei seinem Angriff gegen das Merkantilsystem darauf, sich mit dieser Thematik näher auseinanderzusetzen. In der Literatur wird deshalb von einem der großen Geheimnisse in der Geschichte der Ökonomie gesprochen (VINER 1955). Theoriegeschichtlich ist dies jedoch einer der zentralen Kritikpunkte der klassischen Nationalökonomie am Merkantilismus, der durch die Rehabilitierung merkantilistischer Ideen in der „General Theory" (1936) von KEYNES bis in unsere heutige Zeit nachwirkt.

Die merkantilistische Geld- und Beschäftigungstheorie (LANDRETH/COLANDER 1994, S. 39 f.) lässt sich folgendermaßen skizzieren: Eine aktive Handelsbilanz bringt Edelmetalle in das Land. Dies vergrößert die Geldmenge und damit die Kaufkraft. Das wiederum bedeutet vermehrte Nachfrage nach Gütern, dadurch erfolgt eine höhere Produktion und Beschäftigung. Diese Wirkungskette entspricht dem des Außenhandelsmultiplikators (HAHN 1957, S. 141). Konstruiert wird ein Zusammenhang zwischen Geldmenge, (effektiver) Nachfrage und Beschäftigung. „Geld belebt den Handel" – so lautet die merkantilistische Grundthese. Ein wichtiges Hindernis besteht allerdings in dem Thesaurierungsaspekt der Edelmetallimporte. Wird der Reichtum gehortet, dann kommt es zu keiner Belebung der wirtschaftlichen Aktivität im Inland.

Die Gegenargumentation der *Klassiker* erfolgte auf der Basis der *Quantitätstheorie*, die von ihnen zwar nicht erfunden, aber doch neu entdeckt und neu formuliert wurde. Als „Entdecker" der Quantitätstheorie gilt JEAN BODIN (1529-1596); weiter entwickelt wurde sie von präklassischen Autoren wie JOHN LOCKE (1632-1704), RICHARD CANTILLON (1680-1734) und DAVID HUME (1711-1776). Ausgangspunkt war das zunächst rätselhafte Phänomen der Inflation aus einer Erhöhung der im Umlauf befindlichen Geldmenge. Die Erklärung lautet wie folgt: Das hereinströmende Edelmetall treibt die inländischen Preise in die Höhe. Im Vergleich zum Ausland werden damit die Inlandsgüter relativ teurer. Daraus folgt ein Importüberschuss, der durch das Abfließen von Edelmetall finanziert wird. In den Empfängerländern spielt sich nun derselbe Prozess ab. Dieser Vorgang setzt sich solange fort, bis alle Länder einen Ausgleich von Ausfuhren und Einfuhren erreicht haben (*Geldmengen-Preismechanismus*). Diese Aussage beruht auf der quantitätstheoretischen Erkenntnis, dass sich das Preisniveau proportional zur umlaufenden Geldmenge verhält.

Nach Auffassung der Klassiker führt eine Erhöhung der Geldmenge somit nur zu Preissteigerungen, nicht aber zu einem Wachstum von Produktion und Beschäftigung. Der Vollständigkeit halber ist hier jedoch anzumerken, dass bereits bei einigen „späten" merkantilistischen bzw. präklassischen Autoren die Erkenntnis zu finden ist, dass eine auf beständige Exportüberschüsse ausgerichtete Politik letztlich durch das von ihr verursachte Steigen der inländischen Preise zunichte gemacht wird. Zu erwähnen sind hier LOCKE, der bereits darauf hingewiesen hat, dass nicht nur die Geldmenge, sondern auch die Umlaufgeschwindigkeit des Geldes von Bedeutung ist, und CANTILLON, der die unterschiedlichen Wirkungen einer Geldmengenerhöhung auf das inländische Preisniveau analysierte, je nachdem, ob dafür ein Handelsbilanzüberschuss oder die Entdeckung neuer Goldminen verantwortlich ist. CANTILLONS „Essai sur la nature du commerce en général" (1755) gilt als die originellste systematische Darstellung ökonomischer Prinzipien vor dem Erscheinen des „Wohlstand der Nationen" von SMITH (KLINGEN 1992). Zu den Vorläufern der klassischen Nationalökonomie zählt auch WILLIAM PETTY (1623-1687), der in der Literatur als Begründer der *Arbeitswertlehre* bezeichnet wird, da er in der menschlichen Arbeit einen Maßstab zur Messung des Wertes von Gütern sah. Damit wurde die Diskussion über die Bestimmung der Höhe des Preises oder des Wertes von Gütern in der Geschichte des ökonomischen Denkens neu eröffnet.

Als letzter und zugleich bedeutendster Vertreter des englischen Merkantilismus gilt JAMES STEUART (1713-1780). Sein umfangreiches Hauptwerk „An Inquiry into the Principles of Political Oeconomy" fand allerdings von Anfang an wenig Beachtung, erst in jüngerer Zeit wurde seine Bedeutung wiederentdeckt.

Trotz der geschilderten Relativierung merkantilistischer Positionen blieb der Widerspruch zwischen der Forderung nach einer aktiven Handelsbilanz und den Auswirkungen einer erhöhten Geldmenge auf das Preisniveau ungelöst. Die Vertreter der klassischen Nationalökonomie bezeichneten deshalb die merkantilistische Doktrin einer aktiven Handelsbilanz als einen fundamentalen Trugschluss.

Eine vorsichtige Rechtfertigung der geldtheoretischen Implikationen des Merkantilismus findet sich bei SCHUMPETER (1965, S. 423 ff.) und bei KEYNES (1936, Kapitel 23). Vor allem KEYNES sprach den Merkantilisten das Verdienst zu, dass sie (intuitiv) den Zusammenhang zwischen Geldmengenexpansion, niedrigem Zinssatz und Belebung der wirtschaftlichen Aktivität erkannt hätten. Außerdem hätten sie die Bedeutung des Konsums – auch in Form des Luxuskonsums der Reichen – und die Nachteile des Hortens von Geld für die effektive Nachfrage hervorgehoben.

Dieser Interpretation von KEYNES wird wiederum vorgehalten, sie berücksichtige nicht genügend die damalige historische Situation (vorindustrielle Wirtschaft) und gelte nur, wenn man unausgelastete Ressourcen und stabile Kosten, insbesondere Lohnkosten, unterstelle.

Bei seiner abschließenden Würdigung der merkantilistischen Literatur kommt SCHUMPETER zu dem Schluss, dass die Konfrontation *Merkantilismus versus Liberalismus* bzw. *Protektionismus versus Freihandel* nicht nur Irrtümer der ökonomischen Analyse aufgedeckt, sondern auch lohnenswerte theoretische Ansätze über Bord geworfen hat (SCHUMPETER 1965, S. 471 f.; vgl. auch BLAUG 1995).

3.2.2 Physiokratisches Denken

Mitte des 18. Jahrhundert wurden die merkantilistischen Vorstellungen über Handel und nationale Macht zunehmend in Frage gestellt. In Frankreich waren die meisten Kritiker des Merkantilismus Anhänger der physiokratischen Lehre. Der Terminus *Physiokratie* bedeutet Herrschaft der Natur und wurde 1767 von PIERRE SAMUEL DU PONT DE NEMOURS – einem Schüler QUESNAYS – als Titel eines Buches verwendet. Das Lehrgebäude der Physiokraten entstand auf dem Boden des Naturrechts und als Reaktion auf den „Colbertismus"; die Anhänger der physiokratischen Lehre nannten sich selbst *les économistes*. Die Blütezeit dieser Lehre lag zwischen 1760 und 1780; das Haupt der Physiokraten war FRANÇOIS QUESNAY (1694-1774). FRANÇOIS QUESNAY war Chirurg und Arzt; als Leibarzt von MADAME DE POMPADOUR wird ihm ein gewisser Einfluss am Hofe von LUDWIG XV. nachgesagt. Erst spät zeigte er Interesse an politisch-philosophischen und wirtschaftlichen, insbesondere landwirtschaftlichen Fragen.

Aus dem Naturrecht erwuchs der Grundgedanke einer *natürlichen Ordnung (ordre naturel)*. Teilweise wurde die Physiokratie auch definiert als die Wissenschaft von der natürlichen Ordnung. Natürliche Ordnung heißt jedoch nicht Wiederherstellung im Sinne des Naturzustandes. Natürliche Ordnung bedeutet vielmehr, dass die menschliche Gemeinschaft von natürlichen Gesetzen regiert wird, die man nur erkennen müsse. Allerdings waren die Physiokraten keineswegs Deterministen. Sie glaubten nicht, dass sich die natürliche Ordnung von selbst durchsetzt. Die natürliche Ordnung wird als eine von Gott für das Glück der Menschen gewollte Ordnung verstanden. Aufgabe der Regierung sei es, die tatsächliche Ordnung (*ordre positif*) an die natürliche Ordnung anzupassen. Ein Eingriff in die natürliche Ordnung würde zu Wohlstandseinbußen führen. Daher sollte man den Einzelnen ihre Freiheit lassen, sie würden aus Eigeninteresse die natürliche Ordnung aufrechterhalten. Zur Maxime politischen Handelns wurde der Grundsatz erhoben: *laissez faire, laissez passer; le monde va de lui-même*. Mit dieser Forderung wird der Gegensatz zur merkantilistischen Politik COLBERTS besonders deutlich.

Kritisiert wurde insbesondere die Vernachlässigung der Landwirtschaft, der als Lieferant von Lebensmitteln und Rohstoffen (z.B. für das Textilgewerbe) eine bedeutende Rolle in der Wirtschaft zugesprochen wurde.

Die Physiokraten waren der Auffassung, dass der *Boden* alleinige Quelle des Reichtums einer Nation sei. Die Produktion in den Manufakturen verändere nur die Form des Reichtums und der Handel nur dessen Besitz und Standort. Nur in der Landwirtschaft sei es möglich, dass die produzierten Güter die bei der Produktion verbrauchten Güter übersteigen, ein *Überschuss* erzielt wird. Handel und Handwerk seien in dem Sinne unproduktiv oder steril, dass sie keine neuen Werte schaffen, sondern nur Stoffumwandlung, Stoffveränderung und Stoffvermischung bedeuten.

Zum Verständnis dieses Axioms sind folgende Überlegungen (GIDE/RIST 1923) bedeutsam:

- Denkbar ist eine Verwechslung von natürlicher Produktivität im Sinne der Freigiebigkeit der Natur und der Produktivität überhaupt;

- eine Rolle spielen ferner theologische Begründungen: „Die Erzeugnisse des Bodens sind das Werk Gottes, und allein Gott ist Schöpfer, während die Erzeugnisse der Kunstfertigkeiten Menschenwerk sind und den Menschen keine Schöpferkraft innewohnt." (GIDE/RIST 1923, S. 17);

- dass Handwerk und Gewerbe als unproduktiv angesehen wurden, hängt sicherlich auch damit zusammen, dass beide zu dieser Zeit weitgehend Luxusgüter für den Adel anfertigten.

Die Auffassung, dass die Produktionsfaktoren Arbeit und Kapital nicht produktiv seien, ist ohne Zweifel ein Fehlschluss der Physiokraten. Andererseits gilt nach wie vor der Grundgedanke, dass sich die industrielle Produktion nur entwickeln kann, wenn die landwirtschaftliche Produktion genügend Überschüsse abwirft, d.h. die Versorgung der in der industriellen Produktion Beschäftigten erlaubt.

Wirtschaftspolitisch ist der Gedanke einer einzigen Steuer (*impôt unique*) erwähnenswert, da hier eine erste Verknüpfung von fiskalischer und ökonomischer Betrachtung als Grundlage einer Theorie der Besteuerung stattfindet (BLAICH 1984, S. 45). Der Gedanke der *Alleinsteuer* ist unmittelbare Konsequenz der Lehre von der ausschließlichen Produktivität der Landwirtschaft. Wenn die Bodenrente die einzige Nettowertschöpfung im physiokratischen System darstellt, ist es nur folgerichtig, dass das Steuersystem allein aus ihr schöpfen kann, wenn keine schädlichen Folgen für die Reproduktion entstehen sollen (GILIBERT 1989, S. 128).

Herausragender Beitrag der Physiokraten zum Erkenntnisfortschritt in der Geschichte des ökonomischen Denkens ist das von QUESNAY entwickelte *Tableau économique*. Dieses Tableau löste bei seinem Erscheinen unglaubliche Bewunderung bei den Zeitgenossen QUESNAYS aus. Als Ausdruck der Bewunderung sei folgendes Zitat von MIRABEAU angeführt:

> *„Seit dem Anfang der Welt sind drei Entdeckungen gemacht worden, die den politischen Gesellschaften ihre Hauptstärke gegeben haben. Die erste ist die Erfindung der Schreibkunst, die zweite die Erfindung des Geldes. Die dritte, das Resultat der beiden anderen, das sie aber ergänzt, indem es das Objekt der beiden anderen zur Vollkommenheit bringt, ist das Tableau économique."*
> *(MARQUIS MIRABEAU, zit. nach GIDE/RIST 1923, S. 20, Fn 2).*

3.2 Vorparadigmatische Perioden

In dem Tableau wird der Wirtschaftsprozess mit Hilfe eines einfachen makroökonomischen Kreislaufmodells analysiert. Das Tableau unterteilt die Gesellschaft in drei Klassen und zwar nach der Funktion, die sie beim Prozess der Produktion und des Konsums einnehmen. Zur ersten Klasse (*classe propriétaire*) gehören die Grundeigentümer (Adel, Klerus, Krone), zur zweiten die bäuerlichen Pächter, die als produktive Klasse (*classe productive*) bezeichnet werden, und die dritte ist die Klasse der Handwerker, Gewerbetreibenden und Kaufleute, die als sterile Klasse (*classe stérile*) charakterisiert werden. Das *Tableau économique* veranschaulicht die realen und monetären Ströme zwischen den drei Klassen. Die ersten Tableaux waren sogenannte *Zickzack*-Diagramme, die schematisch die Auswirkungen darstellten, welche die Verwendung des in der Landwirtschaft erzielten Überschusses bzw. Reinertrags (*produit net*) durch die Klasse der Grundeigentümer auf die Einkommen der anderen Klassen hatte. Spätere Darstellungen vereinfachen den Gedankengang, indem die gesamten jährlichen Einnahmen und Ausgaben der drei Klassen veranschaulicht werden.

Abb.: Tableau économique

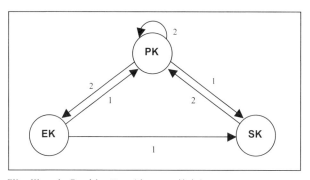

EK = Klasse der Grundeigentümer (classe propriétaire)
PK = Produktive Klasse (classe productive)
SK = Sterile Klasse (classe stérile)
→ = monetäre Ströme

Zur Arbeitsweise des *Tableau économique* (vgl. Abb.):

Der Kreislauf von Produktion und Konsum wird durch die Verwendung des Reinertrags angestoßen, der den Grundeigentümern aus dem Produktionsergebnis der Vorperiode (t-1) zufließt und zwar von der produktiven Klasse als Pacht für das Land. Angenommen, dieser Reinertrag betrage 2 Mrd. Recheneinheiten (RE).

Die Grundbesitzer kaufen ihrerseits für 1 Mrd. RE Nahrungsmittel von der produktiven Klasse und geben 1 Mrd. RE für den Kauf von Konsumgütern bei der sterilen Klasse aus. Letzte wiederum, die 2 Mrd. RE durch den Verkauf ihrer Produkte an die Grundeigentümer und die Landwirte eingenommen hat, kauft bei der produktiven Klasse Nahrungsmittel und Rohstoffe im Werte von 2 Mrd. RE. Betrachten wir zuletzt die Landwirte. Ihnen fließt während einer Periode (t) ein Wert von 3 Mrd. RE zu und zwar durch die Käufe der Grundeigentümer (1 Mrd. RE) und der sterilen Klasse (2 Mrd. RE). Als Gegenleistung stellen sie Nahrungsmittel und Rohstoffe in gleicher Höhe zur Verfügung. Für ihren eigenen Bedarf produzieren sie Nahrungsmittel und Ersatz von Rohmaterialien in Höhe von 2 Mrd. RE. Bis Jahresende haben die Landwirte somit Nahrungsmittel und Rohmaterialien im Werte von 5 Mrd. RE geerntet bzw. produziert. Davon werden 2 Mrd. RE als Pacht an die Klasse der Grundeigentümer abgeführt, die diese wiederum in der Periode t+1 verausgaben (SCHUMPETER 1965, S. 308 f., GILIBERT 1989, S. 122 ff.; von der Frage der *jährlichen Vorschüsse – avances annuelles* – der produktiven und der sterilen Klasse wurde abgesehen).

Die Reproduktion des Systems wird dadurch gewährleistet, dass die Summe der ausgehenden monetären Ströme in jeder Klasse gleich der Summe der eingehenden monetären Ströme ist.

Sieht man einmal davon ab, dass die Auffassung der Physiokraten, Handwerker, Gewerbetreibende und Kaufleute seien *steril* und *unproduktiv*, unhaltbar ist, so enthält das *Tableau économique* doch erkennbare Fortschritte in der ökonomischen Analyse. Zum einen erlaubt die Tableau-Methode eine Vereinfachung der Analyse. Durch Aggregation wird das ökonomische System einer Gesellschaft auf drei interagierende Sektoren reduziert. Zum zweiten werden mit dem Tableau Möglichkeiten für quantitative Untersuchungen eröffnet. QUESNAY selbst bemühte sich bereits um statistische Daten und versuchte, den Wert der Jahresausbringung und andere Gesamtgrößen abzuschätzen. Drittens ist in dem Tableau die Vorstellung von einem ökonomischen Gleichgewicht enthalten. Analysiert wird der Kreislauf einer stationären Wirtschaft, der innerhalb jeder Wirtschaftsperiode zu seinem Ausgangspunkt zurückgeht (SCHUMPETER 1965, S. 295 ff.).

Eine Preistheorie der Physiokraten ist nur rudimentär vorhanden. Sie greifen die auf ARISTOTELES zurückgehende Unterscheidung zwischen Gebrauchswert und Tauschwert auf. Daneben entwickeln sie folgendes Begriffspaar: natürlicher Preis (*prix naturel*) und laufender Preis (*prix courant*). Der laufende Preis ist der Marktpreis, der natürliche Preis der Preis, der den Kosten entspricht. Güter des Handwerks und der Manufakturen sollen zum Kostenpreis abgesetzt werden. Bei landwirtschaftlichen Produkten dagegen ergibt sich der Marktpreis aus Kosten plus Reinertrag.

Was geldtheoretische Fragen betrifft, so wird bei den Physiokraten die im merkantilistischen Denken enthaltene Bedeutung des Geldes für den Wohlstand eines Volkes verneint. Geld wird nur als ein Schleier betrachtet, der die realen Vorgänge in einer Wirtschaft verdeckt. In dieser Hinsicht können die Physiokraten zwar als Vorläufer von SAY und RICARDO interpretiert werden. Die Weiterentwicklung der Geldtheorie erfolgte jedoch außerhalb der physiokratischen Lehre (OTT/WINKEL 1985, S. 34).

Zum Abschluss der Betrachtung über das physiokratische Denken soll TURGOT (1727-1781) erwähnt werden. ANNE ROBERT JACQUES TURGOT, ein französischer Staatsmann und Ökonom, wurde 1774 von LUDWIG XVI zum Generalkontrolleur der Finanzen ernannt. Sein Hauptwerk sind die „Réflexions sur la formation et la distribution des richesses" (1769). Obwohl er dort den Überlegungen QUESNAYS weitgehend folgt, nimmt er innerhalb der Physiokraten eine Sonderstellung ein. SCHUMPETER klassifiziert ihn als Nicht-Physiokraten mit physiokratischen Neigungen (1965, S. 314). TURGOT gilt als „Entdecker" des (später so bezeichneten) *Ertragsgesetzes* (HERDZINA 1993). Dabei unterscheidet er zwischen einer ersten Phase zunehmender und einer zweiten Phase abnehmender Ertragszuwächse. Der Zusammenhang sei aus heutiger Sicht an einem einfachen Beispiel illustriert: Der Ertrag hänge von zwei Produktionsfaktoren ab, die substituierbar sind. Wird einer der beiden Produktionsfaktoren konstant gehalten und der übrige sukzessive vermehrt, nimmt der Ertrag zunächst überproportional und später unterproportional zu (zunehmende und abnehmende Grenzerträge). TURGOT hat dieses Gesetz für die Landwirtschaft formuliert. Der Boden ist dabei der konstante Faktor; Düngemittel, Saatgut, Maschineneinsatz und menschliche Arbeit sind die veränderbaren Faktoren. Eine intensive Bearbeitung des Bodens ergibt zunächst überproportionale Erträge; später wirkt sich die Knappheit des Bodens stärker aus, und die Erträge nehmen nur noch unterproportional zu.

Nach Ansicht von GIDE/RIST (1923) beginnt mit QUESNAY und seinen Schülern das Zeitalter der Begründer der politischen Ökonomie als Wissenschaft. „Die Physiokraten waren die ersten, die im vollen Sinn des Wortes eine umfassende Anschauung der sozialen Wissenschaft gehabt haben…". (S. 2). Sie bildeten eine Art wissenschaftliche Gemeinschaft, die sich um ein von allen anerkanntes geistiges Oberhaupt gruppierte. Ihre Veröffentlichungen folgten in kurzen Abständen innerhalb eines Zeitraumes von etwa 20 Jahren (1756-1778).

Zwar bleibt der unmittelbare Einfluss der Physiokraten auf die Wirtschaftspolitik ihrer Zeit äußerst gering. Mit der Darstellung des Wirtschaftskreislaufs haben sie jedoch einen analytischen Beitrag geleistet, der bis in die moderne Ökonomie nachwirkt. Die heutige Makroökonomie ist ohne die Vorstellung des Wirtschaftskreislaufs nicht denkbar.

In der Literatur wird häufig vermutet, dass QUESNAY bei seinem *Tableau économique* den menschlichen Blutkreislauf als Vorbild gehabt habe. Diese Vermutung bietet sich deshalb an, weil QUESNAY als Arzt und Chirurg in Verbindung mit dem Blutkreislauf gebracht werden kann. Ein neuerer Beitrag von RIETER (1990, S. 57 ff.) vertritt dagegen die These, dass sich das Schema des Tableau économique vom Uhrenmechanismus herleiten lasse, wie es das Tableau in Form seiner symmetrischen Zickzack-Darstellung optisch nahe lege.

3.3 Die Entstehung der Ökonomie als wissenschaftliche Fachdisziplin – die klassische politische Ökonomie als Paradigma

3.3.1 Der Wechsel von der merkantilistischen Ökonomik zur klassischen politischen Ökonomie – die smithianische und ricardianische Revolution

Wie der Übergang von der scholastischen Ökonomik zum merkantilistischen Denken, so vollzog sich auch der Wechsel vom Merkantilismus zur klassischen Nationalökonomie über einen längeren Zeitraum. Im 18. Jahrhundert standen in England nach einer etwa 200jährigen

Herrschaft des Merkantilsystems mit seinen staatlichen Regulierungen und Lenkungen der Wirtschaft die Zeichen bereits auf Wandel. Der Widerstand gegen ein Wirtschaftssystem, das die ökonomischen Interessen der Individuen staatlicherseits entweder begünstigte oder beschränkte, wurde immer größer.

Gleichwohl war der Merkantilismus das System der Politischen Ökonomie, das zur damaligen Gegenwart am weitesten verbreitet und am besten bekannt war. In einem gewissen Sinne hatte es Paradigmastatus. Jede Auseinandersetzung mit ihm musste sich mit den grundlegenden Elementen der merkantilistischen Doktrin befassen. Es war insbesondere ADAM SMITH, der sein *System der natürlichen Freiheit* als Gegenentwurf zum Merkantilismus betrachtete und von dem Grundprinzip ausging, dass durch die Verfolgung privater Interessen automatisch auch die öffentlichen Interessen wahrgenommen werden.

Im vierten Buch seines ökonomischen Hauptwerkes „The Wealth of Nations" hat er deshalb eine umfassende, detailgenaue und präzise Beschreibung dessen geliefert, was er als „Handels- oder Merkantilsystem" bezeichnet. Dabei ist allerdings die Kritik nicht ganz von der Hand zu weisen, dass SMITH zu einer Art Mythenbildung beigetragen hat, indem er den Merkantilismus als ein in sich geschlossenes, konsistentes System beschrieb, was dieser in der historischen Wirklichkeit wahrscheinlich niemals war (NIEHANS 1989, S. 2).

Die smithianische Revolution

Als Folge der Veröffentlichung des „Wealth of Nations" (im Folgenden: WN) wurden die merkantilistischen Vorstellungen zunehmend abgelöst von der Idee eines ökonomischen Systems, das durch eigene Kraft vorangetrieben wird und dessen Bewegungen durch spezifische ökonomische Gesetze bestimmt sind (KURZ 1991, HOLLANDER 1973). Entscheidende Antriebsfeder dieses Systems ist nach SMITH der individuelle Eigennutz, das eigene Interesse.

> *„Nicht vom Wohlwollen des Metzgers, Brauers und Bäckers erwarten wir das, was wir zum Essen brauchen, sondern davon, daß sie ihre eigenen Interessen wahrnehmen. Wir wenden uns nicht an ihre Menschen-, sondern an ihre Eigenliebe, und wir erwähnen nicht die eigenen Bedürfnisse, sondern sprechen von ihrem Vorteil."*
> *(WN, S. 17, zit. wird die RECKTENWALD-Übersetzung von 1978).*

Der Nachweis eines Steuerungsprinzips innerhalb der menschlichen Verhältnisse, das dazu führt, dass ein System freier Märkte nicht in Chaos und Anarchie versinkt, sondern zu einer Art natürlicher Ordnung gelangt, die Freiheit und Wohlstand gleichzeitig ermöglicht, gilt als die entscheidende Neuerung des ökonomischen Denkens und kann zu Recht als Paradigmenwechsel bezeichnet werden (SCHUMPETER 1965, DOBB 1977, KURZ 1991).

Die zu beobachtenden Umbrüche in Wissenschaft, Gesellschaft und Wirtschaft haben das Denken von SMITH stark beeinflusst. Besonders die wissenschaftlichen Leistungen von ISAAC NEWTON (1643-1727) übten eine große Anziehungskraft aus. Dieser veröffentlichte im Jahr 1687 seine „Philosophiae naturalis principia mathematica", welche die drei Bewegungsgesetze und das Gesetz der allgemeinen Gravitation enthält und damit den Grundstein für die klassische Mechanik legte. SMITH selbst wurde bereits zu seinen Lebzeiten als

3.3 Die klassische politische Ökonomie als Paradigma

NEWTON seines Fachs gefeiert und NEWTON galt auch für ihn als höchste Auszeichnung für einen Wissenschaftler. Der Grund dafür, dass NEWTON nicht nur ein Synonym für einen Naturwissenschaftler war, sondern für einen Wissenschaftler überhaupt, lag darin, dass NEWTON eine Methode anwandte, die für alle Zweige der Naturwissenschaften und Philosophie als gültig angesehen wurde. Am Anfang werden gewisse Prinzipien (ursprüngliche oder bewiesene) festgesetzt, aus denen die verschiedenen Phänomene erklärt werden, indem Kausalbeziehungen hergestellt werden. Diese Methode, von SMITH als Newtonsche Methode bezeichnet, wurde von ihm als die in jeder Wissenschaft bei weitem überzeugendere bezeichnet (FREUDENTHAL 1982).

Auch die schottische Aufklärung mit DAVID HUME (1711-1776) als herausragenden Denker dieser Zeit prägte ADAM SMITH. HUME war ein enger Freund von SMITH und stand mit ihm in engem Kontakt. Er gilt als bedeutendster Vertreter der philosophischen Richtung des Empirismus. HUMES ökonomische Überlegungen nahmen bereits einige Ideen von SMITH und RICARDO vorweg.

Theorie der ethischen Gefühle

ADAM SMITH (1723-1790) studierte zwischen 1737 und 1746 an den Universitäten Glasgow und Oxford. In Glasgow besuchte er Vorlesungen von FRANCIS HUTCHESON (1694-1746), der damals im Rufe eines der größten lebenden Philosophen stand. SMITH wurde sowohl in seinen nationalökonomischen Auffassungen wie auch in seinen moralphilosophischen Überlegungen von HUTCHESON beeinflusst. Beginnend mit den Jahren 1748/49 hielt SMITH erste Vorlesungen in Edinburgh, u.a. über englische Literatur und politische Ökonomie. Im Jahre 1751 wurde er Professor für Logik an der Universität Glasgow; ein Jahr später übernahm SMITH den Lehrstuhl für Moralphilosophie, den früher sein Lehrer HUTCHESON inne hatte.

Die Vorlesungen über Moralphilosophie bildeten den Stoff für sein philosophisches Hauptwerk „The Theory of Moral Sentiments". Die erste Auflage dieses Buches erschien 1759; bis 1790 erreichte das Buch sechs Auflagen. Während der „Wealth of Nations" in zahlreiche Sprachen übersetzt und zum Gegenstand einer fast unübersehbaren wissenschaftlichen Begleitliteratur wurde, ist die „Theorie der ethischen Gefühle" (im Folgenden TEG, zitiert wird die Übersetzung von W. ECKSTEIN, 1985) lange Zeit in Vergessenheit geraten. Die Zielsetzung des Buches kommt in dem Untertitel zum Ausdruck, den SMITH dem Buch beigegeben hat (erstmals enthalten in der 4. Auflage 1774): „Versuch einer Analyse der Prinzipien, mittels welcher die Menschen naturgemäß zunächst das Verhalten und den Charakter ihrer Nächsten und sodann ihr eigenes Verhalten und ihren eigenen Charakter beurteilen." Grundlage der Smithschen Ethik ist das *Prinzip der Sympathie*. „Mag man den Menschen für noch so egoistisch halten, es liegen doch offenbar gewisse Prinzipien in seiner Natur, die ihn dazu bestimmen, an dem Schicksal anderer Anteil zu nehmen, und die ihm selbst die Glückseligkeit dieser anderen zum Bedürfnis machen, obgleich er keinen anderen Vorteil daraus zieht, als das Vergnügen, Zeuge davon zu sein. Ein Prinzip dieser Art ist das Erbarmen oder das Mitleid, das Gefühl, das wir für das Elend anderer empfinden, sobald wir dieses entweder selbst sehen oder sobald es uns lebhaft geschildert wird, daß wir es nachfühlen können." (TEG, S. 1).

Auch der Gedanke der Harmonie der Einzelinteressen tritt bereits in der Theorie ethischer Gefühle auf. SMITH versucht zu zeigen, dass selbst der Grundherr, der kein anderes Ziel kennt als seinen eigenen Vorteil, durch sein egoistisches Streben und Wirken auch dem Vorteil der großen Masse dient und ohne es zu wollen, ja ohne es auch nur zu wissen, das Interesse der Gesellschaft aufs wirksamste fördert. „Von einer unsichtbaren Hand werden sie dahin geführt, beinahe die gleiche Verteilung der zum Leben notwendigen Güter zu verwirklichen, die zustande gekommen wäre, wenn die Erde zu gleichen Teilen unter allen ihren Bewohnern verteilt worden wäre." (TEG, S. 316).

Folgen wir einer Interpretation FREUDENTHALS (1982), dann besteht die Analogie, die SMITH zwischen dem Gegenstand der Mechanik und dem Gegenstand der Sozialphilosophie gesehen hat, in der Auffassung der Individuen als bewegte Körper und von der Gesellschaft als ein System solcher Körper. Die Analogie besagt erstens, dass entgegengesetzte Bewegungen der Individuen, die Verfolgung gegensätzlicher Interessen, sich gegenseitig aufheben. Zweitens besagt die Analogie, dass die Gesetzmäßigkeit des gesellschaftlichen Lebens ebenso wie die eines Systems bewegter Körper von den Bewegungen der Elemente (hier: Individuen) abhängt und daher nicht beliebig manipulierbar ist. Die Bewegungen der Elemente hängen aber von den ursprünglichen Eigenschaften ab. Daraus wird abgeleitet, dass die Konstruktion einer Gesellschaft nach Plan, die verschieden von der bestehenden sein soll, die Veränderung der menschlichen Natur erfordere, was nach Ansicht von SMITH nicht möglich sei. Andererseits ist die Mechanik insofern keine brauchbare Analogie, weil die Kraft der Gesellschaft durchaus die Summe der Kräfte der Individuen übersteigen könne. Nach SMITH ist es gerade die Tatsache, dass in einer arbeitsteiligen Gesellschaft die produktive Kraft der Arbeit aller die Summe der Kräfte aller einzelnen übertrifft, die den Unterschied zwischen einer einfachen und einer entwickelten Gesellschaft ausmacht.

Dass die „Theorie der ethischen Gefühle" weitgehend in Vergessenheit geraten ist, mag zum einen damit zusammenhängen, dass die philosophische Entwicklung auf dem Gebiet der Ethik im Laufe des 19. Jahrhundert ganz andere Bahnen eingeschlagen hat. Zum anderen steht sie (trotz vieler origineller Gedanken) am Ende einer langen wissenschaftlichen Entwicklung, während der „Wealth of Nations" die Tür zu einer neuen Wissenschaft geöffnet hat.

Der Wohlstand der Nationen

Die Veröffentlichung der „Theorie der ethischen Gefühle" erhöhte nicht nur den wissenschaftlichen Bekanntheitsgrad von SMITH, sondern führte auch zu einem Wandel in seinen beruflichen Lebensverhältnissen. 1764 verzichtete er auf seine Professur, um als Reisebegleiter des jungen HERZOGS VON BUCCLEUCH ins Ausland zu reisen. Der Erwerb von Wissen und Bildung auf Auslandsreisen als Ersatz für ein Universitätsstudium war in den vornehmen Kreisen Englands nichts Ungewöhnliches. Diese Tätigkeit sicherte SMITH eine Rente von beträchtlicher Höhe auf Lebenszeit. In den folgenden beiden Jahren hielt sich SMITH in Frankreich auf, wo er in Paris mit den Enzyklopädisten und den Physiokraten (insbesondere QUESNAY und TURGOT) in Verbindung trat. In dieser Zeit begann er an seinem „Wohlstand der Nationen" zu schreiben. Im Jahre 1766 kehrte SMITH nach London zurück, 1767 zog er in seinen Geburtsort Kirkcaldy in Schottland. Die folgenden Jahre widmete er seinem natio-

3.3 Die klassische politische Ökonomie als Paradigma

nalökonomischen Hauptwerk – „An Inquiry into the Nature and Causes of the Wealth of Nations" –, das 1776 erschien. Ein Jahr später wurde SMITH zum Mitglied der königlichen Zollkommission für Schottland ernannt und übersiedelte aufgrund dieser Tätigkeit 1778 nach Edinburgh. Der Senat der Universität Glasgow ernannte ihn 1787 zum Lord Rektor. SMITH verstarb 1790 in Edinburgh.

Eine Reihe der zentralen Ideen, die im „Wohlstand der Nationen" auftauchen und deutlich akzentuiert werden, waren bereits in der einen oder anderen Art und Weise zuvor formuliert worden. Insbesondere um 1750 herum gab es eine Reihe von wichtigen Schriften und neuen Ideen, so z.B. von GALIANI (DELLA MONETA, 1751), HUME (Essays, 1752), CANTILLON (Essay, 1755) und QUESNAY (1766). BRONFENBRENNER (1970) geht in seiner Wertschätzung HUMES sogar soweit, dass er das Jahr der Veröffentlichung der „Political Discourses" (1752) – Bd. 2 der Essays – als Beginn der klassischen Nationalökonomie bezeichnet. Noch weiter geht SCHUMPETER, der zu der (keinesfalls unumstrittenen) Wertung gelangt: „(Es) ist eine Tatsache, daß der „Wealth of Nations" keine einzige *analytische* Idee oder Methode und kein *analytisches* Prinzip enthält, die im Jahre 1776 völlig neu gewesen wäre." (SCHUMPETER 1965, S. 245). Eine Aussage, die in der Literatur auch als „Königsmord" charakterisiert wird.

Der „Wohlstand der Nationen" umfasst insgesamt 5 Bücher. Wir beginnen mit dem 4. Buch, das die Kritik von ADAM SMITH am merkantilistischen System enthält und an der physiokratischen Vorstellung, dass der Bodenertrag die einzige oder die Hauptquelle des Einkommens und des Wohlstandes eines Landes darstellt. Gleich am Anfang definiert SMITH die Zielsetzung der politischen Ökonomie als Zweig der Wissenschaft, die eine Lehre für den Staatsmann und Gesetzgeber entwickeln will: Wie kann der Wohlstand und der Reichtum eines Volkes erhöht werden und auf welche Weise kann sich der Staat die Einnahmen verschaffen, die er benötigt, um die öffentlichen Aufgaben zu erfüllen? Zunächst beschäftigt er sich mit den Grundsätzen des Merkantilsystems. In vorsichtiger Weise spricht er von der weitverbreiteten Ansicht, Wohlstand bestehe in Geld, Gold oder Silber (WN, S. 347). Diese These könne als die Prämisse der merkantilistischen Doktrin klassifiziert werden. SMITH erwähnt LOCKE, der auf einen Unterschied zwischen Geld und anderen beweglichen Gütern des Reichtums einer Nation aufmerksam gemacht habe. Gold und Silber seien im Vergleich zu diesen Gütern wertbeständiger und dauerhafter. Deshalb bestehe das Ziel der Wirtschaftspolitik in erster Linie darin, den Bestand an diesen Edelmetallen zu vermehren. Zwar räumten einige merkantilistische Autoren ein, dass es in einer Volkswirtschaft ohne Beziehungen zum Ausland unerheblich sei, wie hoch die umlaufende Geldmenge sei. Die Güter würden lediglich zu einem höheren Preis umgesetzt. Der Wohlstand hinge dann in der Tat allein von den Gütern ab, die für den Konsum vorhanden sind. Werde jedoch Außenhandel betrieben oder würden Kriege gegen andere Nationen geführt, dann sei es unerlässlich, in Friedenszeiten Gold und Silber anzuhäufen.

In einer früheren Phase des Merkantilismus wurde in einzelnen Ländern (Spanien, Portugal, England, Frankreich) die Ausfuhr von Edelmetallen verboten oder mit einer hohen Abgabe belegt. Im Zuge verstärkter Außenhandelsbeziehungen wurde aber dieses Verbot von den Handelskaufleuten zunehmend als lästig betrachtet, es behindere den internationalen Handelsverkehr. Zwei Gegenargumente wurden vorgebracht: Werden Auslandswaren mit Gold oder Silber gekauft und nicht im Inland verbraucht, sondern in andere Länder mit Gewinn exportiert, dann strömt mehr Edelmetall in das Land zurück als zum Ankauf der Waren hinausgeflossen ist. Ein Argument, das vor allem von THOMAS MUN (1571-1641), einem englischen Kaufmann und Ökonomen, vorgebracht wurde. MUN gilt als der führende Vertreter des Merkantilismus in England. Seine Schrift „England's Treasure by Forraign Trade" wird auch als Opus magnum des Merkantilismus bezeichnet (EATWELL/MILGATE/NEWMAN 1987). Das zweite Argument bezieht sich darauf, dass ein Verbot die Ausfuhr nicht verhindern kann. Im Falle einer negativen Handelsbilanz würde ein Verbot die Ausfuhr höchstens riskanter und damit teurer machen, was wiederum zu einer Verschlechterung des Wechselkurses für das Schuldnerland führen würde. Man solle deshalb die Aufmerksamkeit auf das lenken, was als *Handelsbilanz* insgesamt (*balance of trade*) bezeichnet wird.

SMITH hält diese Argumente für teils richtig, teils überspitzt und verdreht. Er räumt jedoch ein, dass Geld sicherlich stets ein Teil des volkswirtschaftlichen Wohlstands sei, jedoch mache es nur einen kleinen Teil aus, und sei zudem der Teil, der den geringsten Ertrag abwerfe. Das Jahresprodukt aus Boden und Arbeit eines Landes sei in der Regel nur zu einem geringen Teil für den Export vorgesehen (und bringe somit Edelmetalle in das Land), sondern werde überwiegend im Inland umgesetzt und konsumiert. Der Überschuss, der exportiert werde, sei wiederum in erster Linie dazu bestimmt, die Einfuhren zu finanzieren. „Der Außenhandel exportiert jenen überschüssigen Teil des Ertrags aus Boden und Arbeit, nach dem im Lande keine Nachfrage besteht, und führt wiederum dafür das ein, wonach im Inland ein Bedarf besteht. Durch ihn erhält sein Überschuß erst einen Wert, indem er ihn nämlich gegen irgendetwas eintauscht, was Teile des Bedarfs decken … kann. Auch hilft der Außenhandel mit, daß die Arbeitsteilung nirgendwo im Handwerk oder Gewerbe durch die Enge des Inlandsmarktes daran gehindert wird, sich im höchsten Grade zu vervollkommnen." (WN, S. 363).

Im weiteren Verlauf des vierten Buches untersucht SMITH die vom Merkantilismus angewandten Instrumente der Importbeschränkungen (hohe Zölle, absolute Einfuhrverbote) und der Ausfuhrförderungen (Rückzölle, Exportprämien, vorteilhafte Handelsverträge mit fremden Staaten, Gründung von Kolonien). Ihm geht es hauptsächlich darum zu prüfen, welche Auswirkungen der Einsatz dieser Instrumente auf die Höhe des Sozialprodukts und damit des Wohlstands hat. Wie bereits erwähnt, beschäftigt er sich dagegen nicht mit den Effekten einer Geldmengenerhöhung im Inland, verursacht durch eine aktive Handelsbilanz.

Was die Importbeschränkungen für ausländische Güter betrifft, die im Inland selbst produziert werden, so führt dies nach Ansicht von SMITH dazu, dass das Monopol des einheimischen Gewerbes auf dem Binnenmarkt gesichert wird. Fraglich sei jedoch, ob damit ein Aufschwung für die gesamte Volkswirtschaft oder zumindest ein bestmöglicher Einsatz von Arbeitskräften und Kapital in den betreffenden Branchen verbunden ist.

3.3 Die klassische politische Ökonomie als Paradigma

In der Begründung wird das Verhältnis von Markt und Staat von SMITH klar abgegrenzt: Der einzelne Unternehmer kann danach weit besser als der Staat beurteilen, welches inländische Gewerbe für den Einsatz seines Kapitals geeignet ist und welches den höchsten Ertrag abwirft. Jeder Staat, der versucht, privaten Wirtschaftssubjekten die Anlage ihres Kapitals vorzuschreiben, würde sich nicht nur eine unnötige Last auflasten, sondern auch eine Autorität anmaßen, die ihm nicht anvertraut werden kann (WN, S. 371).

Wenn der einzelne Unternehmer sein Kapital so einsetzt, dass es ihm den höchsten Gewinn abwirft, dann verfolgt er in der Regel sein eigenes Interesse und nicht das Gemeinwohl. Gleichwohl wird er von einer „unsichtbaren Hand" (WN, S. 371) geleitet, um einen Zweck zu fördern, den er in keiner Weise beabsichtigt hatte, nämlich die Steigerung des Jahresertrags und des Volkseinkommens seines Landes. Durch die Verfolgung seines eigenen Interesses fördert er somit die Gesellschaft weit mehr, als wenn er dies wirklich beabsichtigte. „Alle, die jemals vorgaben, ihre Geschäfte dienten dem Wohl der Allgemeinheit, haben meines Wissens niemals etwas Gutes getan .. ." (WN, S. 371).

In seinen Schlussbemerkungen zum Merkantilsystem kommt SMITH zu dem Ergebnis, dass diese Wirtschaftsordnung hauptsächlich die Erwerbstätigkeit fördert, die den Wohlhabenden und Mächtigen der Gesellschaft zugute kommt. Dagegen werden jene Erwerbstätigkeiten vernachlässigt oder unterdrückt, die den Armen und Schwachen nützen. Das Wohl der Verbraucher wird zumeist dem Interesse des Produzenten geopfert. Letztes Ziel allen Wirtschaftens und Handelns sei offenbar die Produktion und nicht der Konsum. Innerhalb der Produzenten würden wiederum in besonderer Weise die Manufakturbesitzer geschützt.

Würde man alle Begünstigungen und Beschränkungen des Merkantilsystems völlig aus dem Wege räumen, so stellt sich nach SMITH das klare und einfache *System der natürlichen Freiheit* von selbst her (WN, S. 582). Jeder soll die Freiheit haben, solange er nicht die Gesetze verletzt, sein eigenes Interesse auf seine Weise zu verfolgen und seinen Erwerbsfleiß und sein Kapital im Wettbewerb mit anderen einzusetzen.

Im System der natürlichen Freiheit hat der Souverän (der Staat) lediglich drei Aufgaben zu erfüllen: erstens das Land gegen Gewalttätigkeiten und Angriffe anderer Staaten zu schützen, zweitens jeden einzelnen vor Unterdrückung und Ungerechtigkeit durch Mitbürger in Schutz zu nehmen, ein zuverlässiges Justizwesen einzurichten und drittens die Pflicht, gewisse öffentliche Anlagen und Einrichtungen zur Erleichterung von Handel und Verkehr sowie gewisse Bildungseinrichtungen für die Jugend (Schulen und Colleges) und für Menschen aller Altersstufen (Wissenschaft, Kunst, Musik) zu gründen und zu unterhalten, deren Errichtung und Unterhaltung nicht im Interesse von Privatleuten liegen kann, weil die Einnahmen niemals die Ausgaben decken würden. Die mit den öffentlichen Aufgaben verbundenen Fragen der öffentlichen Einnahmen werden, einschließlich der Probleme der Staatsverschuldung, im fünften Buch abgehandelt.

Das dritte Buch enthält eine historische Analyse über die unterschiedliche Zunahme des Wohlstands in einzelnen Ländern, wie beispielsweise über die Gründung und das Wachstum der Städte nach dem Untergang des Römischen Reiches und die Bedeutung des Handels für die ökonomische und soziale Entwicklung eines Landes.

Kommen wir nun zu den ersten beiden Büchern, welche die wesentlichen Bestandteile des analytischen Schemas von SMITH enthalten. Bereits in der Einleitung wird der „Paradigmenwechsel" zum Merkantilismus formuliert:

> *„Die jährliche Arbeit eines Volkes ist die Quelle, aus der es ursprünglich mit allen notwendigen und angenehmen Dingen des Lebens versorgt wird, die es im Jahr verbraucht. Sie bestehen stets entweder aus dem Ertrag dieser Arbeit oder aus dem, was damit von anderen Ländern gekauft wird." (WN, S. 3).*

Der Wohlstand, definiert als Güterversorgung pro Kopf der Bevölkerung, ist abhängig von der Produktivität der Arbeit als Ergebnis von Geschicklichkeit, Sachkenntnis und Erfahrung sowie von dem Verhältnis der produktiv Erwerbstätigen zur übrigen Bevölkerung. Die *Arbeitsproduktivität* ist das große Thema des ersten Buches. Anhand des berühmten Stecknadel-Beispiels werden die Vorzüge zunehmender Arbeitsteilung behandelt. Sie allein ist nach SMITH die Ursache für den großen Reichtum und Überfluss, dessen sich die Gesellschaft erfreuen kann. Auch der technologische Fortschritt wird von ihr induziert und ist somit nur eine Begleiterscheinung. Die Größe des Marktes bildet die Grenze für die Arbeitsteilung. Die Arbeitsteilung selbst wird nicht mit der Verschiedenheit menschlicher Talente begründet, sondern auf eine Neigung der Menschen zum Tausch zurückgeführt. Offen bleibt, ob diese Neigung eines jener ursprünglichen Prinzipien in der menschlichen Natur ist, die ihrerseits nicht weiter erklärt werden können oder notwendige Folge des Denk- und Sprachvermögens sind.

In einer arbeitsteilig organisierten und für den Markt produzierenden Wirtschaftsordnung lautet eine der zentralen Fragen, welches die Bestimmungsgründe für den Wert oder Preis der Güter sind.

Daraus ergeben sich dann die Regeln für den Austausch der Güter. SMITH untersucht daher, „welches die natürlichen Regeln sind, die die Menschen beim Tauschen von Ware gegen Geld oder Ware beachten." (WN, S. 27). Diese Regeln bestimmen, was man den relativen oder den Tauschwert der Güter nennen kann (*relative or exchangeable value of goods*). Anschließend legt er dar, dass das Wort Wert (*value*) zwei verschiedene Bedeutungen hat. Die eine kann man *Gebrauchswert (value in use)*, die andere *Tauschwert (value in exchange)* nennen – eine Unterscheidung, die wir bereits von ARISTOTELES und von THOMAS VON AQUIN kennen. Im „Wohlstand der Nationen" folgt dann eine Stelle, die in der Literatur als *Wert-Paradoxon (paradox of value)* bezeichnet wird: „Dinge mit dem größten Gebrauchswert haben vielfach nur einen geringen oder keinen Tauschwert, umgekehrt haben solche mit dem größten Tauschwert häufig wenig oder keinerlei Gebrauchswert. Nichts ist nützlicher als Wasser, und doch läßt sich damit kaum etwas kaufen oder eintauschen. Dagegen besitzt ein Diamant kaum einen Gebrauchswert, doch kann man oft im Tausch dafür eine Menge anderer Güter bekommen." (WN, S. 27).

Die Frage nach den Prinzipien, die den Tauschwert der Güter bestimmen, wird von SMITH in drei Schritten angegangen: „Erstens, welches (ist) das richtige Maß für diesen Tauschwert oder worin (besteht) der reale Preis aller Güter, zweitens, aus welchen einzelnen Teilen (setzt) sich dieser reale Preis zusammen ..., und drittens, unter welchen Umständen (steigen) zuweilen einzelne oder alle diese Bestandteile des Preises über ihre natürliche .. Höhe oder

3.3 Die klassische politische Ökonomie als Paradigma

(fallen) zuweilen unter diese Höhe, oder welche Ursachen (verhindern) gelegentlich, daß der Marktpreis, als der augenblickliche Preis eines Gutes, mit dem, was man seinen natürlichen Preis nennen mag, genau übereinstimmt." (WN, S. 27).

SMITH bittet den Leser um Aufmerksamkeit und Geduld, da es bei seinen Ausführungen um einen Gegenstand geht, der seiner Natur nach äußerst abstrakt ist. Die Frage nach dem richtigen Maß für den *Tauschwert* bzw. nach dem realen Preis aller Güter beantwortet SMITH dahingehend, dass Arbeit „der letzte und wirkliche Maßstab (ist), nach dem der Wert aller Waren zu allen Zeiten und an allen Orten gemessen und verglichen werden kann, da sie sich niemals in ihrem Wert ändert. Die Arbeit ist ihr wirklicher oder realer Preis, Geld lediglich ihr nominaler." (WN, S. 30 f.). Der nominale Preis kann infolge monetärer Veränderungen schwanken, wie z.B. durch die Herabsetzung des Metallgehalts von Gold- und Silbermünzen oder einen Werteverfall von Gold und Silber selbst.

SCHUMPETER (1965, S. 249 f.) kommentiert diese Passage dahingehend, dass die Wahl von Arbeitsstunden oder Arbeitstagen als Recheneinheit für den Wert oder Preis von Gütern nützlich sein könne oder auch nicht, jedenfalls sei logisch nichts dagegen einzuwenden. Aber SMITH vermittele eine im Prinzip einfache Idee so umständlich, dass sie zu Missverständnissen führte. Auf keinen Fall könne man daraus ableiten, dass die smithianische Werttheorie eine *Arbeitswerttheorie* sei. Die unterschiedlichen Interpretationen in der Literatur seien u.a. darauf zurückzuführen, dass bei SMITH – im Gegensatz zu RICARDO – die Unterscheidung zwischen Arbeit als Wertmaßstab und Arbeit als Wertursache relativ schwach ist.

Was die zweite Frage betrifft, nämlich die Bestandteile des Güterpreises, so unterscheidet SMITH zwischen einfachen und entwickelten Gesellschaften. In einfachen Gesellschaften *(early and rude state of society)* gibt es noch keinerlei Kapitalbildung und keine Aneignung von Boden. Dort „ist das Verhältnis zwischen den Mengen an Arbeit, die man einsetzen muß, um einzelne Gegenstände zu erlangen, offenbar der einzige Anhaltspunkt, um eine Regel für deren gegenseitigen Austausch ableiten zu können" (WN, S. 42). Es folgt das berühmte *Biber-Hirsch-Beispiel*: „Bedarf es … gewöhnlich doppelt so vieler Arbeit, einen Biber zu töten, als einen Hirsch zu erlegen, sollte natürlich im Tausch ein Biber zwei Hirsche wert sein. Es ist dann nur selbstverständlich, daß der übliche Ertrag der Arbeit von zwei Tagen oder zwei Stunden doppelt soviel wert sein sollte als der übliche einen Tages oder einer Stunde" (WN, S. 42). Diese Aussage stellt ohne Zweifel die Wurzel für die Arbeitswerttheorien von RICARDO und MARX dar (SCHUMPETER 1965, S. 393). Inwieweit sich auf dieser Entwicklungsstufe eines Landes, in der jeder frei jagen und sich ernähren kann, überhaupt Tauschbeziehungen herausbilden, steht auf einem anderen Blatt. Sollte es aber zum Tausch kommen, dann ist die von SMITH formulierte Regel einleuchtend. Die Frage, die unmittelbar nahe liegt, lautet: Welche Bedeutung kommt der Nachfrage für die Bildung der Tauschrelation zu? Sie lässt sich in der Weise beantworten, dass bei nur einem Produktionsfaktor (Arbeit) und zwei Gütern das Austauschverhältnis zwischen diesen Gütern durch die „Stückkosten" (= Menge an Arbeitszeit je Produkt) bestimmt werden. Da in dem erwähnten Biber-Hirsch-Beispiel die Kosten konstant sind, geht somit von der Nachfrage kein Einfluss auf das Austauschverhältnis aus (BLAUG 1971, S. 98 f.). In der Sprache der modernen Ökonomie formuliert: Bei einer konstanten Grenzrate der technischen Substitution zwischen zwei Gütern ist das Austauschverhältnis gleich dieser Grenzrate und unabhängig von der Nachfrage (OTT/WINKEL 1985, S. 65).

Wenden wir uns dem Fall entwickelter Gesellschaften zu. „Sobald sich ... Kapital in den Händen einzelner gebildet hat, werden es einige von ihnen .. dazu verwenden, um arbeitsame Leute zu beschäftigen, denen sie Rohmaterialien und Unterhalt bieten, um einen Gewinn aus dem Verkauf ihres Produktes zu erzielen, genauer gesagt, aus dem Verkauf dessen, was deren Arbeit dem Material an Wert hinzufügt. Ganz gleich, ob man nun das fertige Erzeugnis gegen Geld .. oder andere Güter tauscht, es muß einen Erlös erbringen, der über den Materialkosten und den Arbeitslöhnen liegt und der ausreicht, um den Gewinn des Unternehmers ... abzudecken. Der Wert, den ein Arbeiter dem Rohmaterial hinzufügt, läßt sich daher in diesem Falle in zwei Teile zerlegen, mit dem einen wird der Lohn gezahlt, mit dem anderen der Gewinn des Unternehmers, da er ja das gesamte Kapital für Materialien und Löhne vorgestreckt hat." (WN, S. 43). SMITH verneint die These, dass der Gewinn nur ein anderer Name für die Entlohnung einer besonderen Art Arbeit sei, nämlich Überwachung und Leitung. Vielmehr sei er etwas ganz anderes und werde auch von ganz anderen Prinzipien bestimmt. „Aus diesem Grunde enthält der Preis der Ware den Kapitalgewinn (im Orig.: profit of stock – B.Z.) als selbständigen Teil, der völlig verschieden .. vom Arbeitslohn und auch nach ganz anderen Regeln bestimmt wird." (WN, S. 44). Die weiteren Ausführungen von SMITH werden teilweise als Andeutung einer „Abzugstheorie" des Gewinns interpretiert (DOBB 1977, S. 55 f.): „Unter diesen Umständen gehört der gesamte Ertrag der Arbeit nicht immer dem Arbeiter allein. Er muß ihn in den meisten Fällen mit dem Eigentümer des Kapitals, der ihn beschäftigt, teilen." (WN, S. 44). Vergleichbares lässt sich aus den Ausführungen über die Grundrente entnehmen. Sobald aller Boden in Privateigentum ist, fordern die Grundbesitzer für die Nutzung des Bodens eine Rente. „(Der Arbeiter) muß .. von nun an für die Erlaubnis zum Ernten dieser Früchte etwas bezahlen, indem er dem Landbesitzer einen Teil von dem abgibt, was er durch seine Arbeit eingesammelt oder erzeugt hat." (WN, S. 44). Dieser Teil entspricht der Bodenrente und bildet die dritte Komponente im Preis der meisten Güter.

Im weiteren Verlauf der Erörterungen wird jedoch erkennbar, dass SMITH im Fall entwickelter Gesellschaften kein Vertreter der „Abzugstheorie" ist, sondern die Preise der Güter durch die Produktionskosten zu erklären beabsichtigt. „Lohn, Gewinn und Rente sind die drei Urquellen eines jeden Einkommens wie eines jeden Tauschwertes." (WN, S. 46). Die Menge an Arbeit, die verwendet wird, um ein Gut zu produzieren, ist jetzt nicht mehr der einzige Faktor, der den Tauschwert bestimmt. SRAFFA kennzeichnet daher die Smithsche Preistheorie als *Adding-up Theory* (zitiert nach DOBB 1977, S. 56).

Kommen wir zur letzten Frage, dem Zusammenhang von *natürlichem Preis* und *Marktpreis*.

> Der natürliche Preis wird allein durch die Produktionskosten determiniert und ist langfristiger Art. Wenn der Marktpreis einer Ware, der sich aus Nachfrage und Angebot ergibt und kurzfristiger Natur ist, von ihrem natürlichen Preis abweicht, setzt der Marktmechanismus ein, der ihn auf die Höhe des Ausgangspunktes zurückführt.

3.3 Die klassische politische Ökonomie als Paradigma

Ist beispielsweise der Marktpreis eines Gutes höher als sein natürlicher Preis, wird mehr von diesem Gut produziert und auf den Markt gebracht. Durch die Ausweitung des Angebots wird der Marktpreis wieder auf die Höhe des natürlichen Preises zurückgeführt. Liegt dagegen der Marktpreis unterhalb des natürlichen Preises, kommt es zu einer Verknappung des Angebots und in der Folge zu einem Anstieg des Marktpreises auf das Niveau des natürlichen Preises. Der Marktpreis oszilliert somit um den natürlichen Preis. Diese Beschreibung und Erläuterung des Marktgleichgewichts sind seit SMITH praktisch unverändert geblieben. Zwar wurde die Analyse von Angebot und Nachfrage erweitert und vertieft. Aber das grundlegende Modell, wie Angebot und Nachfrage ein Marktgleichgewicht bestimmen, und wie der Wettbewerb den Preis auf ein Niveau bringt, das genau die Produktionskosten deckt und wie die Produktion mit der Nachfrage korrespondiert, blieb erhalten.

Die Beweisführung von SMITH über die Umstände, die „natürlicherweise" Lohn, Gewinn und Bodenrente bestimmen, weist einige Ungenauigkeiten auf, die kritisiert wurden und Ausgangspunkt für weitere Entwicklungen waren. Die Erklärung des natürlichen Preises eines Gutes durch seine Bestandteile Lohn, Gewinn und Bodenrente bedeutet zunächst nichts anderes, als dass man einen Preis durch andere Preise erklärt. Zu fragen ist deshalb nach der Lohn-, Gewinn- und Bodenrententheorie von SMITH. Beispielhaft soll die Lohntheorie angeführt werden. Im achten Kapitel des ersten Buches finden wir zwei lohntheoretische Ansätze, wiederum unterschieden nach dem Entwicklungsgrad der Gesellschaft. In der einfachen Gesellschaft gibt es nur ein Arbeitseinkommen. Dem Arbeiter gehört der ganze Ertrag der Arbeit; er muss weder mit einem Grundbesitzer noch mit einem Unternehmer teilen. Im entwickelten Zustand ergeben sich zwei weitere Einkommensarten: die Bodenrente und der Gewinn. Die Höhe des Lohns hängt von der Situation auf dem Arbeitsmarkt ab. „Was üblicherweise Arbeitslohn ist, hängt überall von dem Vertrag ab, den beide Parteien gewöhnlich miteinander vereinbaren, wobei die Interessen der beiden keineswegs die gleichen sind. Der Arbeiter möchte soviel wie möglich bekommen, der Unternehmer so wenig wie möglich geben. Die Arbeiter neigen dazu, sich zusammenzuschließen, um einen höheren Lohn durchzusetzen, die Unternehmer, um ihn zu drücken." (WN, S. 58). Unter normalen Umständen haben die Unternehmer einen Vorteil in diesem Konflikt, da ihre geringe Zahl eine Koalition erleichtert. Außerdem könnten die Unternehmer viel länger durchhalten. In den weiteren Ausführungen ist der Ansatz einer *Existenzminimumtheorie des Lohnes* zu finden. Allerdings gibt es bei SMITH noch keine Gravitation der Löhne zum Existenzminimum, wie später bei MALTHUS und RICARDO. Da das physische Existenzminimum schwer festzustellen ist, wird aufgezählt, was zum notwendigen Lebensunterhalt selbst bei bescheidensten Verhältnissen gehört.

Grundlegend für das klassische Paradigma sind ferner die Überlegungen von SMITH zur Kapitalakkumulation sowie die Unterscheidung zwischen produktiver und unproduktiver Arbeit. Beide Aspekte werden im zweiten Buch des „Wealth of Nations" unter der Überschrift „Of the Nature, Accumulation, and Employment of Stock" abgehandelt. Zu Beginn seiner Analyse verknüpft SMITH das Erfordernis der Kapitalbildung mit der Arbeitsteilung und stellt so eine inhaltliche Verbindung mit dem ersten Buch her. Mit zunehmender Arbeitsteilung ist ein größeres Maß an Kapitalbildung erforderlich, um die Produktivität der Arbeit weiter zu steigern. Der wachsende Kapitaleinsatz führt nicht nur zu einer Erhöhung der Zahl der Erwerbstätigen, sondern auch zu einem höheren Ertrag bei gleichem Arbeitseinsatz. SMITH entwickelt dann im Weiteren die Bausteine seiner Kapital-, Spar- und Investitionstheorie, „die, so sehr sie durch die Entwicklung und Kritik auch abgeändert sein mag, die Grundlage praktisch aller späteren Arbeiten bis zu Böhm-Bawerk bildete und teilweise sogar über ihn hinaus" (SCHUMPETER 1965, S. 253).

Notwendige Bedingung für das Schaffen stofflichen Kapitals ist das Sparen. „Kapital wird durch Sparsamkeit erhöht und durch Verschwendung und Mißwirtschaft vermindert. Was jemand von seinem Einkommen spart, fügt er seinem Kapital hinzu, wenn er entweder selbst damit neue Arbeitskräfte beschäftigt oder einem anderen einen solchen Einsatz ermöglicht, indem er es ihm gegen ein Zins, also einen Teil des Gewinns, leiht. So, wie das Kapital eines einzelnen nur dadurch vermehrt werden kann, daß er etwas von seinem Einkommen oder Verdienst im Jahr spart, so kann auch das Kapital eines Landes ... nur auf gleiche Weise zunehmen. Sparsamkeit und nicht Erwerbsfleiß ist die unmittelbare Ursache für das Anwachsen des Kapitalbestandes. Tatsächlich schafft erst der Erwerbsfleiß, was durch Sparsamkeit angesammelt wird, doch was immer auch mit Fleiß erreicht werden mag, ohne Ersparnis kann der Kapitalbestand niemals größer werden. Die Sparsamkeit erhöht die zum Unterhalt produktiver Leute bestimmten Fonds, wodurch sie die Zahl derer vergrößert, deren Arbeit den Gütern einen Mehrwert verleiht. Sie führt somit in der Tendenz zu einem Wertanstieg des Sozialprodukts aus Boden und Arbeit. Ferner regt sie zusätzlich den Gewerbefleiß an, wodurch der Jahresertrag im Wert steigt." (WN, S. 278 f.).

SMITH wendet sich hier gegen die These, die Verschwendung und der Luxuskonsum der Reichen erhöhe den Wohlstand, weil er Leute beschäftige – so beispielsweise BERNARD MANDEVILLE (1670-1733) in seiner „Bienenfabel". Der Untertitel der Fabel lautet: private Laster, öffentliche Vorteile. MANDEVILLE stellt darin die provozierende These auf, dass nicht die persönlichen Tugenden das Gemeinwohl fördern, sondern die privaten Laster.

Zwischen der „Theorie der ethischen Gefühle" und dem „Wohlstand der Nationen" wird vielfach ein Widerspruch gesehen, der in der Literatur als *Adam-Smith-Problem* thematisiert wird (VINER 1927, PATZEN 1991). Erstere habe die Sympathie als menschliches Gefühl zum zentralen Begriff der Ethik gemacht, während der „Wohlstand der Nationen" die Eigenliebe, einige sprechen von Eigeninteresse oder Egoismus, als Grundmotiv wirtschaftlichen Handelns annimmt. SMITH selbst habe diese Voraussetzung ausdrücklich angesprochen oder doch angedeutet; so an der bereits zitierten Stelle, dass wir unser Essen nicht von dem Wohlwollen des Fleischers, Brauers oder Bäckers, sondern von deren Rücksichtnahme auf ihre eigenen Vorteile erwarten. Wir wenden uns auch nicht an ihre Menschlichkeit, sondern an ihre Eigenliebe und sprechen zu ihnen niemals von unseren Bedürfnissen, sondern von ihren Vorteilen.

Die Diskussion über dieses Problem wird von verschiedenen Theorien beherrscht, eine davon ist die Umschwungtheorie. Danach soll SMITH seine Meinung hinsichtlich des zentralen Handlungsmotivs menschlichen Handelns zwischen dem Entstehen beider Werke geändert haben.

Gegen diese Auffassung spricht, dass beide Werke Teil eines Kurses über Moralphilosophie gewesen sein sollen, so dass es von daher eher unwahrscheinlich ist, dass SMITH eine solche grundsätzlich verschiedene Einstellung zum Ausdruck bringen wollte. Die meisten SMITH-

Interpretationen gehen heute davon aus, dass beide Bücher konsistente Bestandteile eines umfassenden Werkes darstellen. Bis zu einem gewissen Grade muss man allerdings zugestehen, dass er im „Wealth of Nations" die Motive des menschlichen Handelns vereinfacht und von anderen Motiven abstrahiert hat, um zur Aufstellung ökonomischer Gesetze gelangen zu können. Es scheint somit einiges dafür zu sprechen, dass SMITH sich eines Kunstgriffs bedient hat, indem er von einer Trennung an sich untrennbarer Tatsachen ausgeht.

Nach seiner Ansicht ist das, was er als Sympathie bezeichnet, mit der Eigenliebe durchaus verträglich und in diesem Sinn heißt es am Anfang der „Theorie der ethischen Gefühle", dass auch diejenigen, die den Menschen für egoistisch halten, das Vorhandensein der Sympathie einräumen müssen. Sie erst ermögliche ein sittliches Urteil; die Fähigkeit des Mitfühlens sei Voraussetzung jeder sittlichen Bewertung und Beurteilung. Die Ethik von SMITH gewinnt eine ganz besondere Bedeutung, wenn man die Sympathie als die bloße Fähigkeit des Nachempfindens fremder Gefühle auffasst und ihre Rolle in der Bildung ethischer Urteile erblickt.

Der Erfolg des „Wealth of Nations" lässt sich unter anderem daran ablesen, dass das Buch in relativ kurzer Zeit zahlreiche Auflagen erlebte (bereits 1799 erschien in England die neunte Auflage) und in mehrere Sprachen übersetzt wurde. Noch viel bedeutsamer ist jedoch, dass das Denken all jener, die sich damals mit ökonomischen Problemen und Problemlösungen beschäftigt haben, von SMITH beeinflusst wurde, sowohl innerhalb wie außerhalb Englands. Im Laufe der Zeit verfestigte sich der „Mythos" vom Begründer der politischen Ökonomie, seine Lehre wurde zum allseits herrschenden Paradigma, aus dem ökonomisches Denken inspiriert wurde.

Die ricardianische Revolution: Höhepunkt der klassischen Nationalökonomie

Nach HICKS (1976, S. 211) stellt der Übergang von SMITH zu RICARDO eine *minor 'revolution'* dar. Auslöser dieser Revolution war, paradigmatisch betrachtet, nicht die Notwendigkeit, neue Fakten in Betracht zu ziehen, die durch Experiment und Beobachtung gewonnen wurden, wobei diese Fakten schon immer vorlagen, aber erst jetzt entdeckt wurden; sie resultierte vielmehr als Reaktion auf neue, bisher nicht aufgetretene wirtschaftliche Probleme – neue Fakten im Sinne neuer, bisher nicht bekannter Phänomene.

Ricardos Grundrententheorie und seine darauf aufbauende Verteilungs- und Wachstumstheorie waren Antworten auf die Probleme der damaligen Zeit: die Versorgung einer wachsenden Bevölkerung mit Nahrungsmitteln, verschärft durch die Kontinentalsperre und den Wiederaufbau nach den napoleonischen Kriegen. Dies alles führte dazu, dass Böden immer schlechterer Qualität bebaut werden mussten. Der Boden wurde zu einem den Wohlstand limitierenden Faktor.

Mit der Zeit wurde die Knappheit des Bodens („das Landproblem") weniger akut; die Grundrentenrententheorie blieb jedoch unangetastet, da keine konkurrierende Theorie vorhanden bzw. sich gegenüber der herrschenden durchsetzen konnte. Allerdings verlor die ricardianische Grundrententheorie immer mehr an Relevanz.

DAVID RICARDO (1772-1823) kam als Börsenmakler schon früh zu einem Vermögen, das ihm bereits in jungen Jahren erlaubte, sich vom Börsengeschäft zurückzuziehen und mit ökonomischen Studien zu beginnen (ELTIS 1989). Anlass war das Studium von ADAM SMITHS „Wohlstand der Nationen". Im Jahre 1817 veröffentlichte er eines der wichtigsten Bücher in der Geschichte des ökonomischen Denkens: „On the Principles of Political Economy and Taxation". RICARDO hat nie an einer Universität studiert oder gelehrt, gleichwohl gilt er als bedeutender Theoretiker. Darüber hinaus nahm er maßgeblichen Einfluss auf die englische Wirtschaftspolitik, vor allem in Geld- und Währungsfragen. Von 1819 bis zu seinem Tod gehörte RICARDO dem Unterhaus an.

Historischer Ausgangspunkt seiner Überlegungen zur Grundrente war der damals beobachtete Zusammenhang zwischen hohen Getreidepreisen und der Ausdehnung des Getreideanbaus auf weniger fruchtbare und schwer zugängliche Böden. Mit dieser Ausdehnung kommt das (bereits von TURGOT für die Landwirtschaft formulierte) *Gesetz vom abnehmenden Ertragszuwachs* zur Geltung. Der landwirtschaftliche Ertrag nimmt zwar noch zu, die Ertragszuwächse sind jedoch abnehmend. Die Grundrente ist definiert als der Preis für die Nutzung von Grund und Boden, der von den landwirtschaftlichen Pächtern an die Grundeigentümer bezahlt wird. Werden aufgrund des Bevölkerungswachstums immer schlechtere Böden genutzt, so sinkt für die landwirtschaftlichen Pächter der Überschuss (die Differenz zwischen Ertrag und Kosten). Dieser Überschuss (*surplus*) steht für Grundrente und Profit zur Verfügung. Die Frage ist nun, wie sich der Überschuss auf diese beiden Einkommensarten verteilt. Beim Grenzproduzenten (derjenige, der den schlechtesten aller Böden bebaut) ist die Bodenqualität so gering, dass der über die Kosten für den Einsatz von Arbeit (Löhne) hinausgehende Ertrag ganz als Profit an den Grenzproduzenten fällt, da die Grundbesitzer eine schwache Position beim Festsetzen einer Pacht für dieses Land haben. Bei allen anderen Böden (Böden besserer Qualität) müssen die Pächter den über den Profit des Grenzproduzenten hinausgehenden Überschuss an die Grundbesitzer abführen. Dies ermöglicht der Wettbewerb zwischen den Pächtern. Er verhindert, dass diejenigen Pächter, die Böden besserer Qualität bebauen, einen höheren Profit erzielen (siehe Tabelle).

3.3 Die klassische politische Ökonomie als Paradigma

Tab.: Getreideüberschüsse auf Böden verschiedener Qualität
(alle Zahlen sind Mengeneinheiten)

		Ernte	Löhne	Überschuß	Rente	Profit
Fruchtbarster Boden	(I)	150	100	50	40	10
Sehr fruchtbarer Boden	(II)	140	100	40	30	10
Ziemlich fruchtbarer Boden	(III)	130	100	30	20	10
Unfruchtbarer Boden	(IV)	120	100	20	10	10
Grenzboden	(V)	110	100	10	0	10
	Σ	650	500	150	100	50

Quelle: ELTIS 1989, S. 192.

Als Zwischenergebnis ist festzuhalten, dass bei RICARDO – im Gegensatz zu ADAM SMITH – die Grundrente kein Kostenbestandteil ist, somit auch keinen Einfluss auf die Höhe der Getreidepreise ausübt, sondern durch den Preis bestimmt wird. Damit wird die Grundrente als Entgelt für die Nutzung von Boden aus dem Preis-(Wert-)Problem ausgeklammert. (SCHUMPETER 1965, S. 822).

Wenn in einer Gesellschaft die Getreideproduktion ausgedehnt wird, so steigt zwar das Überschussprodukt, aber ein wachsender Teil davon fließt an die Grundeigentümer, ein schrumpfender an die landwirtschaftlichen Pächter. Es kommt zum Fall der Profitrate, definiert als Relation von *Profit* und eingesetzten Kapital, wobei das Kapital den Mengeneinheiten gleichgesetzt wird, die für die landwirtschaftlichen Arbeitskräfte gezahlt werden. Sie ist die Schlüsselgröße des Systems und bestimmt das Tempo, mit dem die Wirtschaft wächst. Ohne technologischen Fortschritt in der Landwirtschaft verteuert sich Getreide relativ zu den Industrieprodukten, da die Getreideproduktion nur zu steigenden Arbeitskosten ausgedehnt werden kann. Langfristig rechnet RICARDO mit steigenden Grundrenten und Bodenpreisen. RICARDO sieht zwar Tendenzen, dass es über den Fall der Profitrate zu einem Null-Wachstum kommen kann, allerdings könne der Profitratenverfall kurzfristig durch die Einfuhr billigen Getreides gebremst werden. Würden die zur damaligen Zeit in England bestehenden Getreidezölle (*corn laws*) aufgehoben, so würden als Folge die Preise der Nahrungsmittel sinken und in einer weiteren Folge davon die Geldlöhne, nicht aber die Reallöhne. Dadurch könnten die schlechtesten der inländischen Böden aufgegeben werden, die Grundrenten würden fallen, im Gegenzug dazu die Profitrate steigen und mit ihr die Fähigkeit zu einer weiteren Akkumulation.

Eine weitere ökonomische Fragestellung, die RICARDO behandelt, ist die Frage nach den Bestimmungsgründen des Tauschwertes der Güter. Ähnlich wie SMITH unterscheidet RICARDO zwischen Gebrauchswert und Tauschwert der Güter. Auch sein Interesse gilt in erster Linie dem Tauschwert und zwar vorrangig für Güter, die reproduzierbar sind. Der Tauschwert reproduzierbarer Güter entspricht – im Gegensatz zu seltenen Gütern – der zu ihrer Produktion erforderlichen Arbeit (*ricardianische Arbeitswerttheorie*).

Eine Ware ist danach im Verhältnis zu anderen Waren teuer oder billig, je nachdem, ob zu ihrer Produktion insgesamt relativ viel oder wenig Arbeit nötig ist. Die Werttheorie RICARDOS wurde später von KARL MARX aufgegriffen und zu seiner Theorie des Mehrwertes weiter entwickelt. Für RICARDO waren jedoch die in den Waren verkörperten Arbeitsmengen primär ein Maßstab (Index) für den Tauschwert und nicht so sehr Ursache. Von SMITH übernahm RICARDO auch die duale Struktur der Preistheorie, d.h. er unterschied ebenfalls zwischen Marktpreis und natürlichem Preis. Da er, wie die meisten klassischen Ökonomen, zuallererst an langfristigen Entwicklungen interessiert war, beschäftigte sich RICARDO vor allem mit den natürlichen Preisen bzw. Löhnen. Die Marktpreise oszillieren um die natürlichen Werte – Abweichungen werden durch den Wettbewerbsmechanismus korrigiert. Was den natürlichen Lohnsatz angeht, so vertritt RICARDO die Auffassung, dass er durch die Höhe der Reproduktionskosten des Arbeiters und seiner Familie bestimmt wird (*Existenzminimumtheorie des Lohnes*).

Während RICARDO zunächst die Überzeugung vertrat, dass der technologische Fortschritt über sinkende Produktpreise allen Mitgliedern der Gesellschaft zugute käme, modifizierte er diese Auffassung in der 3. Auflage seiner „Principles". RICARDO argumentiert, dass neue Maschinen den Arbeitern in Gestalt von technologisch verursachter Arbeitslosigkeit schaden können. Dennoch sei es nicht im Interesse der Arbeiter, den technologischen Wandel zu unterbinden. Zum einen verbessere der technische Fortschritt die Gewinnaussichten, bilde ein Anreiz für Kapitalbildung und schaffe so neue Arbeitsplätze. Zum zweiten würde eine Behinderung des technologischen Wandels zu einer Flucht von Kapital und einer schlechteren internationalen Wettbewerbsposition führen.

Von zentraler Bedeutung für die Geschichte ökonomischen Denkens ist ebenfalls RICARDOS Beitrag zur (realen) *Theorie des Außenhandels*. Im Gegensatz zu SMITH zeigt RICARDO auf, dass der Handel zwischen zwei Staaten selbst dann sinnvoll ist, wenn ein Land dem anderen bei den Produktionskosten aller in Frage kommenden Güter unterlegen ist.

Sein bekanntes Beispiel bezieht sich auf den Austausch von Wein und Tuch zwischen England und Portugal: Angenommen, Portugal produziere sowohl Wein als auch Tuch billiger als England, jedoch sei der Vorsprung bei Wein größer als bei Tuch. Dann steigt der Wohlstand insgesamt, wenn Portugal sich auf die Produktion von Wein und England auf die Produktion von Tuch spezialisiert, obwohl Portugal bei beiden Produkten einen *absoluten Kostenvorteil* besitzt. England hat nämlich bei Tuch einen *komparativen Kostenvorteil*, weil die Gewinne beim Wechsel von der englischen zur portugiesischen Weinproduktion die Verluste beim Übergang von der portugiesischen zur englischen Tuchproduktion übersteigen. Bei RICARDO bleibt allerdings die Frage unbeantwortet, wie der sich ergebende Ge-

3.3 Die klassische politische Ökonomie als Paradigma

samtvorteil auf die beteiligten Länder aufgeteilt wird. Ungeachtet aller Weiterentwicklungen und Verfeinerungen spielt die Idee der komparativen Vorteile bis heute eine große Rolle in der realen Theorie des Außenhandels (ROSE/SAUERNHEIMER 2006).

Vor 1810 richtete RICARDO sein Interesse vorrangig auf Geld- und Währungsfragen. Von Bedeutung ist seine Schrift "The High Price of Bullion, a Proof of the Depreciation of Bank Notes". Auch hier bildete eine aktuelle Debatte über ein wirtschaftspolitisches Problem den Ausgangspunkt. Während der napoleonischen Kriege stieg das englische Preisniveau kräftig an. Viele Ökonomen und Zeitgenossen RICARDOS erklärten diesen Vorgang mit einem kriegsbedingten Anstieg der Nachfrage. RICARDO hingegen machte das Abweichen der Bank von England vom Goldstandard für diese Entwicklung verantwortlich. Im Jahre 1797 verfügte die Bank von England die Aufhebung der Goldeinlösungspflicht für ihre Banknoten (Konvertibilität). Seiner Ansicht nach habe die Bank von England zu viele Banknoten gedruckt, daher sei sie gezwungen gewesen, sich von der Goldeinlösungspflicht zu lösen. Er forderte, dass die Bank von England verpflichtet werden müsste, unter Einbehaltung der vor 1797 gültigen Parität zur Konvertibilität zurückzukehren. Nur so könne das Preisniveau wieder gesenkt werden. Für die Geschichte des ökonomischen Denkens bedeutsam sind in diesem Zusammenhang die quantitätstheoretischen Überlegungen von RICARDO und im Zusammenhang damit die Kontroverse zwischen *Currency-* und *Banking-Schule*. Wie bereits dargelegt, hat die *Quantitätstheorie* des Geldes eine Vorgeschichte, die weit über die klassische Epoche zurückreicht. In der zweiten Hälfte des 16. Jahrhundert hatte BODIN darauf aufmerksam gemacht, dass die säkularen Preissteigerungen auf die Edelmetalleinfuhren aus der Neuen Welt zurückgehen. Die Gold- und Silbereinfuhren wurden zur Münzprägung (= Vermehrung des Geldvolumens) verwendet. Folgewirkung dieser Vergrößerung der Geldmenge sei eine Erhöhung des Preisniveaus gewesen. In ihrer naiven Form besagt die Quantitätstheorie folgendes: Die Erhöhung (Senkung) der Geldmenge ist die Ursache für eine Erhöhung (Senkung) der Preise. Veränderungen der Umlaufgeschwindigkeit wirken grundsätzlich wie Veränderungen der Geldmenge.

Als Anhänger der Quantitätstheorie einerseits und der Lehre vom automatischen Handelsbilanzausgleich andererseits vertrat RICARDO in dieser Kontroverse die Auffassung, dass das inländische Preisniveau in einem bestimmten Verhältnis zur vorhandenen Geldmenge steht. Banknoten sind solange keine Gefahr für die Geldwertstabilität, wie sie ihn Gold einlösbar sind, denn dadurch wird die Notenausgabe an den Goldbestand des Landes gebunden. Banknoten stellen dann lediglich einen Ersatz für Edelmetallgeld dar. Diese Überlegungen von RICARDO enthalten den Kern der *Currency-Schule*. Die Vertreter der *Banking-Schule* (TOOKE, FULLARTON) vertraten demgegenüber die Ansicht, es könnten nie zuviel Banknoten ausgegeben werden, da Banknoten lediglich temporäre Kreditpapiere seien. Mit einer Darlehensgewährung bzw. Diskontierung von Wechseln entstünde zugleich eine Bankforderung, deren Einlösung zu einer späteren Notenvernichtung führe („Rückstromprinzip"). Daher sei ein dauerhaft zu hoher Notenumlauf unmöglich.

Betrachten wir abschließend RICARDOS Lehre vom automatischen Handelsbilanzausgleich, wie er sie in seinen „Principles" formuliert hat. Zur Vereinfachung beschränkt sich RICARDO auf zwei Länder. Entsteht in einem Land ein Importüberschuss (Handelsbilanzdefizit) dann steigt die Nachfrage nach Zahlungsmitteln des anderen Landes (Devisen). Infolgedessen ändert sich der Wechselkurs. Von einem bestimmten Kurs an wird es für die Importeure vorteilhaft, die Devisen nicht mehr im Inland zu kaufen, sondern Gold zu exportieren. Dieser Goldexport hat im Defizitland deflatorische, im Goldimportland inflatorische Auswirkungen, wenn die umlaufende Geldmenge in einem festen Verhältnis zu den Goldvorräten steht. Infolge dessen werden im bisherigen Defizitland die Exporte angeregt und ihre Importe gebremst. Das genaue Spiegelbild ist in dem anderen Land zu beobachten, die Exporte werden erschwert, die Importe gefördert. Die Handelsbilanz zwischen beiden Ländern tendiert demnach zu einem automatischen Ausgleich, der durch die Bewegungen der Geldmengen und des Preisniveaus bewerkstelligt wird.

In England haben währungspolitisch die Currency-Theoretiker gesiegt: Mit der nach dem englischen Premierminister ROBERT PEEL benannten *Peelschen Bankakte* von 1844 wurde die volle Golddeckung der Banknoten festgelegt. Dies ist mit ein Verdienst RICARDOS.

Auf RICARDO geht auch die These zurück, dass weder Budgetdefizite noch Staatsverschuldung einen Effekt auf die wirtschaftliche Aktivität haben, weil die privaten Haushalte bei ihren Konsumentscheidungen die staatliche Budgetrestriktion berücksichtigen. Sie erkennen, dass gegenwärtige Steuersenkungen in Zukunft zu höheren Steuern führen (*Ricardianische Äquivalenz*). In den 70er Jahren wurde dieses Argument von dem Ökonomen ROBERT BARRO weiterentwickelt und wird deshalb in der Literatur auch als *Ricardo-Barro-Proposition* bezeichnet.

3.3.2 Weitere Beiträge zum klassischen Paradigma: Malthus – Say – Mill

THOMAS ROBERT MALTHUS (1766-1834) war zunächst Geistlicher und beschäftigte sich während dieser Zeit mit wirtschaftlichen und bevölkerungspolitischen Studien. Im Jahre 1805 erhielt er eine Professur für Geschichte und politische Ökonomie am neu gegründeten College der East India Trading Company – er kann daher als erster Professor für Politische Ökonomie bezeichnet werden (STEINMANN 1989). Selten wurde ein Ökonom in der Geschichte ökonomischen Denkens so gegensätzlich beurteilt wie MALTHUS. Für MARX war die erste Ausgabe des von MALTHUS veröffentlichten „Essay on the Principle of Population" nichts anderes „als ein schülerhaft oberflächliches und pfäffisch verdeklamiertes Plagiat" (MARX 1983, S. 644, Fn 75). Dagegen urteilte KEYNES über MALTHUS später veröffentlichtes Werk "Principles of Political Economy" (1820): „If only Malthus, instead of Ricardo, had been the parent stem from which nineteenth-century economics proceeded, what a much wiser and richer place the world would be today!" (KEYNES 1951, S. 120).

3.3 Die klassische politische Ökonomie als Paradigma

MALTHUS war 32 Jahre alt, als er im Jahre 1798 anonym sein Essay über die Gesetzmäßigkeiten der Bevölkerungsentwicklung veröffentlichte. Im Zentrum seiner Ausführungen steht die These, wonach sich die Menschheit gemäß einer *geometrischen Reihe* vermehrt, während die Nahrungsmittel nur in einer *arithmetischen Reihe* zunehmen. Die großen sozialen Probleme seiner Zeit betrachtete MALTHUS deshalb in erster Linie als Folgen des Bevölkerungswachstums.

Bei der Würdigung dieser Erstauflage („First Essay") darf nicht vergessen werden, dass es die Absicht von MALTHUS war, eine Streitschrift zu verfassen, die sich einerseits gegen von der französischen Revolution gespeiste soziale Utopien und andererseits gegen die Armengesetzgebung in England richtete, die in den Augen von MALTHUS nur zu einer Vermehrung der ärmeren Bevölkerungsschichten führen würde. Die Veröffentlichung des Essay provozierte eine Reihe von Gegenschriften. MALTHUS, der bald seine Anonymität ablegte, war bis dahin noch mit keiner Veröffentlichung hervorgetreten und somit unbekannt. Nunmehr kam es aber nach einer relativ kurzen Zeit zur sogenannten „MALTHUS-Debatte", die während des ersten Drittels des 19. Jahrhundert geführt wurde. Selbst wenn heute über die Grenzen des Wachstums sowie über die Bevölkerungsprobleme der Dritten Welt diskutiert wird, ist die Verbindung zu MALTHUS offensichtlich, wie die Bezeichnung *Neomalthusianismus* deutlich macht. Obwohl MALTHUS Vorhersagen im Europa des 19. und 20. Jahrhundert nicht zutrafen, wird häufig in der Bevölkerungsentwicklung der Dritten Welt eine Bestätigung des malthusianischen Bevölkerungsgesetzes gesehen. Unabhängig davon, ob diese Einschätzung zutrifft oder nicht, bleibt der grundlegende und bis heute ungelöste Konflikt zwischen der Begrenztheit der Erde und einem unbegrenzten Wachstum der Bevölkerung.

Die Ideen der französischen Revolution beeinflussten die Werke von WILLIAM GODWIN (1756-1836), einen englischen politischen Philosophen und Schriftsteller, und CONDORCET (1743-1794), einen französischen Philosophen, Mathematiker und Politiker; unter den Intellektuellen Englands fanden sie zahlreiche Anhänger. Gegen beider Auffassung von der Vervollkommnungsfähigkeit des Menschen und der Gesellschaft richtete sich die Kritik von MALTHUS. MALTHUS selbst betont, dass die wichtigste These, die er aufstellen will, keineswegs neu ist. Zu einem gewissen Teil seien die Prinzipien, auf denen sie beruhe, bereits von HUME und von SMITH erläutert worden.

Die These von MALTHUS beruht auf zwei Postulaten: (1) die Nahrung ist für die Existenz des Menschen notwendig; (2) die Leidenschaft zwischen den Geschlechtern ist notwendig und wird in etwa in ihrem gegenwärtigen Zustand bleiben.

Diese beiden „Gesetze" werden von MALTHUS als festgefügte Bestandteile der Natur definiert. Daraus leitet er ab, dass die „Vermehrungskraft" der Bevölkerung unbegrenzt größer ist als die Kraft der Erde, Unterhaltsmittel für die Menschen hervorzubringen. Die Bevölkerung wächst, wenn keine Hemmnisse auftreten, in geometrischer Reihe an. Die Unterhaltsmittel (Nahrungsmittel) nehmen nur in arithmetischer Reihe zu. Da die Nahrung für den Menschen lebensnotwendig ist, müssen die Auswirkungen dieser beiden ungleichen Kräfte im Gleichgewicht gehalten werden. Dies bedeutet ein ständiges, energisch wirkendes Hemmnis für die Bevölkerungszunahme aufgrund von Unterhaltsschwierigkeiten, die unweigerlich irgendwo auftreten und notwendigerweise von einem beachtlichen Teil der Menschheit empfindlich gespürt werden.

Die natürliche Ungleichheit, die zwischen den beiden Kräften – der Bevölkerungsvermehrung und der Nahrungsmittelproduktion – besteht, und das große Gesetz der Natur, dass die Auswirkungen dieser beiden Kräfte im Gleichgewicht halten muss, bilden nach MALTHUS die gewaltige, unüberwindlich erscheinende Schwierigkeit auf dem Wege zur Vervollkommnungsfähigkeit der Gesellschaft. Alle anderen Gesichtspunkte seien im Vergleich dazu von geringer und untergeordneter Bedeutung. Deshalb spreche dieses Gesetz entschieden gegen die mögliche Existenz einer Gesellschaft, deren sämtliche Mitglieder in Wohlstand, Glück und Muße leben. Folglich sei unter der Voraussetzung, dass die Prämissen stimmen, die These gegen die Vervollkommnungsfähigkeit des überwiegenden Teils der Menschheit schlüssig.

Nachdem MALTHUS sein Gesetz in Grundzügen skizziert hat, versucht er es im weiteren Verlauf seines Essay im einzelnen darzulegen. Seiner Meinung nach wird die Erfahrung – die eigentliche Quelle und Grundlage allen Wissens – die absolute Richtigkeit des Gesetzes bestätigen. Methodologisch steht MALTHUS in der Tradition HUMES. Er vermeidet es, sich zu weit von dem zu entfernen, was durch Verweis auf Tatsachen und eigene Eingebung nachprüfbar ist. Um seine Beweisführung auf eine allgemeinere Grundlage zu stellen, geht MALTHUS von der ganzen Erde anstatt einzelner Länder aus und unterstellt, dass die Schranken für die Bevölkerungsvermehrung überall aufgehoben sind. „Taking the population of the world at any number, a thousand millions, for instance, the human species would increase in the ratio of – 1, 2, 4, 8, 16, 32, 64, 128, 256, 512 &c. and subsistence as – 1, 2, 3, 4, 5, 6, 7, 8, 9, 10 &c. In two centuries and a quarter, the population would be to the means of subsistence as 512 to 10: in three centuries as 4096 to 13, and in two thousand years the difference would be almost incalculable, though the produce in that time would have increased to an immense extent." (MALTHUS 1959, S. 9).

Das Wachstum der Bevölkerung kann demnach nur dadurch auf gleicher Höhe mit dem Wachstum der Nahrungsmittelproduktion gehalten werden, wenn das unabdingbare Gesetz der Not die stärkere Kraft, in diesem Fall das Bevölkerungswachstum, in ihrer Entfaltung hemmt. Als die beiden wichtigsten Hemmnisse des Bevölkerungswachstums unterscheidet MALTHUS erstens das vorbeugende Hemmnis (*preventive check*), beispielsweise die Voraussicht der Schwierigkeiten, eine Familie zu ernähren, und zweitens das nachwirkende Hemmnis (*positive check*), damit ist das Elend in den unteren Bevölkerungsschichten gemeint, welches den Kindern nicht die nötige Nahrung und Pflege gestattet. Das nachwirkende Hemmnis ist somit hauptsächlich, wenn nicht ausschließlich auf die niederste Gesellschaftsschicht beschränkt. Das vorbeugende Hemmnis ist demgegenüber in einem gewissen Ausmaß auf allen gesellschaftlichen Ebenen wirksam.

Um die schlimmste Not der einfachen Bevölkerungsschichten zu lindern, wurden in England Armengesetze erlassen. Nach MALTHUS ist aber zu befürchten, dass durch sie zwar die Härte des Unglücks einzelner ein wenig gemildert, die allgemeine Not aber vergrößert wird. Sie laufen nämlich darauf hinaus, die allgemeinen Lebensbedingungen der Armen auf zwei Arten zu verschlechtern: Zum einen tragen diese Gesetze die deutliche Tendenz in sich, die Bevölkerung zu vergrößern, ohne die Nahrungsmittel für ihren Unterhalt zu vermehren. Man kann deshalb sagen, die Armengesetze bringen in einem gewissen Ausmaß die Armen, die sie unterhalten, selbst hervor. Zum anderen verringern die Nahrungsmittel, die im Zuge der Gültigkeit der Armengesetze verbraucht werden, die Anteile anderer Bevölkerungsschichten und zwingt auf eben diese Weise weitere Gruppen dazu, abhängig zu werden.

Die lebhafte Reaktion auf sein „Essay" veranlasste MALTHUS, seine Überlegungen zu einem umfangreichen Werk mit wissenschaftlichem Anspruch umzuarbeiten. Die im Jahre 1803 veröffentlichte zweite Auflage („Second Essay") seines Werkes enthielt zahlreiche statistische Belege und wuchs im Seitenumfang beträchtlich. Außer einigen geringfügigen Akzentverschiebungen in Details trat lediglich eine neue Idee zutage: die Empfehlung von Geburtenbeschränkungen durch Enthaltsamkeit als vorbeugendes Hemmnis. Mit dieser zweiten Auflage setzte die „Malthus-Debatte" ein, bei der sich wissenschaftliche und ideologische Aspekte mischten. Seine Kritik trug wesentlich zur Reform der englischen Armengesetze bei, die zwangsläufig zu Ungunsten der Armen ausfiel, was MARX und ENGELS zu heftiger Kritik am „Pfaffen Malthus" veranlasste.

Zweiundzwanzig Jahre nach dem „First Essay" erschien 1820 MALTHUS zweites Hauptwerk, die „Principles of Political Economy", das auf den Überlegungen von ADAM SMITH aufbaute. Es enthält grundlegende Untersuchungen über die Natur und die Messung des Wertes, die Grundrente, den Lohn und den Profit. In der Einleitung verweist er darauf, dass er die „Principles" als Entgegnung auf RICARDO konzipiert habe. Hervorzuheben sind insbesondere MALTHUS Kritik am Sayschen Theorem und sein Hinweis auf die Bedeutung der „effektiven Nachfrage" für die Höhe von Produktion, Beschäftigung und Profitrate.

JEAN-BAPTISTE SAY (1767-1832) war ein französischer Ökonom, Journalist und Geschäftsmann. Ausgangspunkt für seinen Beitrag zum Paradigma der klassischen Nationalökonomie war die Lektüre des „Wealth of Nations" von SMITH, die SAY zur Beschäftigung mit wirtschaftlichen Fragen anregte. Im Jahre 1803 erschien sein Hauptwerk „Traité d'économie politique", welches ihn in der Fachwelt bekannt machte (KRELLE 1989, RECKTENWALD 1971). Das nach ihm benannte *Saysche Theorem* ist ein entscheidender Baustein des klassischen Paradigmas, der auch in der Neoklassik beibehalten wurde. Synonyme Bezeichnungen für das Saysche Theorem sind *loi de débouches, law of markets* oder *Gesetz der Absatzwege*.

Nach SAY produziert in einer arbeitsteiligen Wirtschaft niemand ohne die Absicht, ein anderes Gut zu erwerben, das ihm von Nutzen ist oder zu künftiger Produktion beiträgt. So wird er durch die Produktion entweder der Verbraucher seiner eigenen Erzeugnisse oder Käufer und Verbraucher der Güter einer anderen Person. Produkte werden somit stets durch Produkte oder durch Dienstleistungen gekauft. Geld ist nur das Medium, durch das der Tausch bewerkstelligt wird. Daraus folgt, dass die Produktion nicht nur das Angebot auf den Märkten steigert, sondern auch die Nachfrage nach den produzierten Gütern. „*In diesem Sinn* ist es die Produktion selbst (das 'Angebot'), die den 'Fonds' schafft, aus dem die Nachfrage nach ihren Gütern fließt: Produkte werden 'letztlich' mit Produkten bezahlt ...". (SCHUMPETER 1965, S. 753).

Im Folgenden wollen wir einige analytische Konsequenzen betrachten:

- Für den Fall einer reinen Tauschwirtschaft wird das Saysche Theorem in der Literatur vielfach all seine tautologisch erfüllte Identität interpretiert.
- Geht man vom Modell einer reinen Tauschwirtschaft ab, dann ändert das Dazwischentreten des Geldes an der Aussage des Gesetzes grundsätzlich nichts. „Mit oder ohne Geld werden Produkte letzten Endes gegen Produkte getauscht, da das Geld nichts als ein Tauschmittel ist, das jedermann infolge der durch das Horten entstandenen Einbußen an Befriedigung oder an Geschäftsgewinnen .. schnell auszugeben (versucht)." (SCHUMPETER 1965, S. 758).

Das Geld ist somit nur ein Schleier, durch den die wahren realwirtschaftlichen Vorgänge verhüllt werden. Eine allgemeine Überproduktion und demnach eine allgemeine Arbeitslosigkeit sind daher unmöglich. Es kann allenfalls kurzfristige Schwankungen geben.

Vereinfacht formuliert lautet das *Saysche Theorem*: Jedes Angebot schafft sich seine Nachfrage.

Diese Vorstellung hinsichtlich des gesamtwirtschaftlichen Produktions- und Beschäftigungsniveaus beherrschte das Denken der meisten Nationalökonomen bis zur Weltwirtschaftskrise im Jahre 1930.

In dieser Form wurde das *Saysche Theorem* nicht nur von SAY und RICARDO vertreten, sondern bereits früher von SMITH („Die Ersparnis in einem Jahr wird regelmäßig, wie die jährlichen Konsumausgaben, beinahe in der gleichen Zeit verbraucht, allerdings von anderen Personen." – WN, S. 279). Während RICARDO die Auffassung vertrat, dass es keine Menge an Kapital geben könne, die in einem Land nicht profitabel eingesetzt werden könne, da die Nachfrage nur durch die Produktion beschränkt werde, argumentierte MALTHUS, dass die Produktion durch die Nachfrage begrenzt sei. Ein Mangel an effektiver Nachfrage könne durchaus zu Überproduktion und Arbeitslosigkeit führen – eine Idee, die später von KEYNES weiterentwickelt wurde.

Der zentrale Kritikpunkt am *Sayschen Theorem* ist, dass die Tendenz zur Hortung vernachlässigt wird. Kein Wirtschaftssubjekt ist ständig bestrebt, sein Geld möglichst schnell auszugeben. Es besteht durchaus die Neigung zu einer Kassenhaltung, bis sich eine günstigere Gelegenheit zum Ausgeben bzw. Anlegen des Geldes bietet. Wenn aber viele Wirtschaftssubjekte ihr Produkt verkaufen wollen, ohne sogleich wieder zu kaufen, entsteht Überproduktion. KEYNES legte später dar, dass der Zins offenbar nicht in der Lage sei, dieses Ungleichgewicht zu beseitigen. Sinken die Gewinnerwartungen der Unternehmen nur genügend tief, dann können die Unternehmen auch durch noch so niedrige Zinsen nicht mehr zum Investieren bewegt werden. Es kommt zu dem, was im allgemeinen Keynesianischen Modell als Investitionsfalle bezeichnet wird. Eine prinzipiell gleiche Wirkung tritt auf, wenn die Geldnachfrage unendlich groß ist (Liquiditätsfalle). KEYNES hielt die Übernachfrage nach Geld in Depressionszeiten für den sichtbaren Teil eines allgemeinen Phänomens, das in gewissen Phasen der wirtschaftlichen Entwicklung allgegenwärtig ist und zu zyklischen Rückschlägen oder einer „säkularen Stagnation" führen kann. Hier folgt er MALTHUS: Auch dieser

3.3 Die klassische politische Ökonomie als Paradigma

war der Ansicht, dass das Sparen – auch bei sofortiger Investition – zu Stockungen führen kann, wenn es einen optimalen Punkt überschreitet. Ursächlich hierfür sei die fehlende Nachfrage nach Investitions- und Konsumgütern.

Die Diskussion über das *Saysche Theorem* reicht bis in die moderne Ökonomie. Wie die während der achtziger Jahre dominierende Angebotsökonomik zeigt, kann sich das Saysche Theorem einer Wiederbelebung erfreuen, frei nach dem Motto „Totgesagte Theoreme leben länger".

JOHN STUART MILL (1806-1873) war sicherlich der einflussreichste englische Ökonom in der zweiten Hälfte des 19. Jahrhundert. Sein umfangreiches Werk enthält Texte zu sehr verschiedenen Gebieten, wie Logik, Sozialphilosophie, Ökonomie und Religion.

Das für die Geschichte des ökonomischen Denkens wichtigste Werk stellen zweifellos die „Principles of Political Economy" dar, ein Buch von annähernd 1000 Seiten, das 1848 erstmals erschien, mehrere Auflagen erreichte und bis zum Ende des 19. Jahrhundert als das Standardwerk der politischen Ökonomie galt. Erst dann wurde es durch ALFRED MARSHALLS „Principles of Economics" (1. Aufl. 1890) abgelöst, nicht nur im Titel eine wichtige Zäsur, sondern auch Zeichen eines paradigmatischen Wandels, der Übergang von der klassischen zur neoklassischen Ökonomie war vollzogen, die neue Wissenschaft wurde in England nicht mehr als *Political Economy*, sondern als *Economics* bezeichnet.

MILL wurde von seinem Vater JAMES MILL (1773-1836), selbst ein bekannter Ökonom, sehr früh und sehr streng erzogen – Erlernen des Griechischen mit drei Jahren, Latein mit acht Jahren und mit dreizehn Jahren Unterricht über politische Ökonomie. Wie sein Vater war JOHN STUART MILL Anhänger des Utilitarismus, der auf JEREMY BENTHAM (1748-1832) zurückgeht. Danach besteht das Ziel menschlichen Strebens in dem Streben nach Glück. Freud und Leid sind Konstanten der menschlichen Natur; es gehe darum, Glück zu maximieren und Leid zu minimieren. Der Imperativ des Utilitarismus lässt sich wie folgt formulieren: Handle so, dass das größtmögliche Maß an Glück entsteht. Dabei ergibt sich das allgemeine Glück als Aggregation des Glücks der einzelnen Menschen, gesellschaftspolitisches Ziel ist mithin das größtmögliche Glück der größtmöglichen Zahl.

Mit der Veröffentlichung der „Principles of Political Economy" verfolgte MILL zwei Ziele: zum einen die Modernisierung des „Wealth of Nations" von ADAM SMITH und zum anderen die Verknüpfung von ökonomischen Grundsätzen mit neueren sozialphilosophischen Überlegungen.

„It appears to the present writer, that a work similar in its object and general conception to that of Adam Smith, but adapted to the more extended knowledge and improved ideas of the present age, is the kind of contribution which Political Economy at present requires. The ‚Wealth of Nations' is in many parts obsolete, and in all, imperfect. Political Economy has grown up ...: and the philosophy of society, from which .. that eminent thinker never separated his more peculiar theme ... has advanced many steps beyond the point at which he left it." („Principles", Preface)

Diese Absichten dokumentieren sich im Aufbau des Textes. Die ersten drei Bücher entsprechen dem Standardschema klassischer ökonomischer Werke: zunächst werden unter der Überschrift Produktion die Produktionsfaktoren Arbeit, Kapital und Boden abgehandelt. Im zweiten Buch geht es um die Verteilung des erwirtschafteten Einkommens auf die Einkommensarten Arbeitslohn, Kapitalgewinn und Bodenrente, während das dritte Buch die Elementargesetze der Werttheorie, Angebot und Nachfrage in ihrem Verhältnis zum Wert, die Rolle von Geld und Kredit sowie Fragen des internationalen Handels thematisiert.

Nach den eher rein theoretischen Ausführungen folgt der Teil, der die „Principles" von allen früheren Untersuchungen zur politischen Ökonomie unterscheidet. Im vierten Buch analysiert MILL den Einfluss des Fortschritts der Gesellschaft auf Produktion und Verteilung, danach, im fünften und letzten Buch, die Aufgaben des Staates.

MILL geht zwar von dem prinzipiellen Grundsatz aus, dass sich der Staat nicht in die privaten Tätigkeiten einmischen sollte. Diese Regel sei aber zahlreichen Ausnahmen unterworfen, insbesondere wenn öffentliche Güter (wie Bildung) oder natürliche Monopole, wie die Versorgung mit Gas oder Wasser, vorliegen. Außerdem besteht in den Bereichen Kinder- und Jugendschutz nach seiner Ansicht eine Interventionspflicht des Staates, auch die Regelung der Arbeitszeit kann einen staatlichen Eingriff erfordern, um einen Interessenausgleich zwischen Arbeitern und Unternehmern herbeizuführen. Ferner wird die Bildung von Produktions-, Konsum- und Kreditgenossenschaften vorgeschlagen, um die Lage der arbeitenden Klasse durch Selbsthilfe zu verbessern und nicht ausschließlich auf öffentliche Wohltätigkeit zu setzen. Es sind diese Teile der „Principles", auf die verwiesen wird, wenn MILL als „Begründer" eines sozialen Liberalismus dient. Im Gegensatz zu MARX dachte er evolutionär und reformorientiert. MILL leugnete keineswegs das Konfliktpotential herrschaftsbestimmter Produktion, war jedoch der Überzeugung, dass sich diese Konflikte innerhalb des bestehenden Wirtschafts- und Gesellschaftssystem lösen lassen. In der Literatur gilt als weitgehend gesichert, dass die Ehefrau von MILL, HARRIET TAYLOR MILL (1807-1858), großen Einfluss auf den sozialreformerischen Teil der „Principles" hatte (SCHMOLY 2001, S. 61 ff.).

Was den Zusammenhang von Produktion und Verteilung angeht, so besteht für MILL ein fundamentaler Unterschied. Bei der Produktion herrschen seiner Ansicht nach Zusammenhänge, die beinahe den Charakter von Naturgesetzen tragen, wie beispielsweise das Gesetz vom abnehmenden Ertragszuwachs oder das nur produktive Ausgaben von Individuen den Wohlstand einer Gesellschaft steigern. Dagegen habe bei der Einkommens- und Vermögensverteilung die Gesellschaft eine beträchtliche Freiheit der Gestaltung. MILL kommt es darauf an, ein Höchstmaß an individueller Freiheit mit einer gerechten Verteilung des Ertrags auf die verschiedenen Klassen der Gesellschaft zu verbinden.

Wie RICARDO erwartet auch MILL, dass das Wirtschaftswachstum langfristig zurückgeht und die Gesellschaft einem stationären Zustand hinsichtlich Kapital- und Bevölkerungszunahme zustrebt. Im Gegensatz zu anderen Ökonomen sah er darin jedoch keinen Grund zur Klage. Eine Stagnation des Wirtschaftswachstums bedeute nicht notwendigerweise auch eine Stagnation des kulturellen Fortschritts. Das Streben nach ständiger Verbesserung der wirtschaftlichen Situation unter Vernachlässigung anderer Dinge ergab für MILL keinen Sinn.

Die Bewertung der theoretischen Leistung MILLS in der Geschichte des ökonomischen Denkens ist eher zurückhaltend (SCHUMPETER 1965, S. 736 ff.). Häufig wird die Auffassung vertreten, dass „er nur ein blasses Spiegelbild Ricardos sei" (DE MARCHI 1889, S. 288), da er die Doktrin beibehielt, Produktion und Verteilung getrennt voneinander zu behandeln. Andererseits hat die Lösung des gesellschaftlichen Problems, wie persönliche Freiheit, materieller Wohlstand und soziale Gerechtigkeit miteinander zu verbinden sind, bis heute nichts an Aktualität eingebüßt.

3.4 Das Zeitalter neuer Konkurrenten um den Paradigmastatus

Das Jahr 1870 ist für die Geschichte des ökonomischen Denkens insofern bemerkenswert, als drei wichtige Strömungen ihren Höhepunkt bzw. Ausgangspunkt hatten, die einen Bruch mit der herrschenden Denktradition der englischen Klassik (RICARDO-MILL) anstrebten. Zum einen entstand eine grundlegende Veränderung in der Werttheorie, die meist mit dem Begriff *Marginalrevolution* bezeichnet wird und letztlich zum Paradigma der Neoklassik führte. Zum anderen erfährt das historische Denken in der politischen Ökonomie einen Höhepunkt, der sich in der Deutschen Historischen Schule manifestierte. Und drittens verbreiteten sich die Bewegungen des Frühsozialismus und des Marxismus, die einen völlig anderen Pfad der ökonomischen Analyse verfolgten.

3.4.1 Frühsozialismus und Marxismus

Im Zuge der industriellen Entwicklung in England und anderen europäischen Ländern, die neben Wachstum und Wohlstand auch ökonomische und soziale Not mit sich brachte, regte sich bereits um die Wende vom 18. zum 19. Jahrhundert eine erste fundamentale Kritik an der „neuen Ordnung". Die aus dieser Kritik entstehenden Gegenentwürfe einer besseren Gesellschafts- und Wirtschaftsordnung haben oftmals den Charakter von Utopien, weshalb bei dieser Denkrichtung auch von *Frühsozialismus* oder *utopischem Sozialismus* gesprochen wird.

Ein Vorläufer dieser Richtung ist JEAN CHARLES LÉONARD SIMONDE DE SISMONDI (1773-1842), ein in Genf geborener Ökonom und Historiker, dessen bekanntestes ökonomisches Werk seine im Jahre 1819 veröffentlichten „Nouveaux principes d'économie politique" sind. Er gilt als erster Kritiker des industriellen Kapitalismus, da dieser seiner Ansicht nach den Interessen der Arbeiter nicht gerecht wird. Zur Lösung der sozialen Frage befürwortete er sozialpolitische Reformen. Er war jedoch insofern kein Anhänger der sozialistischen Bewegung, als er die Abschaffung des Privateigentums für nicht sinnvoll hielt. Im Gegensatz zu SAY und RICARDO, aber wiederum im Einklang mit MALTHUS, verwies SISMONDI auf die

Gefahren einer unzureichenden Gesamtnachfrage, die Interventionen des Staates erforderlich mache – deshalb wird SISMONDI gelegentlich mit KEYNES in Verbindung gebracht.

Zu den Gründern des utopischen Sozialismus wird CLAUDE HENRI SAINT-SIMON (1760-1825) gerechnet. Er war davon überzeugt, dass der Fortschritt des menschlichen Geistes zu einer Gesellschaftsordnung führen werde, in der die produktiv Tätigen – nach SAINT-SIMON die *industrielle Klasse*, wie Arbeiter, Handwerker, Bauern, Händler, Unternehmer, Wissenschaftler und Künstler – an die Stelle des Adels und des Klerus – als die *unproduktive Klasse* – treten werde. Nur die industrielle Klasse sei für die Gesellschaft nützlich und der von ihr erwirtschaftete Wohlstand solle nach dem Leistungsprinzip an alle Mitglieder der Gesellschaft verteilt werden. Von dieser neuen Gesellschaftsordnung erwartete er eine Steigerung des Wohlstands und eine gerechtere Verteilung der Einkommen. An Eigentum und Wettbewerb sollte allerdings festgehalten, nur jede Art von Ausbeutung abgeschafft werden. Seine Ideen wurden zum Wegbereiter der Schule des *Saint-Simonismus*, die über ihn hinausgehend eine Vergesellschaftung der Produktionsmittel und einen Staat als *Assoziation der Werktätigen (industriels)* forderten (DOBIAS 2002, S. 97 ff.).

Als eher ergänzende Anmerkung dient der Hinweis, dass der französische Soziologe und Philosoph AUGUSTE COMTE (1798-1857), der als Begründer der philosophischen Richtung des *Positivismus* gilt, Schüler und zeitweilig Sekretär von SAINT-SIMON war.

Eine andere Richtung verfolgte der mehr genossenschaftlich orientierte Sozialismus, wie ihn der Engländer ROBERT OWEN (1771-1858) und der Franzose CHARLES FOURIER (1772-1837) vertraten.

FOURIER war nicht nur ein Kritiker des frühen industriellen Kapitalismus, sondern entwickelte zugleich die Konzeption eines Gemeinwesens, dessen wirtschaftliche Basis ein System von Produktions- und Wohngenossenschaften darstellt, die er Phalangen („phalanstères") nennt. In diesen Genossenschaften leben Personen aller Stände, Berufe und Altersgruppen. Die Zuteilung der notwendigen Arbeiten erfolgt freiwillig und bei der Verteilung der Einkommen wird – nach Zusicherung eines Mindesteinkommens – auf die soziale Nützlichkeit abgestellt (KOLB 2004, S. 86; DOBIAS 2002, S. 103).

Mehr noch als FOURIER gilt der in erster Linie praktisch und weniger gesellschaftstheoretisch orientierte OWEN als Pionier der Genossenschaftsbewegung. In deren Gründung sah er die Lösung aller sozialen Probleme.

Erwähnenswert ist noch PIERRE JOSEPH PROUDHON (1809-1865), der als erster Vertreter anarchistischer Vorstellungen gilt, wobei er Anarchie als Abwesenheit jeder Herrschaft definiert. PROUDHON erstrebte eine Entwicklung zum Sozialismus ohne Gewalt, getragen von der freien Entscheidung der Individuen. Berühmt ist seine Aussage zum Eigentum: „Eigentum ist Diebstahl" („La propriété, c' est le vol légalisé" – zit. nach KOLB 2004, S. 88).

In Abgrenzung zum utopischen Sozialismus wird von MARX und seinen Anhängern die Bezeichnung *wissenschaftlicher Sozialismus* verwendet. Danach ist der Sozialismus keine Utopie, kein bloßes Denkmodell einer idealen Gesellschaft, sonder wird aufgrund historischer Gesetzmäßigkeiten zwangsläufig kommen.

3.4 Zeitalter neuer Konkurrenten um den Paradigmastatus

KARL MARX (1818-1883) wird 1818 in Trier geboren. Er studierte zunächst Jura in Bonn, ein Jahr später wechselte er nach Berlin, wo neben der Rechtswissenschaft Philosophie und Geschichte hinzutraten. Hier stieß MARX zum Kreis der Jung- oder Linkshegelianer – eine Gruppe von Intellektuellen, die Anhänger des Philosophen GEORG WILHELM FRIEDRICH HEGEL (1770-1831) waren. Anschließend wird er Redakteur bei der Rheinischen Zeitung in Köln, wo er Probleme mit der Zensur bekommt – im Jahre 1843 wird die Zeitung verboten. Bis 1845 weilte MARX in Paris. Auf Druck der preußischen Regierung wird er ausgewiesen und geht zunächst nach Brüssel. Dorthin folgt ihm FRIEDRICH ENGELS, mit dem er einen regen Briefwechsel führte, woraus sich eine enge politische und publizistische Zusammenarbeit entwickelte. Im Jahre 1849 übersiedelte MARX nach London. Finanziell unterstützt von FRIEDRICH ENGELS beginnt er seine umfangreichen Studien, dessen Ergebnis sein bekanntestes Werk ist – „Das Kapital" (Bd. I/1867; Bd. II/1885; Bd. III/1894 – Bd. II und III werden posthum von F. ENGELS herausgegeben).

Nach MARX sind die gesellschaftlichen Bewusstseinsformen und der ihnen entsprechende politische und rechtliche Überbau abhängig von den jeweiligen Produktionsverhältnissen („Das Sein bestimmt das Bewußtsein"). Wesentliche Kennzeichen dieses sozialen „Unterbaus", d.h. der ökonomischen Struktur der Gesellschaft und der Art des ökonomischen Zusammenwirkens der Menschen, sind die Eigentums- und Verteilungsverhältnisse (*Produktionsverhältnisse*). Mit den Produktionsverhältnissen stehen die *Produktivkräfte* in einem dialektischen Spannungsverhältnis. Zu den Produktivkräften zählen zunächst alle jene Kräfte, die an den Menschen selbst gebunden sind, wie beispielsweise Qualifikation, Motivation und wissenschaftliche Naturerkenntnis; ferner gehören angewandte Technologien, Materialien und Organisationsformen der gesellschaftlichen Arbeitsteilung dazu.

Mit anderen Worten: Die Produktivkräfte spiegeln den Grad der Naturbeherrschung wider (FIEDLER/KÖNIG 1991, S. 49).

Da die Produktivkräfte sich ständig weiter entwickeln, geraten sie immer wieder in Widerspruch zu den sich vergleichsweise träge bewegenden Produktions- und Eigentumsverhältnissen, die ökonomische Machtstrukturen abbilden. Diese Widersprüche werden aufgehoben durch revolutionäre Veränderungen, als deren Ergebnis ein neues System der Produktionsverhältnisse entsteht. Dieses gibt den Produktivkräften Raum für ihre weitere Entwicklung. Da einem bestimmten Grad der gesellschaftlichen Arbeitsteilung eine bestimmte Klasseneinteilung entspricht, begreift der *historische Materialismus* – das geschichtsphilosophische Konstrukt des Marxschen Systems – die Geschichte als eine Geschichte von Klassenkämpfen und erkennt die Ursachen des sozialen Wandels in dem dialektischen Verhältnis von Produktivkräften und Produktionsverhältnissen.

Wie unter einem Vergrößerungsglas sollen im Folgenden jene Teile des Marxschen Theoriegebäudes betrachtet werden, die sich in wesentlichen Fragen als Kritik am Paradigma der klassischen Nationalökonomie verstehen. Während MARX in seiner Geschichtsphilosophie von HEGEL beeinflusst wurde, ähnelt seine ökonomische Beweisführung der abstraktdeduktiven Methode, wie sie für RICARDO charakteristisch ist. Von RICARDO übernahm er ebenfalls Elemente der Arbeitswertlehre und dessen Ansichten über die langfristige Entwicklung der Profitrate (DOBIAS 2002, S. 112; OTT 1989, S. 16). Die Anregung zu seiner Kreislauftheorie erhielt MARX dagegen von den Physiokraten. In seinen „Theorien über den Mehrwert" (1. Teil, Kap. 6) bezeichnet er das Tableau économique als die „unbestreitbar glänzendste Idee, die in der politischen Ökonomie bisher zu finden ist"; und in „Das Kapital" (Bd. 1) schreibt MARX: „Es ist das große Verdienst der Physiokraten, in ihrem Tableau économique zum ersten Mal den Versuch gemacht zu haben, ein Bild der Jahresproduktion zu geben in der Gestalt, in welcher sie aus der Zirkulation hervorgeht." (S. 617). Bei SMITH seien hingegen in der Darstellung des Reproduktionsprozesses nach mancher Seite hin nicht nur keine Fortschritte, sondern erhebliche Rückschritte zu verzeichnen.

> Die allgemeine Zielsetzung der Marxschen Theorie liegt darin, die ökonomischen Bewegungs- und Entwicklungsgesetze des Kapitalismus zu enthüllen.

Die kapitalistische Wirtschaftsordnung ist bei MARX durch die Klassentrennung von Kapitalisten und Arbeitern gekennzeichnet. Für die Unterscheidung der beiden Klassen ist das Eigentum bzw. Nichteigentum an den Produktionsmitteln konstituierend. Die herrschende Klasse der Kapitalisten verfügt über das Eigentum an Produktionsmitteln, während die Arbeiter davon ausgeschlossen sind. Der Konflikt zwischen den beiden Klassen ist in erster Linie ein Verteilungskonflikt. Dieser findet zwar in Lohn- und Zinssätzen, Profitraten und Marktpreisen seinen Ausdruck. Jedoch lässt sich die Gesetzmäßigkeit des kapitalistischen Wirtschaftssystems nicht durch eine Analyse von Angebot und Nachfrage auf den Güter- und Faktormärkten erklären. Dazu bedarf es eines Durchdringens zum Wesen der kapitalistischen Produktionsweise.

Der Zugang erfolgt über die *Arbeitswerttheorie*. Sie stellt den „harten Kern" der Marxschen Ökonomie dar, indem sie gleichsam den festen Punkt markiert, vom dem aus sich die Bewegungsgesetze der kapitalistischen Gesellschaft als folgerichtige Gedankenkonstruktion nachvollziehen lassen. Wie RICARDO, sucht auch MARX nach einer gemeinsamen Eigenschaft, die in den einzelnen Waren steckt und mit deren Hilfe qualitativ unterschiedliche Waren vergleichbar gemacht werden können. Aber anders als RICARDO identifiziert MARX die Arbeit als Wertsubstanz und nicht nur als Index für den Tauschwert der Güter. Nach MARX bestimmt sich der Wert einer Ware durch die zu ihrer Produktion *gesellschaftlich notwendige Durchschnittsarbeit*, gemessen in Arbeitszeit. Die Besonderheit des kapitalistischen Wirtschaftssystems besteht nun darin, dass sich auch der Wert der Arbeit durch das zu ihrer Erhaltung und Reproduktion notwendige Arbeitsquantum bestimmt, d.h. nach dem Arbeitszeitaufwand zur Herstellung jener Güter, die der Arbeiter und seine Familie zur Sicherung ihrer Existenz benötigen. Da der Arbeiter keine Produktionsmittel besitzt, muss er seine Arbeitskraft auf dem Arbeitsmarkt verkaufen. Der Kapitalist kauft die Arbeitskraft zu dem Wert, der den Reproduktionskosten entspricht. Entscheidend für das Verständnis der Marxschen Argumentation ist die von ihm gemachte Unterscheidung zwischen Gebrauchswert und Tauschwert der Arbeit. Da der Gebrauchswert der Arbeit, d.h. der Wert, den der Arbeiter während eines Tages produziert, höher ist als der Tauschwert, also der Wert, den der Arbeiter kostet, entsteht eine Differenz, die dem Kapitalisten als *Mehrwert* zufließt. Dem Arbeiter wird somit ständig ein Teil der von ihm geschaffenen Werte vorenthalten. Quelle des Mehrwerts ist ausschließlich die Arbeitskraft. Die im Produktionsprozess eingesetzten Produktionsmittel können dagegen keinen Mehrwert schaffen, da sie nicht mehr Arbeitswert an das

Produkt abgeben, als in ihnen steckt. Nur die in ihnen vergegenständlichte Arbeit wird als Wert auf das Produkt übertragen.

MARX unterscheidet zwischen absolutem und relativem Mehrwert: Der Begriff *absoluter Mehrwert* stellt ab auf die Differenz zwischen Gesamtarbeitszeit und gegebener gesellschaftlich notwendiger Arbeitszeit, *relativer Mehrwert* fällt an, wenn bei gegebener Gesamtarbeitszeit die gesellschaftlich notwendige Arbeitszeit vermindert wird. Letzteres bedeutet eine Minderung des Wertes der Ware Arbeitskraft, was gleichzusetzen ist mit einer Erhöhung der *Arbeitsproduktivität*.

Damit ist im Marxschen System erklärt, wie der Mehrwert entsteht. Dieser Mehrwert muss nun von den Kapitalisten auf dem Markt realisiert werden. Dazu sind bestimmte Bedingungen erforderlich, die MARX anhand eines Zwei-Sektoren-Modells ableitet. Zunächst geht er – wie die Physiokraten – von einem stationären Kreislauf (*einfache Reproduktion*) aus; anschließend wird das Wirtschaftswachstum (*erweiterte Reproduktion*) miteinbezogen. MARX selbst betrachtet seine Schemata zur Analyse der Struktur des Kapitalismus als eine verbesserte Fassung des *Tableau économique*. Trotz dieser Verbindung bestehen wesentliche Unterschiede. MARX fasst bei seiner Sektorenbildung zum einen Unternehmen zusammen, die an der Erzeugung von Produktionsmitteln beteiligt sind (Abteilung I) und zum anderen Unternehmen, die Konsumgüter herstellen (Abteilung II). In der Marxschen Terminologie ergibt sich der jeweilige Wert der Jahresprodukte beider Abteilungen durch die Addition von konstantem Kapital, variablem Kapital und Mehrwert (W = c + v + m). Das Verhältnis des erzielten Mehrwerts (m) zum insgesamt eingesetzten Kapital (c + v) bezeichnet MARX als *Profitrate* [p = m/(c + v)]. Das *konstante Kapital* (c) umfasst jene Produktionsmittel, die in der Produktion eingesetzt sind und die sich nur selbst wieder ersetzen können; das *variable Kapital* (v) ist dagegen jener Teil des Kapitals, der zum Kauf von Arbeitsleistung verwendet wird. Nur dieser Teil des Kapitals schafft neuen Mehrwert. Das Verhältnis von konstantem zu variablem Kapital (c/v) wird von MARX als *organische Zusammensetzung* des Kapitals definiert.

MARX beschäftigt sich als erstes mit dem Problem, welche Bedingung erfüllt sein muss, wenn der Wirtschaftsprozess stationär verläuft, d.h. keine Nettoinvestitionen stattfinden. Im Modell der einfachen Reproduktion lässt sie sich relativ leicht formulieren. Sie besagt, dass der Wert des bei der Konsumgüterherstellung verbrauchten konstanten Kapitals gleich dem in der Produktionsmittelabteilung verdienten Einkommen der Arbeiter und Unternehmer sein muss ($c_{II} = v_I + m_I$). Jede Abteilung muss ihren Verbrauch an dauerhaftem Sachkapital und an Hilfsstoffen ersetzen; die verdienten Einkommen müssen ganz für den Konsum ausgegeben werden. MARX zeigt weiter, dass die Wertschöpfung einer Periode nicht durch $\sum c + \sum v + \sum m$, sondern durch $\sum v + \sum m$, also durch die Summe aller Löhne und Profite bestimmt wird.

Der hier dargelegte kreislauftheoretische Zusammenhang wird vor allem gegen SMITH ins Feld geführt. Dabei geht es MARX insbesondere um Fehlschlüsse, die gezogen werden, wenn keine klare Kreislaufvorstellung vorhanden ist. Kritisiert wird die These von SMITH, dass sich der Preis jeder Ware in letzter Instanz als Summe aus Arbeitslohn, Bodenrente und Profit darstellen lässt. Dies würde nur dann gelten, wenn im Produktionsprozess keine dauerhaften Produktionsmittel verwendet würden. Ansonsten lässt sich der Preis einer Ware immer nur als Summe aus Lohn, Grundrente, Profit und Abschreibungen ermitteln. Auch die Aussage von SMITH, dass die Preissumme aller in einer Periode erstellten Güter gleich der Summe aller Löhne, Grundrenten und Profite sei, wird angegriffen. Aus dem Marxschen Kreislaufschema wird abgeleitet, dass die Summe der Preise aller in einer Periode hergestellten Güter nichts anderes ist als die Summe aller Komponenten der Einzelpreise und nicht gleich der Wertschöpfung, d.h. der Summe der kontraktbestimmten und residualbestimmten Einkommen.

Im Anschluss an die Analyse des stationären Kreislaufs wird ein Wachstumsmodell entwickelt. Hierin liegt eine besondere theoretische Leistung von MARX. Er geht dabei von folgender Prämisse aus: Die Kapitalisten sind bestrebt, ihr Kapital zu erhöhen. Dies geschieht, indem ein Teil des Mehrwerts nicht konsumiert, sondern in zusätzliches Kapital umgewandelt wird. Das vermehrte Kapital setzt den Kapitalisten in die Lage, sich einen noch größeren Mehrwert anzueignen, den er wiederum in zusätzliches Kapital umwandelt. Dieser Prozess wird von MARX als *Kapitalakkumulation* bezeichnet und bildet die Triebkraft der kapitalistischen Entwicklung.

MARX hat zum ersten Mal in der Geschichte des ökonomischen Denkens die Bedingungen für ein störungsfreies wirtschaftliches Wachstum abgeleitet („Das Kapital", Bd. II). Annahmegemäß konsumieren die Arbeiter ihren gesamten Lohn, gespart wird ausschließlich aus dem Mehrwert. Sparer und Investor treten als die gleiche Person auf. Insofern stimmen geplante Ersparnis und geplante Investition bzw. Akkumulation ex ante stets überein (OTT 1989, S. 27 ff.) Ein gleichgewichtiges Wachstum liegt dann vor, wenn die Zunahme des gesamtwirtschaftlichen Angebots gleich der Zunahme der gesamtwirtschaftlichen Nachfrage ist. Die Höhe der gleichgewichtigen Wachstumsrate wird durch die Akkumulationsquote (akkumulierter Mehrwert in Relation zum gesamten Mehrwert) und die organische Zusammensetzung des Kapitals bestimmt. Ein vergleichbares Ergebnis finden wir um 1950 in den postkeynesianischen Wachstumsmodellen von HARROD und DOMAR. Dort ergibt sich die gleichgewichtige Wachstumsrate aus dem Verhältnis von Sparquote und Kapitalkoeffizient.

Von zentraler Bedeutung für das Verständnis der Marxschen Theorie und der darauf aufbauenden marxistischen Wirtschaftstheorie ist gleichfalls die Wert-Preis-Transformation, die Erklärung der Verwandlung der Werte in Produktionspreise (*Transformationsproblem*). Der problematische Charakter der Marxschen Lösung hat in der Literatur zu einer Diskussion geführt, die bis heute anhält (QUAAS 1992). Der mathematisch anspruchsvolle Gehalt der dargebotenen „neuen Lösungen" macht diese Debatte mittlerweile nur einem kleinen Kreis von Spezialisten zugänglich. Ausgangspunkt der Diskussion war die Herausgabe von „Das Kapital" Bd. III durch FRIEDRICH ENGELS. In Bd. I bestimmt das *allgemeine Wertgesetz* – die Tauschwerte der Waren verhalten sich wie die in den Waren direkt oder indirekt verkörperte Arbeit – die Preise aller Waren, die Preise verhalten sich proportional zu ihren Werten. Der Preis ist lediglich der in Geld ausgedrückte Wert (SWEEZY 1959, S. 41). In Bd. III findet sich jedoch eine andere Definition von *Produktionspreis*. Produktionspreise sind danach Modifizierungen von Produktionswerten. Das Problem, das sich dahinter verbirgt, lässt sich wie folgt skizzieren: Das allgemeine Wertgesetz gilt für die Preise nur dann, wenn bei den getauschten Waren die organische Zusammensetzung des Kapitals konstant ist. Im anderen Fall können die Preise nicht mehr ausschließlich durch die zur Produktion der Waren not-

3.4 Zeitalter neuer Konkurrenten um den Paradigmastatus

wendigen Arbeitsmengen bestimmt werden. Die Auseinandersetzung geht darum, inwieweit die Produktionspreise dennoch nach bestimmten allgemeinen Regeln von Werten abgeleitet werden können oder ob die Theorie der Produktionspreise im Widerspruch zur Werttheorie steht.

Aus seiner Analyse der Mehrwertproduktion und der Profitrealisierung leitet MARX verschiedene Thesen zur langfristigen gesellschaftlichen Entwicklung ab. Sie beziehen sich vor allem auf drei Bereiche (DOBIAS 2002, S.121):

(1) Im Zuge des technologischen Fortschritts, nach MARX der eigentliche Motor der kapitalistischen Dynamik, wird ständig mehr konstantes Kapital im Verhältnis zum variablen Kapital eingesetzt. Teile des variablen Kapitals werden zum Kauf von Anlagegütern eingesetzt. Die Umschichtung von variablem Kapital zu konstantem Kapital bedeutet aber nichts anderes als eine Freisetzung von Arbeitskräften durch Rationalisierung und vermehrten Maschineneinsatz. Es kommt zur Entstehung einer *industriellen Reservearmee*.

(2) Wenn die organische Zusammensetzung des Kapitals steigt, die Mehrwertrate (das Verhältnis m/v) jedoch konstant bleibt, so muss zwangsläufig die Profitrate sinken. Die Profitrate lässt sich zur Verdeutlichung wie folgt umformen:

$$p = \frac{\frac{m}{v}}{\frac{c}{v} + 1}$$

MARX hat zwar verschiedene Möglichkeiten behandelt, wie durch eine Erhöhung der Mehrwertrate das Sinken der Profitrate aufgehalten werden kann, langfristig wird es jedoch zu einem *tendenziellen Fall der Profitrate* kommen.

(3) Die „Peitsche der Konkurrenz" zwingt die Kapitalisten zu verstärkter Akkumulation des Mehrwerts. In der Folge kommt es zu einem Konzentrationsprozess, der zur „Expropriation" (Enteignung) von Kapitalisten durch Kapitalisten führt (*Konzentrationsthese*). Diese Entwicklung führt zu einer weiteren Beschleunigung des technischen Fortschritts. Die Konzentration der Produktionsmittel polarisiert die Gesellschaft und verschärft den Konflikt zwischen den Klassen.

Wachsende Massenarbeitslosigkeit, Verelendung, Fall der Profitrate und Zunahme des Konzentrationsgrades in der Wirtschaft führen zu einer verstärkten Krisenanfälligkeit. Diese ist nach MARX Ausdruck der Widersprüche innerhalb des Systems, vor allem des Widerspruchs zwischen gesellschaftlicher Produktion und privater Aneignung. Durch eine revolutionäre Situation kommt es zur Abschaffung des kapitalistischen Systems und zu einer von einer klassenlosen Gesellschaft geleiteten Produktion.

Fassen wir zusammen: MARX baute seine ökonomische Theorie auf einer Reihe von Gesetzmäßigkeiten auf, die als Bewegungs- oder Entwicklungsgesetze die menschliche Gesellschaft bestimmen und die von ihm vor allem als Strukturveränderungen des kapitalistischen Systems, auf das er seine Beobachtungen und Aussagen stützte, dargestellt werden. Was seinen Beitrag zur ökonomischen Analyse angeht, so gehört er nach allgemeiner Einschätzung zu den großen Ökonomen in der Geschichte des ökonomischen Denkens. Die Diskussion über die Stärken und Schwächen seiner Analyse geht bis in die heutige Zeit.

Was die Transformation des Kapitalismus in den Sozialismus nach einem Zusammenbruch des kapitalistischen Systems angeht, finden sich bei MARX nur wenige Ausführungen. Die Arbeiterklasse, das Proletariat, übernimmt die politische Macht und enteignet die Kapitalisten. Das Privateigentum an Produktionsmitteln wird abgeschafft und die Produktionsmitteleigentümer werden ökonomisch und politisch entmachtet. Die Diktatur des Proletariats gilt aber nur für die Übergangszeit des Sozialismus. Der Endzustand ist der des Kommunismus als einer klassenlosen Gesellschaft. In ihr soll die ursprüngliche menschliche Freiheit wiederhergestellt werden.

Da die hier skizzierte wirtschaftspolitische Konzeption sehr allgemein gehalten ist, ist es durchaus verständlich dass die ersten kommunistischen Regierungen erhebliche Schwierigkeiten hatten, konkrete wirtschaftspolitische Maßnahmen zu entwickeln. Sie bestanden vorrangig in dem Aufbau einer zentralen Planwirtschaft, deren Leistungsfähigkeit trotz der raschen Industrialisierung und anderer Erfolge immer wieder vor ernsthafte Probleme gestellt wurde. Der Zusammenbruch der sozialistischen Wirtschafts- und Gesellschaftssysteme im Osten hat u.a. gezeigt, dass die gravierenden ökonomischen Funktionsprobleme einer zentralen Planwirtschaft mit Staatseigentum an den Produktionsmitteln nicht dauerhaft gelöst werden konnten.

3.4.2 Die Historische Schule

Die *Historische Schule* nimmt zwischen 1870 und 1900 eine herausragende Stellung in der deutschen Nationalökonomie ein. Ihre Auswirkungen reichen jedoch bis in die Mitte des 20. Jahrhundert, beschränken sich allerdings im Wesentlichen auf den deutschsprachigen Raum. Auch die Historische Schule versteht sich als Gegenentwurf zur klassischen Nationalökonomie, insbesondere in der Version des Ricardianismus.

Als geistesgeschichtlicher Hintergrund der Historischen Schule ist der Gegensatz zwischen Natur- und Geisteswissenschaften im damaligen Deutschland bedeutsam. Während sich in den Naturwissenschaften die Methoden hypothetischen Denkens fest verankern konnten, wurde die Anwendung dieser Methoden auf soziale und wirtschaftliche Phänomene sowie Ereignisse von den meisten Ökonomen in Deutschland verworfen. Nach Ansicht von PRIBRAM (1992, S. 401 ff.) lässt sich dies u.a. auf den Einfluss der deutschen „idealistischen" Philosophen wie JOHANN GOTTLIEB FICHTE (1762-1814) und GEORG WILHELM FRIEDRICH HEGEL (1770-1831) zurückführen, die davon ausgehen, dass die menschlichen Tätigkeiten in den verschiedenen Bereichen des gesellschaftlichen Lebens in jeder Periode ein einheitliches „organisches" Ganzes herstellen und von einer gemeinsamen Idee durchdrungen sind. Diese Auffassung unterschied sich grundlegend von der Aufklärungsphilosophie des 18. Jahrhundert.

Um die Mitte des 19. Jahrhundert gingen in Deutschland einige führende Ökonomen daran, die Denkmethode des Historismus auf die Analyse wirtschaftlicher Phänomene anzuwenden. Sie lehnten die deduktive Methode des Ricardianismus ab und kritisierten sie als mechanistische Sozialphilosophie. Allgemeine Gesetze zu formulieren, die allen Nationen gemeinsam sind, widersprach ihrer Grundauffassung. Sie wollten vielmehr durch eine möglichst umfassende Sammlung historischen Materials und eine vergleichende Analyse der gewonnenen Ergebnisse gewisse allgemeine soziale oder ökonomische Regelmäßigkeiten entdecken. Orientierungspunkt dieses Denkstils waren die „Historischen Schulen" auf anderen Gebieten der Staatswissenschaften, insbesondere die Historische Juristenschule, die Vorbildcharakter hatte. Grundüberzeugung war, dass sich Entwicklungen in den verschiedenen Nationen nur angemessen erforschen ließen, wenn die geschichtlichen Rahmenbedingungen mit einbezogen würden. Da auch Gesetze und Institutionen von der jeweiligen geschichtlichen Situation bestimmt seien, sei jede Entwicklung einer Gesellschaft gesondert zu betrachten. Diese, den Historismus als einflussreiche philosophische und geschichtswissenschaftliche Strömung prägende Idee wurde von den Begründern der Historischen Schule übernommen und als Argument dafür vorgebracht, dass sich die wirtschaftliche und soziale Entwicklung einer naturwissenschaftlicher Methodik vergleichbaren Analyse verschließe.

Charakteristisch für die Arbeiten der Historischen Schule ist die Entwicklung zahlreicher *Stufentheorien*, d.h. die Suche nach Stufen in der historischen, ökonomischen, sozialen und kulturellen Entwicklung einer Nation, mit dem Ziel, Entwicklungsgesetze im Sinne von empirischen Regelmäßigkeiten aufzufinden. Ein frühes Beispiel hierfür sind die Arbeiten von FRIEDRICH LIST (1789-1846), der vielfach als Vorläufer der Historischen Schule angesehen wird, obwohl er streng genommen nicht dazugehört (PRIBRAM 1992, S. 408). LIST betonte die Notwendigkeit, die nationale Wirtschaftspolitik der jeweiligen Entwicklungsstufe eines Landes anzupassen. Durch eine geeignete Zollpolitik nach außen solle insbesondere die Schutzbedürftigkeit junger inländischer Industrien berücksichtigt werden (*Schutzzoll- oder Erziehungszolltheorie*). Das von den englischen Ökonomen vertretene Freihandelsprinzip führe nur dann zu beiderseitigen Wohlfahrtsgewinnen, wenn die Industrien der beteiligten Länder ihre produktiven Kräfte voll entfaltet hätten. LIST verweist damit das Freihandelsprinzip in eine bestimmte historische Position. Grundlage seiner Überlegungen war die wirtschaftliche Vorherrschaft Englands, das damals mit preiswerten und hochwertigen Industrieprodukten den europäischen Markt beherrschte. Nach innen plädierte LIST dagegen für eine Abschaffung der Binnenzölle und einen Ausbau des Eisenbahnnetzes zur Verbesserung der Verkehrsinfrastruktur. Der Titel seines Hauptwerks deutet die Denkrichtung bereits an: „Das nationale System der politischen Ökonomie" (1841). Dieses Buch weist ihn einerseits aus als ideenreichen Entwicklungstheoretiker und andererseits als Vertreter eines Wirtschaftsnationalismus. Seine eher an der Praxis orientierten Schriften, deren theoretischer Gehalt allgemein gering geschätzt wird, sind mit ein Grund dafür, dass LIST in vielen Werken zur Geschichte des ökonomischen Denkens nicht erwähnt wird. Während der Phase der industriellen Entwicklung in Deutschland spielte das Konzept des Schutz- oder Erziehungszolls nur eine untergeordnete Bedeutung. In der jüngsten Zeit erlebt LIST allerdings bei Entwicklungstheoretikern, die sich mit Problemen der Dritten Welt befassen, eine gewisse Resonanz.

In der Literatur wird zwischen einer *Älteren* und einer *Jüngeren* Historischen Schule unterschieden. Zu den bekanntesten Ökonomen der Älteren Historischen Schule zählen WILHELM ROSCHER (1817-1894), BRUNO HILDEBRAND (1812-1878) und KARL KNIES (1821-1898). Ihre Einstellung zum methodologischen Ansatz der klassischen Nationalökonomie stimmt weitgehend überein. Alle drei sind der Auffassung, dass sich für wirtschaftliche Abläufe keine allgemein gültigen Gesetzmäßigkeiten formulieren lassen. Jede Nation bringe ihr eigenes Wirtschaftssystem hervor und dieses müsse deshalb unter Berücksichtigung der historischen Besonderheiten untersucht werden. ROSCHER gilt allgemein als Hauptvertreter der Älteren Historischen Schule. Vor allem in seinen „Grundlagen der Nationalökonomie" (1854) dokumentiert sich ROSCHERS Suche nach einem neuen theoretischen Ansatz. Daneben verfasste ROSCHER ein umfangreiches dogmenhistorisches Werk („Geschichte der Nationalökonomik in Deutschland", 1874), das auch heute noch Beachtung findet. Auf über eintausend Seiten blickt ROSCHER auf knapp 400 Jahre ökonomisches Denken im deutschen Sprachraum zurück. Dabei spannt er den Bogen vom „theologisch-humanistischen Zeitalter" der Reformation über das „polizeilich-cameralistische" des deutschen Merkantilismus bis hin zum „wissenschaftlichen Zeitalter der deutschen Volkswirtschaftslehre", das für ROSCHER mit der Rezeption der französischen Physiokratie und der englischen Klassik sowie mit dem Historismus angebrochen war. Dass dabei die (Ältere) Historische Schule für ROSCHER die (vorerst) höchste Stufe dieser Entwicklung darstellt, ist nur allzu verständlich. BRUNO HILDEBRAND folgte in seinem Werk „Die Nationalökonomie der Gegenwart und Zukunft" (1848) weitestgehend dem Ansatz und der Methode ROSCHERS. In späteren Veröffentlichungen entwickelte er eine eigene Stufentheorie. Danach vollzieht sich die Entwicklung von Wirtschaft und Gesellschaft gemäß den Stufen Naturwirtschaft, Geldwirtschaft und Kreditwirtschaft. KARL KNIES wird von SCHUMPETER (1965, S. 988) als der hervorragendste unter den drei Ökonomen der Älteren Historischen Schule charakterisiert. Allerdings nicht wegen seiner Arbeiten auf dem Gebiet des Historismus, sondern wegen seiner ausführlichen Untersuchungen über das Geld- und Kreditwesen („Geld und Kredit", 1873). KNIES vertrat die Auffassung, dass nur eine Ware mit eigenem Wert als Wertmaßstab funktionieren könne und verteidigte deshalb den Goldstandard als Basis eines internationalen Währungssystems. Die Verbindung zur Historischen Schule ergibt sich aus seinem Buch „Die politische Ökonomie vom Standpunkt der geschichtlichen Methode" (1853), das programmatischen Charakter hat. Er wandte sich hierin gegen die Suche nach allgemeinen Gesetzen in der politischen Ökonomie und betonte die historische Relativität von Sozialphilosophien. Aufgrund ihrer Heterogenität gelang es der Älteren Historischen Schule nicht, ein alternatives Paradigma zur englischen Klassik zu entwickeln.

Von einem in sich geschlossenen, wissenschaftlichen und wirtschaftspolitischen Programm kann man eher bei den Vertretern der *Jüngeren Historischen Schule* sprechen. Als Haupt dieser Schule gilt unbestritten GUSTAV VON SCHMOLLER (1833-1917). Er lehrte und forschte als Universitätsprofessor in Berlin; zuvor war er in Halle und Straßburg tätig. Von 1890 bis zu seinem Tode im Jahre 1917 leitete er den *Verein für Socialpolitik*, dem damals Professoren und höhere Verwaltungsbeamte angehörten. Bereits in seiner Dissertation (1860) formulierte SCHMOLLER programmatisch: Die Nationalökonomie muss in die Reihe der sozialen

Wissenschaften gestellt werden, „welche sich von den Bedingungen des Raumes, der Zeit und der Nationalität nicht trennen lassen, deren Begründung wir nicht allein, aber vorzugsweise in der Geschichte suchen müssen" (zit. nach WINKEL 1989, S. 107).

Im Sinne des Paradigma-Konzepts lässt sich dies wie folgt deuten: Die wissenschaftlichen Probleme der Nationalökonomie sind vorwiegend historisch anzugehen und einer Lösung zuzuführen. SCHMOLLER verfolgte damit einen anderen methodischen Ansatz als die englische Klassik und die österreichische Grenznutzenschule. Im Vordergrund steht die nationalökonomische und wirtschaftsgeschichtliche Detailforschung. Darauf weisen bereits die Titel einiger seiner Werke hin: „Zur Geschichte der deutschen Kleingewerbe im 19. Jahrhundert" (1870), „Die Straßburger Tucher- und Weberzunft" (1879). In der Vorrede zum zweiten Teil seines Spätwerks „Grundriß der Allgemeinen Volkswirtschaftslehre" beschrieb er seine Zielsetzung mit folgenden Worten:

> *„Ich wollte die Volkswirtschaftslehre von falschen Abstraktionen durch exakte historische, statistische, volkswirtschaftliche Forschung befreien, aber doch stets zugleich generalisierender Staats- und Wirtschaftstheoretiker soweit bleiben, als wir nach meiner Überzeugung heute schon dazu festen Grund unter den Füßen haben. Wo solcher mir zu fehlen scheint, da habe ich auch im Grundriß lieber nur die Tatsachen beschrieben und einige Entwicklungstendenzen angedeutet, als luftige Theorien aufgebaut, die mit der Wirklichkeit nicht in Fühlung stehen, bald wieder wie Kartenhäuser zusammenfallen" (SCHMOLLER 1923b, S. VI).*

ARTHUR SPIETHOFF (1873-1957), ein Schüler SCHMOLLERS, charakterisiert dessen Methode als „anschauliche Theorie". Dabei gehe es darum, „Gedankenbilder der Wirklichkeit" zu entwerfen, die von Fakten und Daten gestützt und durch Bezüge auf historische Entwicklungen und Kritik an älteren Lehren ergänzt werden (PRIBRAM 1992, S. 415 f.). Neben methodischen Problemen beschäftigte sich SPIETHOFF hauptsächlich mit der Erforschung von Konjunkturzyklen. Seine Beiträge fanden allgemein Beachtung. Er war damit einer der wenigen Vertreter der deutschen Historischen Schule, der Einfluss auf die Mainstream-Ökonomie nahm.

Nach allgemeiner Auffassung gelang es SCHMOLLER jedoch nicht, die beiden Postulate seiner Lehre, nationalökonomische Detailforschung über wirtschaftliche, soziologische und demographische Erscheinungen und Entwicklungen sowie die Suche nach allgemeinen Gesetzen oder Regelmäßigkeiten, zu einer Synthese zu vereinen. Sein „Grundriß" enthält keine formal in sich geschlossene Theorie. SCHMOLLERS Stärke lag zweifelsohne im zuerst genannten Bereich, seine Erörterungen theoretischer Probleme blieben dagegen in Ansätzen stecken. Das wird insbesondere deutlich bei der Behandlung des Wertproblems, wo die „anschauliche Theorie" an ihre Grenzen stieß. SCHMOLLER versuchte, theoretische Probleme mit historisch-ethischen Kategorien zu lösen.

Die unterschiedlichen Denkmuster von historisch und theoretisch orientierten Ökonomen fand ihren Höhepunkt in dem berühmten *Methodenstreit*. Ausgangspunkt war die Veröffentlichung einer Schrift des österreichischen Ökonomen CARL MENGER im Jahre 1883 mit dem Titel „Untersuchungen über die Methode der Sozialwissenschaften und der Politischen Ökonomie insbesondere". Im Vorwort verweist er darauf, dass er durch eine grundsätzliche Klärung der Methodenfragen die deutsche Nationalökonomie wieder auf die richtigen Bahnen zurückführen will.

MENGER stellte die auf RICARDO zurückgehenden Instrumente der theoretischen Analyse den beschreibenden Verfahren der Historischen Schule gegenüber und kam zu dem Schluss, dass die von SCHMOLLER und seinen Anhängern vertretenen Methoden für die Fortentwicklung der Ökonomie als Wissenschaft eher hinderlich seien.

In dem von SCHMOLLER herausgegebenen „Jahrbuch für Gesetzgebung, Verwaltung und Volkswirtschaft im Deutschen Reich" (später: „Schmollers Jahrbuch für Gesetzgebung, Verwaltung und Volkswirtschaft") verteidigte er die Prinzipien der Historischen Schule („Zur Methodologie der Staats- und Sozial-Wissenschaften", 1883). MENGER antwortete wiederum mit einem Essay unter dem Titel „Die Irrtümer des Historismus in der deutschen Nationalökonomie" (1884).

In der Literatur wird der Methodenstreit häufig auf den Gegensatz von induktiver (SCHMOLLER) und deduktiver (MENGER) Methode verkürzt. Die Reichweite des Streits geht jedoch weit darüber hinaus. MENGER macht in seinen Untersuchungen über die Methode der Sozialwissenschaften deutlich, dass es zuallererst um die Aufgaben der „politischen Ökonomie" geht und sich daraus die Frage nach den adäquaten Methoden ergibt. Er unterscheidet drei Hauptaufgaben und leitet daraus folgende Klassifikation ab: die historische, die theoretische und die praktische Nationalökonomie. Aufgabe der historischen Nationalökonomie sei, die wirtschaftlichen Phänomene unter dem Gesichtspunkt der geschichtlichen Entwicklung zu erforschen und darzustellen. Der theoretischen Nationalökonomie komme dagegen die Aufgabe zu, die allgemeinen Regelmäßigkeiten der wirtschaftlichen Erscheinungen („Gesetze der Volkswirtschaft") zu ergründen, während die praktische Nationalökonomie die Wissenschaft von den Grundsätzen wirtschaftspolitischen Handelns sei. MENGER legt dann im Weiteren dar, dass die Methoden dieser drei Forschungsrichtungen nicht die gleichen sein können. Ihm ging es bei diesem Streit vor allem darum, „die Rechte der theoretischen Analyse zu schützen" (SCHUMPETER 1965, S. 994).

Für SCHMOLLER sind die methodologischen Unterschiede in der Behandlung von Fragen der theoretischen und praktischen Nationalökonomie nicht fundamentaler, sondern nur gradueller Natur. In polemischer Schärfe antwortete MENGER darauf: „Wer so denkt und lehrt, der kann es auch nicht für das schlimmste wissenschaftliche Verbrechen ansehen, die Methode der theoretischen und praktischen Nationalökonomie vermischt zu haben." (MENGER 1970a, S. 69). Und an gleicher Stelle: „Dadurch, dass man der t h e o r e t i s c h e n Nationalökonomie h i s t o r i s c h e Darstellungen hinzufügt, sind die p r a k t i s c h e n Wissenschaften von der Volkswirthschaft zu t h e o r e t i s c h e n Wissenschaften erhoben worden." (ebenda, S. 70). SCHMOLLER wiederum wirft MENGER vor, dass alle wichtigen volkswirtschaftlichen Erscheinungen räumlich und zeitlich so umfassend sind, dass sie nur einer kollektivistischen Betrachtung, wie sie die Geschichte und die Statistik anstellen, zugänglich sind. Diese Sichtweise bleibe MENGER verschlossen.

SCHMOLLERs Position in diesem Methodenstreit und sein damals nicht unbeträchtlicher Einfluss auf Lehrtätigkeit und Forschung an deutschen Universitäten wird in der Literatur teilweise dahingehend gewertet, dass er das Vordringen theoretischen Denkens verhindert und damit der Entwicklung der Nationalökonomie in Deutschland großen Schaden zugefügt habe. Andere verweisen den Vorwurf der „Theoriefeindlichkeit" in das Reich der Fabel – so ERWIN VON BECKERATH (1962, S. 69). Nach SCHUMPETER (1965, S. 995 f.) erscheint dieser Streit heute völlig sinnlos, da kein Zweifel daran bestehen kann, dass sowohl historische als auch theoretische Forschung im Bereich der Wirtschaftswissenschaften ihre Berechtigung haben. Der Streit sei um Fragen des Vorrangs und der relativen Bedeutung gegangen und hätte dadurch beigelegt werden können, dass man jedem Ansatz den Platz eingeräumt hätte, der ihm aufgrund seiner Bedeutung zukam.

Im Sinne des Kuhnschen Paradigma-Konzepts sind die Gründe interessant, die SCHUMPETER als Erklärung hierfür anbietet. Sie fügen sich nahtlos in die Vorstellung von Wissenschaft als einem sozialen System, das aus der Interaktion einer Gruppe von Wissenschaftlern besteht, welche die wissenschaftliche Kommunikation führen, fördern oder auch hemmen. Innerhalb der verschiedenen „Schulen" gibt es ein Netzwerk gegenseitiger Verpflichtungen sowie Machtbeziehungen. Vor allem letztere haben die Aufgabe, den Basis-Konsens des Paradigmas zu erhalten und die Tradition gemeinsamer Einstellungen weiterzugeben. Mit den Worten SCHUMPETERS (1965, S. 995): „ … echte Schulen (stellen) soziologische Realitäten (dar) … Sie haben ihre Strukturen – Beziehungen zwischen Führern und Gefolgschaft –, ihre Fahnen, Schlachtrufe, Neigungen und all-zu-menschlichen Interessen."

Wenden wir uns jetzt dem mehr wirtschaftspolitischen Programm zu. SCHMOLLER bezeichnet seine Denkrichtung nicht einfach als historisch, sondern als historisch-ethisch (KOSLOWSKI 1995). Nach PRIBRAM (1992, S. 413) deutet diese Bezeichnung auf die Absicht hin, „den geschichtlichen Ansatz bei der Untersuchung ökonomischer Phänomene mit der Verfolgung einer Wirtschafts- und Sozialpolitik zu verbinden, die auf bestimmten Moralprinzipien fußt". SCHMOLLER glaubte an einen wirklichen Fortschritt in der Geschichte und betonte die sozialausgleichende Funktion des Staates. Er ging vom Primat der Gemeinschaft vor dem Individuum aus und begründete darauf seine Vorstellung einer dem Gemeinwohl verpflichteten Wissenschaft und Politik. Diese Prinzipien standen im Gegensatz sowohl zum *ökonomischen Liberalismus* als auch zur revolutionären Arbeiterbewegung (1864 wurde die Erste Internationale gegründet, 1869 die Sozialdemokratische Arbeiterpartei unter der Führung von AUGUST BEBEL und WILHELM LIEBKNECHT). Diese Entwicklung veranlasste Vertreter der Historischen Schule und Sozialpolitiker, ein wirtschaftspolitisches Programm auszuarbeiten, das die Bedürfnisse der großen Mehrheit der arbeitenden Bevölkerung berücksichtigte. Das Programm wurde 1872 auf der Eisenacher Tagung des neugegründeten *Vereins für Socialpolitik* verabschiedet. Die dieser Gruppe angehörenden Professoren wurden bald als *Kathedersozialisten* bezeichnet. Diese Etikettierung tauchte erstmals auf als Überschrift eines Artikels in der Berliner *National-Zeitung* vom 17. Dezember 1871. Der Verfasser, HEINRICH BERNHARD OPPENHEIM, wollte damit einen Gegenbegriff zur Bezeichnung *Manchester-Schule* prägen, der ihm und anderen Liberalen entgegengehalten wurde. Trotz des eher polemisch gemeinten Charakters dieser Bezeichnung wurde er nach anfänglicher Empörung von den betroffenen Nationalökonomen übernommen, da ihre akademische und politische Programmatik durch diesen Begriff gut abgedeckt wurde. Politisch gesehen schien der Katheder als neutraler – weil über den Parteien stehender – Ort, um über Gegenwart und Zukunft der Gesellschaft nachzudenken; in wissenschaftlicher Hinsicht brachte er zum Ausdruck, dass der Wissenschaftler „Werturteile fällen könne und müsse, daß aktive Sozialpolitik notwendig sei und daß diese eine veränderte Verteilung des Sozialprodukts und eine veränderte Stellung der sozialen Schichten zum Ziel haben müsse" (REHEIS 1991, S. 438). Von den Anhängern des Marxismus wurden die Kathedersozialisten jedoch nicht als Verbündete angesehen, sondern als Vertreter einer Wissenschaft, die den Standpunkt der herrschenden Klasse vertrat.

Neben SCHMOLLER gehörten ADOLPH WAGNER (1835-1917), der das Gesetz der wachsenden Staatsausgaben formulierte, und LUJO BRENTANO (1844-1931), ein liberaler Sozialreformer, zu den prominentesten Vertretern der Kathedersozialisten. WAGNER erklärt die wachsende Staatstätigkeit und die damit steigenden öffentlichen Ausgaben durch neue Aufgaben, die aufgrund der fortschreitenden technologischen und gesellschaftlichen Entwicklung auf den Staat zukommen. Was die wissenschaftlichen Arbeiten von BRENTANO angeht, so beschäftigte er sich u.a. mit der Erforschung der Gewerkschaften und dem Verhältnis von Arbeitslohn und Arbeitszeit zur Arbeitsleistung. In einem jüngst erschienenen Aufsatz vertritt ZINN (1993, S. 447 ff.) die These, dass BRENTANO in seiner Schrift „Versuch einer Theorie der Bedürfnisse" das Keynessche „fundamentale psychologische Gesetz" exakt vorweggenommen habe.

Anfang des 20. Jahrhunderts kam es auf einer Tagung des *Vereins für Socialpolitik* in Wien (1909) zu einer Diskussion über die Rolle von Werturteilen in der Wissenschaft. In dieser Debatte ging es um die Frage, ob die Nationalökonomen berechtigt seien, Werturteile über die von ihnen analysierten Phänomene zu fällen. Hintergrund war eine zunehmende Kritik an den *Kathedersozialisten*, denen vorgeworfen wurde, zur Rechtfertigung wirtschafts- und sozialpolitischer Maßnahmen „pseudowissenschaftliche" Argumente anzuführen. Wortführer der Forderung nach einer „wertfreien" Sozialwissenschaft war MAX WEBER (1864-1920), ein Nationalökonom, Soziologe und Wirtschaftshistoriker. Unterstützt wurde Weber von WERNER SOMBART (1863-1941), der durch sein umfangreiches Werk „Der moderne Kapitalismus" (1902) wissenschaftlichen Ruhm erlangte (APPEL 1992). Insbesondere WEBER vertrat den Standpunkt, dass der Sozialwissenschaftler Werturteile und wissenschaftliche Forschung im Sinne einer Analyse objektiv beobachtbarer Beziehungen zu trennen habe.

Demgegenüber wandten die Gegner dieser Position (u.a. SCHMOLLER und seine Anhänger) ein, dass der Sozialwissenschaftler sogar das Recht haben müsse, über die ökonomischen und sozialen Verhältnisse zu urteilen, die er zum Gegenstand seiner Untersuchungen mache, auch könnten die Ziele der Wirtschafts- und Sozialpolitik durchaus Untersuchungsobjekt wissenschaftlicher Betrachtungen sein. Die Heftigkeit dieser Kontroverse hatte ihre Ursache nicht nur in Fragen erkenntnistheoretischer Art, sondern auch in der Sorge um die weitere Entwicklung der Nationalökonomie als Wissenschaft (SCHUMPETER 1965, S. 983). Viele Ökonomen sahen die Gefahr, dass die Dominanz der Historischen Schule, deren methodolo-

3.4 Zeitalter neuer Konkurrenten um den Paradigmastatus

gischer Ansatz ganz unvermeidlich von Werturteilen beeinflusst wurde, den Aufbau bzw. die Fortentwicklung einer theoretischen Nationalökonomie in Deutschland erschwere.

In der Literatur wird die Historische Schule zumeist als „spezifisch deutsches Phänomen" bezeichnet, „das aus spezifisch deutschen Wurzeln erwuchs und typisch deutsche Stärken und Schwächen aufwies" (SCHUMPETER 1965, S. 1000). Dennoch gab es in den anderen europäischen Ländern (Italien, Frankreich, England) und in den USA („amerikanischer Institutionalismus") Parallel-Bewegungen, die zwar ähnlich, aber im Wesentlichen anderer Art waren. Keine dieser Richtungen war jedoch stark genug, einen Paradigmenwechsel im Kuhnschen Sinne hervorzurufen.

Abschließend soll versucht werden, den Denkstil der Historischen Schule zusammenfassend zu charakterisieren. Das fundamentale Anliegen von SCHMOLLER und seinen Anhängern bestand darin, eine Gegenposition zum ökonomischen Liberalismus aufzubauen. Von daher gewinnt das Denkmuster der Historischen Schule an Schärfe, wenn man sich auf die Kritikpunkte am ökonomischen Liberalismus konzentriert.

Erster Kritikpunkt ist der individualistische Ansatz. Leitidee und theoretischer Ausgangspunkt der klassischen Ökonomen (SMITH-RICARDO-MILL) war das freie und selbstverantwortliche Individuum, das durch individuelle Bedürfnisse und einen autonomen Willen geprägt ist. SCHMOLLER dagegen vertritt einen *organischen Ansatz* (PRIBRAM 1992, S. 414 ff.): Im Vordergrund steht nicht das Individuum, sondern die Gemeinschaft, deren historische Erfahrungen sich in gesellschaftlichen Institutionen und Organen niederschlagen, die wiederum den Handlungsspielraum des Individuums bestimmen. Bereits der erste Absatz von SCHMOLLERS „Grundriß" (1923a, S. 1) ist hierfür wegweisend: „Die Volkswirtschaft ... ist ein staatswissenschaftlicher Kollektivbegriff ...". Und weiter: „Das, was der Engländer political economy, der Franzose économie politique nennt, der Deutsche erst Staatswirtschaft, dann richtiger Volkswirtschaft nannte, umschließt jedenfalls zwei Grundvorstellungen. Es handelt sich um eine Gesamterscheinung, die auf der menschlichen Tätigkeit beruht, und die zugleich von den menschlichen Gemeinschaften ihren Stempel empfängt." Die Ethik der Gesellschaft ergibt sich aus den historischen Erfahrungen des Gemeinschaftslebens und nicht aus dem Bezug zum Nutzen des Individuums. Dabei wachsen Gemeinsinn und Gerechtigkeitsidee im Sinne eines gradlinigen Fortschritts zu vollkommeneren Formen.

In engem Zusammenhang mit dem ersten Kritikpunkt steht der zweite kritische Einwand. Aus dem organischen Ansatz heraus wird die Verwendung abstrakter Begriffe als Instrumente der ökonomischen Analyse abgelehnt. SCHMOLLER macht den Anhängern der deduktiven Methode den Vorwurf, „sie würden ihre Gebäude auf 'abstrakten Sätzen' und 'fiktiven Annahmen' über das isolierte Individuum und dessen natürliche Freiheit aufbauen" (REHEIS, S. 445). Er beharrt auf seiner Vorstellung, dass die Volkswirtschaft eine „verbundene Gesamtheit" von sozialen, geistigen, moralischen und materiellen Aspekten darstelle und deshalb die isolierende Betrachtung ökonomischer Phänomene dem Untersuchungsgegenstand nicht entspräche.

Auch der dritte und letzte Kritikpunkt entspricht dem organischen Denken. Die wirtschaftspolitischen Empfehlungen der historischen Schule widersprechen den Prinzipien des ökonomischen Liberalismus. Dem Staat wird eine deutlich stärkere Rolle und Verantwortung zugewiesen. Zudem wird den Institutionen einer Volkswirtschaft eine prägende Rolle beigemessen. Von daher berufen sich einige Vertreter der Neuen Institutionenökonomik auf die Historische Schule als eine ihrer Wurzeln (SCHENK 1992, S. 340).

3.4.3 Die Grenznutzenlehre (Marginalrevolution): Jevons – Menger – Walras

Die als *Marginalrevolution* bezeichnete Umwälzung in der Geschichte des ökonomischen Denkens, die in der zweiten Hälfte des 19. Jahrhundert zu beobachten ist, liefert ein besonders anschauliches Beispiel dafür, dass ein neues Paradigma in der Ökonomie nicht quasi über Nacht entsteht, sondern in einem längerwierigen Prozess. Alte Theorien werden brüchig, die Gestalt der neuen Theorie ist jedoch noch nicht klar erkennbar. Was die Marginalanalyse betrifft, so finden sich in bereits früher erschienenen Veröffentlichungen Hinweise auf Veränderungen im ökonomischen Denkstil, ohne dass diese zur damaligen Zeit bemerkt oder gebührend gewürdigt wurden. Zu nennen sind hier die Arbeiten von THÜNEN, GOSSEN und COURNOT, die wesentliche Gedanken der Marginalanalyse vorweggenommen haben. Als eigentliche Begründer der Grenznutzenlehre werden dagegen WILLIAM STANLEY JEVONS, CARL MENGER und LÉON WALRAS angesehen. Sie stehen im Rampenlicht der ökonomischen Theoriegeschichte.

Als einer der Geburtshelfer der Marginalanalyse gilt JOHANN HEINRICH VON THÜNEN (1783-1850). THÜNEN erlernte und studierte zunächst Landwirtschaft. Im Jahre 1810 erwarb er Gut Tellow in Mecklenburg. Seine empirisch-statistischen Studien über die Agrarwirtschaft verband er mit theoretischen Überlegungen. In der dogmengeschichtlichen Literatur wird er als Beispiel dafür angeführt, dass es auch in Deutschland Ansätze gab, vom Kameralismus als deutsch-österreichischer Spielart des Merkantilismus wegzukommen, die analytischen Methoden der englischen klassischen Nationalökonomen anzuwenden und weiterzuentwickeln. THÜNEN nennt ausdrücklich SMITH, dessen Werke die Grundlagen seiner Untersuchungen bilden. Seine Absicht ist jedoch, durch eine Korrektur und Erweiterung der Smithschen Lehren die Ökonomie als Wissenschaft voranzutreiben. THÜNENS Hauptwerk „Der isolierte Staat in Beziehung auf Landwirtschaft und Nationalökonomie" (1. Teil 1842) führt ihn zu Erkenntnissen, die bereits denen der Marginalrevolution entsprechen. Er geht davon aus, dass die Landwirtschaft mit dem Ziel betrieben wird, den Reinertrag zu maximieren. Dieser Reinertrag wird als mathematische Funktion der relevanten Einflussfaktoren dargestellt. Die Frage lautet dann, welche Höhe diese Faktoren haben müssen, damit das Maximum des Reinertrags erzielt wird. Seiner Ansicht ist der Punkt dann erreicht, wenn der Wert des Mehrertrages durch die Kosten der darauf verwandten Arbeit kompensiert wird.

Eine frühe Version der Standorttheorie sind die *Thünenschen Ringe*. Sie beschreiben die landwirtschaftliche Bodennutzung einer isolierten Region. THÜNEN geht davon aus, dass die landwirtschaftlichen Produkte nicht am Produktionsstandort konsumiert werden, sondern dass ein Transport zu den Verbrauchern stattfindet. Daher fallen Transportkosten an, die mit wachsender Entfernung steigen und zudem von Volumen und Gewicht der Produkte abhängen. Im Modell von THÜNEN maximieren die Landwirte ihren Gewinn, wenn sie die Güter produzieren, bei denen die Differenz zwischen Marktpreis und Kosten (Arbeits- und Trans-

3.4 Zeitalter neuer Konkurrenten um den Paradigmastatus

portkosten) am größten ist. Aus diesen Bedingungen ergeben sich ringförmige, konzentrisch um die Stadt (Absatzmarkt) angelegten Zonen der landwirtschaftlichen Nutzung.

Daneben beschäftigte sich THÜNEN mit der Lösung des Verteilungsproblems. Mit Hilfe der Marginalanalyse entwickelt er erste Ansätze zu einer Grenzproduktivitätstheorie der Verteilung. Bei der Bestimmung des Lohns wendet er sich von der *Existenzminimumtheorie* der klassischen Ökonomen ab. Werden die Arbeiter nach ihrem produktiven Beitrag entlohnt, so erhalten sie mehr als das reine Existenzminimum. Berühmt ist seine Formel eines *naturgemäßen Arbeitslohns*: $l = \sqrt{a \cdot p}$, wobei l den naturgemäßen Arbeitslohn, a das Existenzminimum und p den Ertrag pro Arbeiter darstellt. Eine Formel, die lange kontrovers diskutiert wurde, heute jedoch überholt ist.

THÜNENS Methode, das ökonomische Denken anhand einer isolierenden Abstraktion (Modell) zu präzisieren, fand jedoch wenig Anerkennung und hatte nur einen geringen Einfluss auf die Entwicklung der Nationalökonomie in Deutschland.

HERMANN HEINRICH GOSSEN (1810-1858) ist ein geradezu klassischer Fall dafür, wie eine neue „intellektuelle Variante" in der ökonomischen Analyse zunächst völlig übersehen und zu einem späteren Zeitpunkt eher zufällig wiederentdeckt wurde. Selbst in der umfassenden, von W. ROSCHER verfassten „Geschichte der Nationalökonomik in Deutschland" wird GOSSEN nicht erwähnt. In der Einleitung zu seiner Schrift „Entwicklung der Gesetze des menschlichen Verkehrs und der daraus fließenden Regeln für menschliches Handeln" (1854) gibt GOSSEN eine Selbsteinschätzung seines Werkes: Er will für die Volkswirtschaft das leisten, was KOPERNIKUS für die Physik tat; es geht ihm um die Erklärung der Grundlagen und Gesetze des menschlichen Zusammenseins. Wie die Umlaufbahnen der Planeten bestimmten Gesetzmäßigkeiten folgen, so glaubte sich GOSSEN durch seine Entdeckungen in die Lage versetzt, dem Menschen den Weg zu bezeichnen, den er zu gehen hat, um sein Leben in vollkommener Weise zu verwirklichen. Da es ihm um das Zusammenwirken verschiedener Kräfte geht, das Resultat der Wirksamkeit von Kräften aber ohne Rechnungen nicht möglich ist, rechtfertigte GOSSEN die Anwendung mathematischer Methoden in der Ökonomie. Gerade dies machte sein Buch für viele Zeitgenossen, die sich mit Nationalökonomie beschäftigten, schwer verständlich, da Kenntnisse in Mathematik eher selten waren. GOSSEN starb ohne äußeren Erfolg und ohne dass sich seine großen Hoffnungen erfüllten.

Die beiden nach ihm benannten Gesetze (Erstes und Zweites Gossensches Gesetz) gelten aber nach wie vor als Wegmarkierungen in der Geschichte des ökonomischen Denkens. Ausgangspunkt dieser Gesetze ist die Maxime, dass der Mensch seine Handlungen so einrichten soll, dass die Summe seines „Lebensgenusses" ein Maximum werde. Deshalb richtet GOSSEN sein Augenmerk auf die Erforschung der Gesetze, die seiner Ansicht nach den „Genuss" bestimmen.

> *„Die Größe eines und desselben Genusses nimmt, wenn wir mit (der) Bereitung des Genusses ununterbrochen fortfahren, fortwährend ab, bis zuletzt Sättigung eintritt"* (GOSSEN 1854, S. 4 f.).

Diese Aussage wird in der Literatur als *erstes Gossensches Gesetz* oder als *Gesetz vom abnehmenden Grenznutzen* bezeichnet.

Was die Maximierung des Genusses betrifft, formuliert GOSSEN folgende Aussage:

> „Der Mensch erlangt ... ein Größtes von Lebensgenuß,
> wenn er sein ganzes erarbeitetes Geld ...
> der Art auf die verschiedenen Genüsse vert(h)eilt,
> ... daß bei jedem einzelnen Genuß das letzte darauf
> verwendete Geldatom den gleich großen Genuß gewährt"
> (ebd., S. 93 f.).

Diese Aussage wird von GOSSEN in verschiedenster Weise variiert. Sie gilt ebenso für die Aufteilung einer bestimmten zur Verfügung stehenden Zeit wie für die Verteilung einer bestimmten Gütermenge. Aus heutiger mikroökonomischer Sicht formuliert, lautet der als *zweites Gossensches Gesetz* oder als *Gesetz vom Ausgleich der Grenznutzen* bezeichnete Zusammenhang: Ein Wirtschaftssubjekt maximiert dann seinen Nutzen, wenn der Grenznutzen des Geldes für alle konsumierten Güter gleich groß ist oder wenn sich die Grenznutzen der Güter wie deren Preise verhalten. Losgelöst von seiner ursprünglich kardinalen Nutzenkonzeption, wonach der Grenznutzen der letzten Geldeinheit in jeder Verwendung numerisch bestimmbar ist, stellt das zweite Gossensche Gesetz nach wie vor einen wichtigen Baustein der mit ordinalem Nutzen argumentierenden mikroökonomischen Theorie des Haushalts dar (SCHUMANN/MEYER/STRÖBELE 2007, S. 15, S. 245 f.). Nach der ordinalen Nutzenkonzeption sind Aussagen über Grenznutzendifferenzen nicht möglich; es lassen sich jedoch Vergleiche der Grenznutzenverhältnisse mit den Preisverhältnissen anstellen.

Als letzter in der Reihe der Vorläufer der Marginalanalyse soll ANTOINE-AUGUSTIN COURNOT (1801-1877) erwähnt werden, ein französischer Mathematiker und Wirtschaftstheoretiker. Er gilt als Mitbegründer der mathematischen Wirtschaftstheorie. In seinen „Recherches sur les principes mathématiques de la théorie des richesses" (1838) findet sich erstmalig die Theorie des Gleichgewichtspreises in einer präzisen und klaren Form (ZIMMERMAN/MARCON 1989, S. 262). Der Begriff der Nachfragefunktion und der Nachfrage nach einem Gut als Funktion seines Preises wird eingeführt. Danach wendet sich COURNOT der Frage zu, nach welchen Gesetzen sich die Preise gestalten. Dazu wird in einem ersten Schritt der Fall des Angebotsmonopols, danach der des Angebotsduopols und schließlich der Fall untersucht, bei dem die Zahl der Anbieter so groß wird, dass ihr Anteil am Gesamtangebot sehr gering ist. Zur Lösung der analytischen Probleme wird die Differential- und Integralrechnung herangezogen. Die von COURNOT entwickelte Theorie der Monopolpreisbildung gilt als Pionierleistung in der Geschichte ökonomischen Denkens (SCHNEIDER 1965, S. 119). Zu seinen Lebzeiten wurden jedoch die „Recherches" wenig beachtet, erst nach seinem Tod gewannen sie an Bedeutung. Bis heute gilt, dass kaum ein Standardlehrbuch der Mikroökonomie auf die Behandlung der Cournotschen Monopol- und Duopollösung verzichtet (SCHUMANN/MEYER/STRÖBELE 2007, S. 288, S. 342 ff.).

3.4 Zeitalter neuer Konkurrenten um den Paradigmastatus

Der Durchbruch der Marginalrevolution erfolgt um 1870 mit den voneinander unabhängig entstandenen Werken des Engländers JEVONS, des Österreichers MENGER und des Schweizers WALRAS. Im Gegensatz zur objektiven Wertlehre (Werttheorie) des klassischen Paradigmas vertreten alle drei Autoren die Auffassung, Bestimmungsgrundlage des Wertes von Gütern sind subjektive Nutzenvorstellungen, speziell: der Nutzen der zuletzt verbrauchten Gütereinheit, der *Grenznutzen*. Mit Hilfe des Grenznutzens ließ sich auch das *klassische Wertparadoxon* lösen: Wasser hat zwar einen hohen Gebrauchswert, da es aber reichlich vorhanden ist, ist der Grenznutzen und damit der Tauschwert gering. Umgekehrt hat ein knappes Gut wie Diamanten einen geringen Gebrauchswert, aufgrund des hohen Grenznutzens jedoch einen hohen Tauschwert.

WILLIAM STANLEY JEVONS (1835-1882) studierte zunächst Chemie und Mathematik. Im Jahre 1854 verließ er England und ging nach Australien, um dort als Münzprüfer an der neu gegründeten Königlichen Münze in Sidney zu arbeiten. 5 Jahre später kehrte er nach London zurück und schrieb sich erneut als Student am University College ein. JEVONS beschäftigte sich mit Logik, Philosophie und politischer Ökonomie, Mathematik, Geschichte und klassischer Philologie. Nach einigen Jahren als Tutor und Lektor am Owen`s College in Manchester erhielt er dort 1866 einen Lehrstuhl für Logik und Politische Ökonomie, den er bis 1876 innehatte. Während dieser Zeit verschaffte sich JEVONS durch seine Veröffentlichungen „The Theory of Political Economy" (1871) und „The Principles of Science" (1874) nationale und internationale Reputation als Wissenschaftler. Bereits 1865 war sein Buch „The Coal Question" erschienen, das sich mit den langfristigen Wirkungen des intensiven Kohleverbrauchs als Folge des industriellen Wachstums in England beschäftigte. Im Jahre 1876 wechselte JEVONS von Manchester nach London und wurde am University College Professor für Politische Ökonomie (COLLISON BLACK 1989, S. 76 ff.).

In seiner „Theorie of Political Economy" zieht JEVONS einen Trennungsstrich zwischen der klassischen Werttheorie (RICARDO-MILL-DOKTRIN) und seiner eigenen Werttheorie. Nach seiner Ansicht hängt der Wert eines Gutes gänzlich vom Nutzen ab:

> *„repeated reflection and inquiry have led me to the somewhat novel opinion, that value depends entirely upon utility"* (JEVONS 1871, S. 2).

JEVONS unterscheidet zwischen dem Gesamtnutzen eines Gutes und dem Nutzen, den jeweils eine Teilmenge des Gutes stiftet. Jeder Mengenzuwachs bringt einen geringeren Nutzen, der Zuwachs der letzten Einheit ist am geringsten. Diesen Nutzenzuwachs bezeichnet JEVONS als *final degree of utility*. Letztlich bestimmt der Grenznutzen den Wert eines Gutes. Im Gegensatz zur klassischen Doktrin ist Arbeit für ihn nur scheinbar Ursache des Werts: „Labour is found often to determine value, but only in an indirect manner, by varying the degreee of utility of the commodity through an increase in the supply" (ebd., S. 3).

Was die Preisbildung der Güter betrifft, so sehen sich die Konsumenten auf einem Markt mit einem homogenen (gleichartigen) Gut nur einem Preis gegenüber: „in the same open market at any moment, there cannot be two prices for the same kind of article" (ebd., S. 92). Es gilt das Prinzip der Preisunterschiedslosigkeit (*law of indifference*). Ferner kommt er zu dem Ergebnis, dass das mengenmäßige Tauschverhältnis zweier beliebiger Güter der umgekehrten Relation ihrer Grenznutzen entspricht (ebd., S. 95 f.). Aus Sicht der modernen Mikroökonomie bedeutet dies, dass das Preisverhältnis zweier Güter gleich dem Verhältnis ihrer Grenznutzen ist, was wiederum der Aussage des zweiten Gossenschen Gesetzes gleichkommt.

Die philosophische Grundlage des Denkens von JEVONS ist der *Utilitarismus* von JEREMY BENTHAM (1748-1832). Danach ist für eine Gesellschaft das größte zu erreichende Gut dasjenige, welches das größte Glück für die größte Zahl bedeutet. Im Vorwort zu seiner „Theory of Political Economy" heißt es dazu, er wolle den Versuch unternehmen, die Ökonomie als eine Mathematik der Lust- und Unlustgefühle („pleasure and pain") zu behandeln. Die Natur des Reichtums und des Wertes lässt sich nach JEVONS aus der Analyse unendlich kleiner Größen von Lust- und Unlustgefühlen erklären (ebd., S. vii f.). Von daher ist es für ihn selbstverständlich, dass die Ökonomie, wenn sie überhaupt eine Wissenschaft sein soll, eine mathematische Wissenschaft sein muss, ganz einfach deshalb, weil sie sich mit Mengen beschäftigt. Wo immer die untersuchten Dinge in eine größer/kleiner-Beziehung gebracht werden können, müssen die Gesetze und Relationen mathematischer Natur sein (ebd., S. 3 f.). Wirtschaftliche Fragen sollen somit weniger vom politischen oder moralphilosophischen Standpunkt aus untersucht werden, sondern vielmehr vom Standpunkt eines Naturwissenschaftlers, insbesondere des quantitativ vorgehenden Naturwissenschaftlers. Durchaus verständlich, wenn man bedenkt, dass JEVONS seine erste akademische Ausbildung in den Naturwissenschaften erfuhr.

JEVONS setzte sich auch als einer der ersten englischen Ökonomen für den Ersatz der Bezeichnung *Political Economy* durch den Namen *Economics* ein. Dieser sei in seiner Form der Mathematik, Ethik, Ästhetik vollkommen ähnlich, wie auch den Bezeichnungen anderer Zweige der Wissenschaft, und lasse sich in seinem Ansehen auf ARISTOTELES zurückführen.

Die neue Wertlehre wurde in England allerdings nur zögernd aufgenommen. Die wissenschaftliche Gemeinschaft der etablierten Ökonomen, die überwiegend der objektiven Wertlehre folgte, leistete zunächst Widerstand gegen JEVONS Ansatz zur Analyse ökonomischer Probleme. Der Einfluss der alten Autoritäten (SMITH-RICARDO-MILL) blieb vorerst ungebrochen.

CARL MENGER (1840-1921) studierte Rechtswissenschaften, war danach Journalist, später Beamter. Mit seinem 1871 veröffentlichten Werk „Grundsätze der Volkswirtschaftslehre" habilitierte er sich ein Jahr später an der Universität Wien für Volkswirtschaftslehre. 1873 wurde er in Wien außerordentlicher Professor; nach einer kurzen Unterbrechung seiner Universitätslaufbahn als Erzieher und Lehrer des österreichischen Kronprinzen folgte 1879 die Ernennung zum ordentlichen Professor für Politische Ökonomie. Bekannt wurde MENGER durch den Methodenstreit mit GUSTAV VON SCHMOLLER, auf den im Rahmen der Historischen Schule bereits eingegangen wurde. Später widmete MENGER sich währungspolitischen und geldtheoretischen Fragen. Sein Hauptwerk sind jedoch ohne Zweifel die „Grundsätze der Volkswirtschaftslehre". MENGER gilt als Begründer der „Österreichischen Schule der Nationalökonomie". Zu seinen bekanntesten Schülern gehören EUGEN VON BÖHM-BAWERK (1851-1914) und FRIEDRICH VON WIESER (1851-1926). Spätere Vertreter der Österreichischen Schule sind LUDWIG VON MISES (1881-1973) und FRIEDRICH AUGUST VON HAYEK (1899-1992) (STREISSLER 1989, S. 119 ff.).

3.4 Zeitalter neuer Konkurrenten um den Paradigmastatus

MENGER schreibt in dem Vorwort zu seinen „Grundsätzen der Volkswirtschaftlehre", dass es ihm darum geht, eine einheitliche Preistheorie zu entwickeln, die alle Preise (einschließlich Kapitalzins, Arbeitslohn und Grundrente) unter einem einheitlichen Gesichtspunkt erklären soll. Zur Lösung dieser Aufgabe beschäftigte er sich zunächst ausführlich mit der Bestimmung des Wertes eines Gutes. Nach MENGER ist der Wert nichts, was dem Gut anhaftet, sondern abhängig von der subjektiven Wertschätzung. Er verwendet jedoch nicht den Begriff Grenznutzen – dieser kommt von FRIEDRICH VON WIESER – um den Wert der letzten Gütereinheit zu kennzeichnen, sondern von dem Wert einer Teilquantität, die für ein Individuum das am wenigsten wichtige Maß an Bedürfnisbefriedigung ausmacht (MENGER 1968, S. 99). Im Gegensatz zu JEVONS verzichtet MENGER bei seiner Darstellung der neuen Werttheorie auf die Mathematik als Instrument der theoretischen Analyse. Ob dies aus Unkenntnis oder Skepsis gegenüber der mathematischen Methode beruht, lässt sich nicht eindeutig beantworten. Auch MENGERS „Grundsätze" wurden zunächst zurückhaltend angenommen. Erst als er 1879 eine Professur für Politische Ökonomie erhielt, erreichten sie eine größere Aufmerksamkeit unter Ökonomen.

Eine strittige Frage ist, ob MENGER mit seinen Ausführungen in Deutschland auf ein theoretisches Vakuum stieß oder ob er nur das vollendete, was in der deutschen Nationalökonomie um die Mitte des 19. Jahrhunderts von Autoren wie KARL HEINRICH RAU („Grundsätze der Volkswirt(h)schaftslehre", 1826), FRIEDRICH B. W. VON HERRMANN („Staatswirtschaftliche Untersuchungen", 1832) und WILHELM G. F. ROSCHER („Die Grundlagen der Nationalökonomie", 1854) bereits vorgedacht wurde (STREISSLER 1990).

Ein bemerkenswerter Zufall in der Geschichte ökonomischen Denkens ist, dass JEVONS' „Theory of Political Economy" und MENGERs „Grundsätze der Volkswirtschaftslehre" im gleichen Jahr, nämlich 1871 erschienen. Von daher wird dieses Jahr allgemein als Trennungslinie zwischen dem Paradigma der klassischen Nationalökonomie und dem der neoklassischen Nationalökonomie betrachtet. STREISSLER (1990, S. 194) spricht von der „Wasserscheide zwischen Klassik und Neoklassik". In der ersten Phase der Neoklassik, die bis etwa 1900 reicht, geht es hauptsächlich um die Entwicklung einer neuen Wert- und Verteilungstheorie (DOBB 1977, S. 185 ff.).

LÉON WALRAS (1834-1910) begann zunächst ein Ingenieurstudium, beschäftigte sich dann aber vermehrt mit Fragen der politischen Ökonomie. Er gilt als Begründer der *Lausanner Schule*. Sein Vater veranlasste ihn, sich intensiv mit ökonomischer Theorie, insbesondere dem Werk von COURNOT zu beschäftigen. Nach Abschluss seiner Studien ging WALRAS verschiedenen Beschäftigungen nach, die wenig mit seinen mathematisch-ökonomischen Interessen zu tun hatten. Im Jahre 1870 wurde er auf einen Lehrstuhl für Politische Ökonomie an der Universität Lausanne berufen. Die erste Auflage seines Hauptwerkes „Eléments d´économie politique pure ou théorie de la richesse" erschien 1874. 1892 ließ WALRAS sich emeritieren, führte danach einen intensiven Briefwechsel mit nahezu allen bekannten Ökonomen seiner Zeit, arbeitete an Verbesserungen und Ergänzungen seiner „Eléments" sowie an zwei weiteren Büchern („Etudes d´économie sociale", 1896 und „Etudes d´économie politique appliquée", 1889). Diese beiden Werke spielen bei der Würdigung der Tätigkeit von WALRAS als Ökonom zumeist keine Rolle (FELDERER 1989, S. 59 ff.).

Neben seinem Beitrag zur Theorie des Grenznutzens (bei WALRAS: rareté) lieferte WALRAS mit seinem *Modell des allgemeinen mikroökonomischen Gleichgewichts* einen fundamentalen Baustein für das zukünftige neoklassische Paradigma, der allerdings erst nach seinem Tode allgemeine Anerkennung fand. WALRAS wies nach, dass bei vollständiger Konkurrenz auf allen Märkten die Determinierbarkeit aller ökonomischen Größen gewährleistet, mithin nur eine einzige Lösung und damit ein einziger Gleichgewichtszustand denkbar ist. Im Vordergrund steht somit die Erklärung von Gleichgewichtspreisen. Er unterscheidet in diesem Zusammenhang zwei Problemkreise: zum einen die Frage nach der Existenz einer Gleichgewichtslösung und zum anderen die Frage nach der Stabilität der Gleichgewichtslösung. Was das Existenzproblem betrifft, so leistete WALRAS wichtige Pionierarbeit; den formalen Beweis hat später GÉRARD DEBREU („Theory of value", 1959) geliefert. Die Erklärung der Stabilität dieses Gleichgewichts erfolgt durch die berühmte Figur des *Auktionators*. Dieser ruft die Preise aus und sammelt die dazu abgegebenen Nachfrage- und Angebotsvorstellungen. Je nachdem, ob ein Nachfrage- oder ein Angebotsüberschuss vorliegt, erhöht oder senkt er den Preis. WALRAS bezeichnet diesen Prozess als *Tâtonnement* (Herantasten). Der Auktionator übernimmt das Wirken der *invisible hand*. Ein Kaufabschluss erfolgt erst dann, wenn auf allen Märkten die nachgefragte Menge gleich der angebotenen ist, mithin markträumende Gleichgewichtspreise gefunden sind. FELDERER (1989, S. 62) vertritt die Auffassung, dass die Figur des Auktionators angesichts der damals kaum übersehbaren mathematischen Probleme, die ein Tausch zu Nicht-Gleichgewichtspreisen mit sich bringen würde, eine geniale Lösung sei.

WALRAS hat frühzeitig die Interdependenz, die wechselseitige Verflechtung von Märkten erkannt und analysiert. Er stellte u.a. fest, dass stets ein Markt Spiegelbild aller übrigen sein muss, bzw. dass man bei der Analyse von n beliebigen Märkten einen Markt gewissermaßen außer acht lassen kann. Sind n-1 Märkte im Gleichgewicht, dann muss auch der n-te Markt im Gleichgewicht sein (*Walras-Gesetz*). Der Grund dafür ist einfach einzusehen: Jedes Wirtschaftssubjekt muss seine Ausgaben- und Einnahmenpläne so aufeinander abstimmen, dass für jede Periode die Budgetbeschränkung erfüllt ist.

Die Begründer der subjektiven Wertlehre fassten Nutzen und Grenznutzen eines Gutes als kardinal messbare Größen auf bzw. unterschieden nicht explizit zwischen kardinalem und ordinalem Nutzen, so dass für eine Person die Nutzen für eine Mengenkombination verschiedener Güter zu einem Gesamtnutzen addierbar sind.

> Im weiteren Verlauf der Entwicklung der Marginalrevolution wird der Übergang von der kardinalen zur ordinalen Nutzentheorie vollzogen und zwar durch VILFREDO PARETO (1848-1923), ein italienischer Ökonom und Soziologe.

Er übernahm im Jahre 1891 den Lehrstuhl von WALRAS an der Universität Lausanne. Weder die Nutzenmenge noch der Vergleich des Nutzens, den zwei Individuen empfinden, sind danach von Bedeutung, sondern ausschließlich die Frage, ob eine Güterkombination mehr oder weniger Nutzen mit sich bringt als eine andere. Wichtigstes Instrument seiner Theorie der Wahlakte ist die Indifferenzkurve als Ausdruck individuell gleichwertig betrachteter Wahlakte (EISERMANN 1989, S. 164). Eine *Indifferenzkurve* ist der geometrische Ort aller Gütermengenkombinationen, die dem Verbraucher dasselbe Nutzenniveau stiften. Wenn für die Güter das Gesetz der abnehmenden Grenzrate der Substitution gilt – d.h. die Menge eines Gutes, die ein Konsument bereit ist aufzugeben, um eine zusätzliche Einheit eines anderen Gutes zu erhalten, nimmt ab –, verlaufen die Indifferenzkurven konvex zum Ursprung. Bei widerspruchsfreiem Verhalten der Individuen können sie sich nicht schneiden.

Eine weitere bedeutende Leistung von PARETO sind seine Erörterungen zu einer Theorie des allgemeinen volkswirtschaftlichen Gleichgewichts. Berühmt geworden ist die Gleichgewichtssituation des nach ihm benannten Pareto-Optimums, das die Entwicklung der modernen *Wohlfahrtsökonomik* beeinflusst hat. Das *Pareto-Optimum* beschreibt einen Zustand, in dem die Wohlfahrt bei gegebener Bevölkerung, gegebenem Bestand an Ressourcen und gegebener optimaler Einkommensverteilung ein Maximum erreicht. Im Pareto-Optimum ist es nicht mehr möglich, durch Umverteilung ein Individuum besser zu stellen, ohne ein anderes zu benachteiligen.

3.5 Von der Marginalrevolution zum neoklassischen Paradigma

3.5.1 Die marshallianische Ökonomie

Nach SMITH und MILL hat ALFRED MARSHALL (1842-1924) mit seinem 1890 veröffentlichten Werk „Principles of Economics" eine weitere herausragende Synthese in der Geschichte des ökonomischen Denkens geschrieben. MARSHALL studierte in Cambridge und erhielt dort auch seine erste Professur. Ihm gelang es, die Ökonomie als einen eigenständigen Studiengang zu etablieren. MARSHALL gehörte ohne Zweifel zu den einflussreichsten Ökonomen seiner Zeit. Er begründete die lange Zeit dominierende Cambridge School of Economics. Zu seinen Studenten gehörten u.a. JOHN MAYNARD KEYNES und ARTHUR CECIL PIGOU. Eine vor einiger Zeit erschienene Biographie charakterisiert MARSHALL als „soaring eagle" (GROENEWEGEN 1995).

Werfen wir einen kurzen Blick auf den wirtschaftlichen Hintergrund in England zur damaligen Zeit: Die englische Wirtschaft expandierte in starkem Maße, getragen durch ein entwickeltes System des freien Wettbewerbs und des Freihandels. Das Pfund Sterling hatte die Bedeutung einer international anerkannten Währung und London war internationales Handels- und Finanzzentrum. Industrielle, Bankiers, Kaufleute und Staatsbeamte glaubten an das Wirken unaufhaltsamer ökonomischer Gesetze, das auch durch wiederkehrende Krisen, die den Wachstumsprozess störten, nicht erschüttert wurde. In politischer Hinsicht nahm das Britische Empire Gestalt an, es beginnt das, was man als das Viktorianische Zeitalter bezeichnet. Die großen Ökonomen dieser Zeit werden daher auch als „Viktorianische Kohorte" bezeichnet (SHACKLE 1967, S. 296).

Die Neuformulierung der Werttheorie durch JEVONS führte zunächst zu keinen nennenswerten Reaktionen der englischen Ökonomen. Sie standen nach wie vor in der Tradition der objektiven Wertlehre des klassischen Paradigmas. Allmählich aber nahmen die Attacken auf die ricardianische und nach-ricardianische Lehre zu. Das auf die Produktionskosten fixierte Erklärungsmuster der Klassik für die Preisbildung und die Verteilung der Einkommen wurde von den Grenznutzentheoretikern radikal verworfen. Die Ökonomie geriet in eine Orientierungskrise.

Es war MARSHALL, der versuchte, Brücken zwischen den feindlichen Lagern der subjektivistischen und der objektivistischen Wertlehre zu schlagen. Eine in der Literatur weit verbreitete Auffassung geht dahin, dass die marshallianische Ökonomie eine „Kreuzung" von ricardianischer Ökonomie und Grenznutzentheorie sei. MARSHALL selbst bringt wiederholt den Hinweis auf die „beiden Klingen der Schere" von Angebot und Nachfrage. Damit will er den Zusammenhang von Produktionstechnik und Konsumentenpräferenzen bei der Preisbildung verdeutlichen.

Im Vorwort zu seinen „Principles of Economics" (1890, S. x) legt MARSHALL dar, dass er, insbesondere was die Prinzipien der Grenzbetrachtung betrifft, von COURNOT und THÜNEN beeinflusst wurde und weniger von seinem Landsmann JEVONS. Er betonte stets, dass seine eigenen Ideen bereits feste Gestalt angenommen hatten, bevor JEVONS „Theory of Political Economy" erschien. Die Instrumente von SMITH, RICARDO und MILL werden von MARSHALL in Werkzeuge der modernen ökonomischen Analyse umgeschmiedet. Im Gegensatz zu JEVONS, der schrieb, RICARDO habe den Wagen der Theorie auf ein falsches Gleis geschoben, was in England beinahe als Gotteslästerung empfunden wurde (HIGGS 1927, S. 62, zitiert nach SCHNEIDER 1965, S. 336, Fn 2), bemühte sich MARSHALL um Kontinuität im theoretischen Denken. Er betrachtete die ricardianische Werttheorie zwar als verbesserungsfähig, hielt sie aber im Kern für korrekt.

Mit seinen „Principles" bestimmte MARSHALL mehr als eine Generation lang die Richtung des ökonomischen Denkens in England und darüber hinaus. In der Literatur wird von dem „Zeitalter Marshalls" gesprochen. MARSHALL gilt als die Gestalt gewordene Institutionalisierung des neoklassischen Paradigmas. Wie bereits JEVONS und andere, schlug auch MARSHALL vor, die Bezeichnung *Political Economy* fallenzulassen und nur noch von *Economics* zu sprechen.

MARSHALL schien der Ausdruck „political" zu ungenau, zu unpräzise, um die Ökonomie als Wissenschaft zu professionalisieren, sie an die Exaktheit der Naturwissenschaften heranzuführen. Damit war der Werdegang des neoklassischen Paradigmas vorgezeichnet. Kritische Stimmen verbinden damit eine „Enthistorisierung, Enthumanisierung und Entgesellschaftung der Wirtschaftswissenschaften" (BÜRGIN 1993, S. 15). Mit MARSHALLS „Principles" bürgerte sich die neue Fachbezeichnung jedoch allgemein ein. Der Weg für die Anerkennung der Ökonomie als eine den klassischen Universitätsfächern ebenbürtige Wissenschaft war geebnet. Er gilt als der Architekt eines monumentalen Lehrgebäudes, das verschiedene Elemente enthält. Es wird als ein komfortabler Neubau interpretiert, errichtet auf alten Fundamenten. In MARSHALLS' Werk scheint Widersprüchliches aufgehoben: Es bewahrt einerseits klassische Denktraditionen und bahnt andererseits der Grenznutzenrevolution den Weg.

3.5 Von der Marginalrevolution zum neoklassischen Paradigma

Was die Deutung von MARSHALLS wissenschaftlicher Leistung betrifft, so unterscheidet RIETER (1989, S. 147 ff.) drei Perspektiven: den neoklassischen Marshallismus, das oppositionelle Marshall-Bild und den „anderen Marshall". Der *neoklassische Marshallismus* wird fast ausschließlich aus den „Principles" gefiltert. Häufig reduziert sich die MARSHALL-Interpretation sogar nur auf jene Mikroökonomik, die ihren krönenden Abschluss im fünften Buch der „Principles" erfuhr, also auf *Nutzen und Nachfrage* sowie *Kosten und Angebot*. Darin wird das Herzstück der marshallianischen Botschaft gesehen. Das zielt unmittelbar auf MARSHALLS Grundmodell der Wirtschaft, an dem er allgemeine Beziehungen für das Zusammenspiel von Angebot und Nachfrage auf einzelnen Märkten aufzeigen wollte. Dieser Denkansatz war insofern neuartig, als er die Gesamtheit miteinander verbundener Vorgänge in einer Volkswirtschaft in Teilstücke zerlegte. Allerdings war das Denkschema von Angebot und Nachfrage längst verbreitet. Auch die geometrische Darstellung von Angebot und Nachfrage „erfand" nicht MARSHALL, sondern COURNOT und andere. Gleichwohl kam MARSHALL das Verdienst zu, diese Darstellungsmethode wissenschaftlich durchgesetzt zu haben. Das Diagramm der sich schneidenden Angebots- und Nachfragekurven (sog. *Marshallsches Kreuz*) gehört seitdem zum harten Kern der mikroökonomischen Partialanalyse.

MARSHALL warnte jedoch auch vor den Tücken des Erkenntnisobjektes, dem sich Ökonomen gegenüberstehen. Wie soll, gab MARSHALL zu bedenken, ein schlichtes Kurvendiagramm verwickelte Wert- und Preisbildungsprozesse und die damit verbundenen Verteilungsvorgänge wiedergeben können.

Die partielle Gleichgewichtsanalyse mit Hilfe statischer Verhaltensfunktionen schien MARSHALL für den Anfang das richtige Instrument zu sein. Sie führt zu einer Sichtweise, in der der Einfluss jedes wirtschaftlichen Faktors für sich untersucht wird; freilich um den Preis, die jeweils „übrigen Faktoren" in ihrem Einfluss als „gleichbleibend" behandeln zu müssen (*ceteris-paribus-Klausel*). Diese Methode muss allerdings vorsichtig gehandhabt werden, zumal es dem Analytiker in die Hand gegeben ist, die vielen Einflussfaktoren nach endogenen und exogenen Größen vorab zu ordnen. Um die relevanten Faktoren ermitteln und in ihrer Bedeutung gewichten zu können, forderte MARSHALL eine sorgfältige Detailforschung. Diese sollte sich quantitativer Verfahren bedienen. Große Hoffnungen setzte MARSHALL hierbei auf die von ihm verfeinerte Elastizitätsanalyse. Erst wenn die verknüpften Größen auf eine derart kontrollierte Weise wirklichkeitsnah bestimmt sind, könne die mit einfachen Modellen beginnende Analyse schrittweise zu einer allgemeinen Erklärung vorangetrieben werden. MARSHALL untersuchte auf diese systematische Weise vorrangig das Marktgeschehen. Dabei war sein Nahziel bescheiden. Er wollte zeigen, unter welchen Bedingungen in einer stationären Wirtschaft eine Tendenz zum Marktgleichgewicht besteht. Dabei spielte für ihn das Zeitelement eine große Rolle. MARSHALL unterschied folgende Fälle: (a) Marktperiode (market period); hier wird das Angebot bestimmt durch den verfügbaren Bestand des betreffenden Gutes, d.h. es liegt ein unelastisches Angebot vor; (b) kurze Periode (short period); das Angebot wird bestimmt durch die Menge an Gütern, die in der betreffenden Periode mit dem vorhandenen Bestand an Anlagen produziert werden können, d.h. das Angebot ist innerhalb der gegebenen Produktionskapazität variabel. Die Angebotskurve der *repräsentativen Firma* wird durch den Verlauf der Grenzkosten bestimmt. Nach MARSHALL ist die repräsentative Firma ein für einen Industriezweig typisches Unternehmen, insbesondere hinsichtlich ihres Kostenverlaufs (steigende Grenzkosten). Die Gewinnmaximierungsregel des Unternehmens lautet: Preis gleich Grenzkosten; (c) lange Periode (long period); hier handelt es sich um langfristige Prozesse, in denen die Produktionskapazität variabel ist. Die langfristige Angebotskurve verläuft horizontal. MARSHALL analysiert dann, welchen Einfluss die Nachfrage auf das Marktgleichgewicht hat, je nach Zeitperiode und Kostenverlauf. Auf der Nachfrageseite gilt für die Wirtschaftssubjekte in MARSHALLS Modellbetrachtung das allgemeine Gesetz der Nachfrage, demzufolge ein inverses Verhältnis zwischen Preis und Menge besteht. Dabei unterstellt MARSHALL das Gesetz vom abnehmenden Grenznutzen.

Diese Argumentationsfiguren haben MARSHALL in der Geschichte des ökonomischen Denkens unsterblich gemacht. MARSHALL prägte auch die Begriffe Konsumentenrente und Produzentenrente. Die *Konsumentenrente* ist die Differenz zwischen dem Preis, den ein Konsument zu zahlen bereit ist, und dem Preis, der er tatsächlich zahlen muss (Marktpreis). Dagegen beschreibt die *Produzentenrente* den Unterschied zwischen dem Preis, den ein Produzent auf dem Markt erzielt, und dem Preis zu dem er gerade noch anbieten würde. Gemeinsam bilden beide wesentliche Bausteine zur Bestimmung der ökonomischen Wohlfahrt.

Das *oppositionelle Marshall*-Bild, das seine wissenschaftlichen Gegner aus der historischen, institutionalistischen und marxistischen Schule von ihm gezeichnet haben, wirkt eher holzschnittartig. Was die „Principles" betrifft, so wird dreierlei kritisiert: die unrealistischen Annahmen, insbesondere die Unveränderlichkeit der Motive menschlichen Handelns, der Anspruch, mit ökonomischen Gesetzen die Ursache-Wirkungs-Beziehungen zu allen Zeiten und an jedem Ort erklären zu wollen und die Anmaßung, diesen pauschalen Ansatz mit dürftigen wirtschaftshistorischen Fakten zu garnieren. Die „ältere" Institutionenökonomik amerikanischer Prägung (VEBLEN, MITCHELL) charakterisierte MARSHALL als einen der Propheten jener „konventionellen Marktwirtschaftslehre", welche die falsche Vorstellung verbreite, der Kapitalismus sei ein effizientes und letztlich gerechtes System, das dank seines selbstregulierenden Wettbewerbsmechanismus zu Stabilität und Gleichgewicht neige. VEBLEN (1857-1929) kritisiert den eingeschränkten Blickwinkel: Konjunkturschwankungen, der institutionelle Rahmen des Wirtschaftssystems sowie die komplexe, von Instinkten, Attitüden und Gewohnheiten geprägte Natur des Menschen blieben unberücksichtigt.

Marxistisch orientierte Ökonomen bezeichneten die Lehre MARSHALLS als „vulgär" und verurteilten sie als „wert-los" in der doppelten Bedeutung des Wortes. Auch die Aufnahme im deutschsprachigen Raum blieb reserviert. Sogar die Österreichische Schule um MENGER, BÖHM-BAWERK und WIESER ging auf Distanz. MARSHALL war ihnen zu mathematisch und in der Fundierung der Wert- und Preisbildung zu oberflächlich. Die deutsche Historische Schule lehnte das neue „insulare Dogma" ziemlich einmütig ab. Der Ursprung, die Entwicklung und die ethische Natur der Volkswirtschaftslehre werde verkannt, wenn ihr Hauptteil mit Definitionen, bei denen jeder etwas anderes denke, mit algebraischen Gleichungen von Angebot und Nachfrage und mit Theorien, welche das Ethos im Menschen ignorieren, ausgefüllt wird. An dieser grundlegenden Einschätzung änderte sich wenig, selbst als die „Principles" ab dem Jahre 1905 in deutscher Übersetzung zu lesen waren. In Deutschland wurde die Ökonomik MARSHALLS weitgehend ignoriert oder nur oberflächlich rezipiert.

Das „*andere*" MARSHALL-Bild reflektiert nicht auf statisches Gleichgewichtsdenken, mathematische Modelle und mechanistische Analogien, sondern auf die Überlegungen MARSHALLS, die Ökonomik als Moralwissenschaft zu begreifen, sie dynamisch anzulegen und

3.5 Von der Marginalrevolution zum neoklassischen Paradigma

anwendungsorientiert zu betreiben. Die neuere MARSHALL-Rezeption bezieht sich insbesondere auf sein Frühwerk. Dem Postulat eines rationalen homo oeconomicus scheine MARSHALL ebensowenig zu trauen wie dem universalen Erklärungsanspruch des Marginalismus. Er verwende zwar das Grenznutzenkonzept, mache aber daraus kein Dogma. Das sei schon erkennbar an seinem berühmten Scheren-Gleichnis, wonach der Grenznutzen und die Produktionskosten (zusammenwirkend wie die Schneiden einer Schere) den Güterwert bestimmen, und werde bestätigt durch nicht-marginalistische Ansätze in MARSHALLS Preis- und Unternehmenstheorie, wie u.a. das Vollkostenprinzip und das Konzept der repräsentativen Firma. Das wirtschaftliche Verhalten ergebe sich für MARSHALL aus dem Zusammenspiel sozialer, moralischer und technologischer Umstände sowie einer Vielzahl von Motiven, von denen die wenigsten eigennützlich und rational seien. MARSHALLS sozialphilosophische und sozialpsychologische Ansichten – ein Ansatz der von SCHMOLLER (1923a, S. 124) positiv erwähnt wird – stünden weder isoliert neben seinen wirtschaftswissenschaftlichen Anschauungen, noch seien sie bloß schmückendes Beiwerk, wie es manche neoklassische Ausdeutungen seiner Lehre nahelegten. Sie bildeten vielmehr eine untrennbare Einheit, die MARSHALLS Ökonomik durchgängig geformt habe. So wollte er Wohlstand und Wachstum einer Volkswirtschaft nicht nur am quantitativen Wert des Volkseinkommens gemessen sehen, sondern es kam ihm zugleich auf die Art der erzeugten Güter und ihre Verteilung an, ja letztlich sogar darauf, ob die Gütermenge in einer Weise erwirtschaftet werde, die moralisch zu rechtfertigen sei. Solche qualitativen Aspekte des Wirtschaftens kämen in MARSHALLS Mikroökonomik zum Vorschein, wenn man die neoklassische Brille beiseite lege. MARSHALL betone in seiner Produktionsfaktorentheorie die „Besonderheiten der Arbeit" und analysiere das kurz- wie das langfristige Arbeitsangebot im Kontext anthropologischer, kultureller und ökonomischer Einflüsse.

Was die methodologische Komponente in MARSHALLS Werk betrifft, so gibt es seiner Ansicht nach keine Forschungsmethode, welche als eigentliche nationalökonomische Methode bezeichnet werden kann („Principles" 1905, S. 76). In einer anwendungsorientierten Wissenschaft wie der Nationalökonomie sei jede Methode recht, die den Forscher nicht dazu verleite, die realen Gegebenheiten des Wirtschaftslebens aus den Augen zu verlieren. Für den Anfang stehe ein einheitlicher Ansatz parat: die allgemeine Gleichgewichtstheorie von Nachfrage und Angebot, die als exemplarische Problemlösung für alle Fragen herangezogen werden könne, die Allokation und Distribution betreffen. Anders als in den Naturwissenschaften seien ökonomische Erkenntnisse aber weder durch lange Ketten deduktiver Schlüsse zu gewinnen, noch in Form allgemeiner Gesetze fixierbar. MARSHALL betonte, dass jede Zeit und jedes Land seine eigenen wirtschaftspolitischen Probleme habe, und dass jeder Wechsel in den sozialen Rahmenbedingungen wahrscheinlich eine neue Formulierung der wirtschaftlichen Lehrsätze verlange. Der Mathematiker MARSHALL warnte zudem die Ökonomen eindringlich davor, sich zuviel vom Gebrauch der Mathematik zu erhoffen. Sie sei ein beschränktes Erkenntnismittel, das überdies zu Spielereien verleite und möglicherweise von den eigentlichen ökonomischen Problemen ablenke. Hilfreich seien hingegen gewisse mechanistische Analogien, jedoch nur im Bereich der statischen Gleichgewichtstheorie. Die Volkswirtschaftslehre müsse sich verstärkt dem Wandel in ökonomischen Systemen widmen. Deshalb solle sich das Fach an einem anderen Leitbild ausrichten. Das „Mekka" der Ökonomen sah MARSHALL eher in der Biologie als in der Mechanik. Die Biologie liefere eine Reihe passender Analogien: die Volkswirtschaft als sozialer Organismus, Evolution, Gleichgewicht als Balance zwischen den Kräften des Lebens und des Zerfalls. Die ältere MARSHALL-Literatur beachtet diese „Biologismen" nur ausnahmsweise und hält sie eher für Lippenbekenntnisse.

Nach der Veröffentlichung der „Principles" folgte dann eine Jahrzehnte lange Periode normalwissenschaftlicher Forschung, in der die marshallianische Analyse erweitert und verfeinert wurde; mit den Worten KUHNS: Es ging darum, die Lehrstube des Meisters aufzuräumen und die hinterlassenen Rätsel zu lösen. Das Puzzlespiel trug reichlich Früchte. Mit der Theorie der unvollständigen bzw. monopolistischen Konkurrenz (ROBINSON, CHAMBERLIN), der Wohlfahrtsökonomik und der Lehre von den externen Effekten ergaben sich neue Forschungsfelder.

3.5.2 Weiterentwicklungen der neoklassischen Preistheorie

Bis Ende 1920 richtete die ökonomische Theorie der Preisbildung ihre Aufmerksamkeit hauptsächlich auf Märkte mit vollständiger Konkurrenz. Im Focus standen zwei modelltheoretische Ansätze: die Theorie des partiellen Konkurrenzgleichgewichts (MARSHALL) und die Theorie des totalen Konkurrenzgleichgewichts (WALRAS). Wettbewerb wird dabei mit vollständiger Konkurrenz gleichgesetzt. Für den Fall des Angebotsmonopols lieferte COURNOT eine schlüssige Lösung. SHACKLE beschreibt die damalige ökonomische Welt mit folgendem Bild:

> *„a smooth sea of perfectly competitive firms in equilibrium, interrupted here and there by a few monoplistic whirlpools obeying a different law. The monopolist ... did not fit in with the rest of the system. He must be studied in isolation, then was best forgotten"* (SHACKLE 1967, S. 43).

Die Annahme der Existenz lediglich einer Marktform, auf dem viele Anbieter mit ihrem Gut der gesamten Marktnachfrage gegenüberstehen und den Marktpreis nicht beeinflussen können, geriet jedoch zunehmend in Widerspruch zu dem realen Geschehen auf empirischen Märkten.

In den dreißiger Jahren kam es daher zu einer Revision der marshallianischen Preistheorie durch die Arbeiten von JOAN ROBINSON („The Economics of Imperfect Competition", 1933) und EDWARD H. CHAMBERLIN („The Theory of Monopolistic Competition", 1933). Diese führte zur Theorie der unvollständigen bzw. monopolistischen Konkurrenz.

Nach Auffassung von BLAUG war CHAMBERLIN der „wahre Revolutionär", weil ROBINSON – die später als „Links-Keynesianerin" große Bedeutung erlangen sollte – keine neuen analytischen Instrumente einbrachte, mit deren Hilfe die veränderten Marktstrukturen untersucht werden konnten (BLAUG 1975, S. 173 f.). Er spricht deshalb auch von einer „Chamberlianischen Revolution" auf dem Gebiet der modernen Mikroökonomie und setzt sie mit der „Keynesianischen Revolution" auf dem Gebiet der Makroökonomik gleich (BLAUG 1975, S. 180).

Die Überlegungen von CHAMBERLIN beruhen auf der These, dass der einzelne Anbieter bei heterogenen Gütern auf seinem speziellen Produktmarkt einen monopolistischen Spielraum bei der Preissetzung hat. Heterogene Güter sind solche, die keine vollkommenen Substitute darstellen, jedoch in einem gewissen Umfang austauschbar sind. Da es viele Anbieter gibt und deren Marktanteil gering ist, führt eine Preiserhöhung somit nicht unbedingt zu einer Abwanderung aller Nachfrager zu den Konkurrenten, umgekehrt führt eine Preissenkung nicht dazu, dass Nachfrager hinzugewonnen werden. Kurzfristig verhält sich der Anbieter bei der Ermittlung seines gewinnmaximierenden Preises wie ein Monopolist.
Ein weiteres Strukturmerkmal der monopolistischen Konkurrenz ist der freie Marktzutritt und Marktaustritt, d.h. es ist relativ leicht für neue Unternehmen, in den Markt einzutreten, wie für etablierte Unternehmen, den Markt zu verlassen. Langfristig muss der Anbieter deshalb mit dem Eintritt von Konkurrenten rechnen, die einen Teil der Marktnachfrage absorbieren. Dieser Prozess hält so lange an, bis der Gewinn gleich Null ist. Graphisch lässt sich das langfristige Gleichgewicht bei monopolistischer Konkurrenz durch den Tangentialpunkt von *Preis-Absatz-Funktion* und *Durchschnittskostenkurve* kennzeichnen (*Tangentenlösung*). Zur Vereinfachung unterstellt CHAMBERLIN, dass alle Anbieter die gleiche Nachfrage- und Kostenstruktur haben (*Symmetrieannahme*). Ein wesentlicher Unterschied zum langfristigen Gleichgewicht bei vollständiger Konkurrenz besteht darin, dass die Marktergebnisse allokationsineffizient sind: der Preis der einzelnen Anbieter ist größer als die Grenzkosten und die Anbieter produzieren nicht im Minimum der Durchschnittskosten (*Betriebsoptimum*). In der Bewertung bleibt die chamberlinsche Tangentenlösung bis heute ein beachtenswerter Beitrag in der neoklassischen Preistheorie. Sie ist in nahezu allen modernen mikroökonomischen Lehrbüchern enthalten (PINDYCK/RUBINFELD 2003, S. 595 ff.). Die Bedeutung von Marktzutritts- und Marktaustrittsschranken für das Marktergebnis (*market performance*) wurde in den sechziger Jahren in der *Industrieökonomik* (BAIN 1956) und später in der Theorie der *Contestable Markets* (Theorie angreifbarer Märkte) aufgegriffen und weiterentwickelt (BAUMOL/PANZAR/WILIG 1982). Danach gilt ein Markt dann als vollkommen angreifbar, wenn die Kosten des Markteintritts und die Kosten des Marktaustritts gleich null sind. Entscheidend hierfür ist, dass die Investitionen, die beim Markteintritt getätigt werden müssen, nicht zu „versunkenen" Kosten (*sunk costs*) führen, wenn der Markt wieder verlassen wird.

3.5.3   Die neoklassische Theorie des Geldes

Wie im klassischen Paradigma, so wird auch im neoklassischen Paradigma davon ausgegangen, dass der reale Sektor einer Ökonomie, in dem die Güterproduktion erfolgt, und der monetäre Sektor, in dem das Preisniveau bestimmt wird, langfristig unabhängig voneinander sind. Geld hat keinerlei Einfluss auf das reale Geschehen in einer Volkswirtschaft, sondern legt sich lediglich wie ein *Schleier* über die realen Vorgänge. Eine Folge dieser *Dichotomie* von realem und monetärem Sektor war die Aufspaltung der ökonomischen Analyse in eine Preis- bzw. Werttheorie und eine Geldtheorie. Die Preistheorie befasste sich mit der Bestimmung der relativen Preise, welche das Austauschverhältnis der Güter untereinander angeben, während sich die Geldtheorie mit der Erklärung der Höhe der Geldpreise, dem Preisniveau beschäftigte.

Die realwirtschaftliche *Neutralität des Geldes* findet ihre theoretische Entsprechung in der *Quantitätstheorie* des Geldes, auf die schon an verschiedenen Stellen eingegangen wurde. Eine der bekanntesten Neuformulierungen geht auf IRVING FISHER (1867-1947) zurück und wurde in seinem Buch „The Purchasing Power of Money" (1911) veröffentlicht. Sie stellt einen wichtigen Bestandteil der neoklassischen Geldtheorie dar.

Ausgangspunkt ist die nach ihm benannte *Fishersche Verkehrsgleichung*: $M \cdot V = T \cdot P$, wobei M die *Geldmenge*, V die *Umlaufgeschwindigkeit des Geldes*, T das *Transaktionsvolumen* und P das *Preisniveau* darstellt. Die Umlaufgeschwindigkeit ist die Häufigkeit, mit der im Durchschnitt die gleiche Geldmenge innerhalb eines Jahres umgesetzt wird. Da das Transaktionsvolumen als Mengengröße statistisch schwer zu erfassen ist, wird als Alternative zumeist das reale *Bruttoinlandsprodukt* Y^R verwendet: $M \cdot V = Y^R \cdot P$. Die rechte Seite der Gleichung entspricht jetzt dem nominalen Bruttoinlandsprodukt (*Einkommensform der Quantitätsgleichung*).

Ohne weitere Annahmen über Zusammenhänge zwischen den beiden Seiten der Gleichung, stellt sie eine reine Tautologie dar, die ex post immer erfüllt ist. Unterstellt man, dass die Geldumlaufgeschwindigkeit und das reale Bruttoinlandsprodukt gegebene Größen sind, dann nimmt die Quantitätstheorie eine Abhängigkeit des Preisniveaus von der Geldmenge an.

MARSHALL und PIGOU formulierten die Fishersche Verkehrsgleichung um in die *Cambridge-Gleichung*, in dem sie die Geldumlaufgeschwindigkeit gleichsetzen mit dem reziproken Wert der durchschnittlichen Kassenhaltungsdauer (k): $V = 1/k$.

Die *durchschnittliche Kassenhaltungsdauer* entspricht dem Zeitraum zwischen der Einnahme und der Ausgabe einer Geldeinheit. Die Cambridge-Gleichung sieht dann wie folgt aus: $M = k \cdot Y^R \cdot P$. Beide gingen davon aus, dass die Größen, die auf die Kassenhaltungsdauer einwirken, wie beispielsweise die Zahlungsgewohnheiten der Wirtschaftssubjekte, kurzfristig konstant sind.

Prinzipiell sind Cambridge-Gleichung und die Fishersche Verkehrsgleichung identisch, da die Umlaufgeschwindigkeit des Geldes definitorisch mit dem reziproken Wert der durchschnittlichen Kassenhaltungsdauer übereinstimmt. Allerdings erlaubt die Cambridge-Gleichung eine mikroökonomisch und verhaltenslogisch begründete Erklärung der Geldnachfrage, während bei der Fisherschen Verkehrsgleichung auf den mechanistischen Begriff der Umlaufgeschwindigkeit zurückgegriffen wird, die als nicht veränderbare Größe erscheint.

Betrachten wir die vier Größen der *Cambridge-Gleichung* etwas näher: Die *Geldmenge* ist eine von der Zentralbank vorgegebene Größe; die *durchschnittliche Kassenhaltungsdauer* hängt von den Zahlungsgewohnheiten der Wirtschaftssubjekte ab und wird als kurzfristig konstant unterstellt; das Realeinkommen bzw. *reale Bruttoinlandsprodukt* ist wiederum durch jene Entscheidungen der Wirtschaftssubjekte bestimmt, die das Güterangebot und die Güternachfrage betreffen. Folglich stellt es ebenfalls eine gegebene Größe dar; als einzig freie Variable verbleibt das *Preisniveau*. Daraus folgt wiederum der zentrale Satz der Quantitätstheorie: Durch die vorgegebenen Größen k und Y^R sowie die vorgegebene Geldmenge M wird das Preisniveau bestimmt. Änderungen der Geldmenge (des Geldangebots) schlagen sich langfristig allein in Preisniveauänderungen nieder und beeinflussen nicht die realen Größen. Jede Verdoppelung der Geldmenge bewirkt also eine Verdoppelung der Preise. Wie sieht nun der Anpassungsprozess aus: Zu Beginn wird der nominale Kassenbestand aller Wirtschaftssubjekte gedanklich verdoppelt. Diese stellen nun fest, dass der Realwert ihrer Kassenhaltung (*Realkasse*) höher ist und fragen deshalb verstärkt Güter nach. Die daraus folgende erhöhte Güternachfrage trifft nun auf ein gegebenes Güterangebot, denn das Güterangebot ist allein von den realen Größen abhängig; diese haben sich aber nicht verändert. Als Folge ergibt sich auf dem Gütermarkt eine Überschussnachfrage, was ein Ansteigen der Preise zur Konsequenz hat. Wann findet dieser Preisanstieg sein Ende? Die Preise steigen solange, bis der reale Kassenbestand (Geldmenge/Preisniveau bzw. M/P) auf sein ursprüngliches Niveau gefallen ist. Denn genau dann entspricht die Kaufkraft der Kassenhaltung dem zuvor geplanten Niveau. Diese Abhängigkeit der Güterausgaben vom Realkassenbestand wird in der Literatur *Cambridge-Effekt* genannt. Er ist gleichsam der Regulator für den Anpassungsprozess. Er stellt sicher, dass eine Verdoppelung der Geldmenge genau eine Verdoppelung des Preisniveaus bewirkt, weil nur so der reale Kassenbestand unverändert bleibt.

Kritik an der neoklassischen Theorie des Geldes hat u.a. KNUT WICKSELL (1851-1926) geübt, ein schwedischer Ökonom, der als Vertreter der schwedischen Schule der Neoklassik gilt. Zum einen bezweifelt er die Konstanz der Umlaufgeschwindigkeit des Geldes bzw. der durchschnittlichen Kassenhaltungsdauer, welche er zu den luftigsten und am wenigsten greifbaren Faktoren der Volkswirtschaft zählt. Wenn aber die Umlaufgeschwindigkeit kurzfristig nicht konstant ist, dann können die Wirkungen einer Geldmengenänderung nicht bestimmt werden. Zweitens kritisiert WICKSELL den quantitätstheoretischen Geldbegriff, in dem er daraufhin weist, dass Edelmetalle und Münzen im Zahlungsverkehr durch Banknoten, Wechsel oder Schecks ersetzt werden können. Dies habe eine einschneidende Konsequenz. Werde der Geldmengenbegriff derart weit gefasst, dann werde die Geldmenge unversehens zu einer endogenen Größe, weil es im Ermessen der Wirtschaftssubjekte liege, wieviele Wechsel sie beispielsweise ziehen wollen. Ferner sei in einer modernen Geldwirtschaft die Geldmenge nicht länger von der Zentralbank steuerbar, wenn diese den Umlauf der Wechsel und anderer Geldsurrogate nicht kontrollieren könne. Als drittes setze die Quantitätstheorie des Geldes voraus, dass der Realkassenbestand das Ausgabeverhalten der Wirtschaftssubjekte maßgeblich beeinflusse. Die Stärke des Cambridge-Effekts ist aber nach WICKSELL sehr fraglich.

Die Würdigung der Quantitätstheorie des Geldes überlassen wir MARSHALL: „Diese sog. Quantitätstheorie des Geldes ist in gleicher Weise wahr wie der Satz, daß die Tagestemperatur unter sonst gleichen Umständen von der Tageszeit abhängt; nur sind die sonstigen Umstände eben selten gleich." (MARSHALL 1926, zitiert nach: FELDERER/HOMBURG 2005, S. 83).

3.5.4 Die neoklassische Kapital- und Zinstheorie

Die neoklassische Kapital- und Zinstheorie wurde vor allem durch EUGEN VON BÖHM-BAWERK (1851-1914) geprägt. Sein Hauptwerk „Kapital und Kapitalzins" teilt sich in zwei Bände: „Geschichte und Kritik der Kapitalzins-Theorien" (1884) und „Positive Theorie des

Kapitals" (1889). Als Vertreter der *Österreichischen Schule* unternahm er im zweiten Band den Versuch, den Kapitalertrag oder Kapitalzins auf der Basis einer einheitlichen Werttheorie zu erklären. BÖHM-BAWERK unterscheidet zunächst zwischen kapitalloser und kapitalistischer Produktion. Kapitalistisch bedeutet in seiner Kapitaltheorie die Nutzung von produzierten Produktionsmitteln, wie Werkzeuge und Maschinen. Die von BÖHM-BAWERK entwickelten Thesen lassen sich folgendermaßen zusammenfassen:

- Bestimmte Güter können nur mit Hilfe kapitalistischer bzw. indirekter Produktion erzeugt werden. In modernen Volkswirtschaften ist das die überwiegende Zahl;

- der Produktionsprozess benötigt Zeit;

- Kapital ist kein originärer Produktionsfaktor wie Boden und Arbeit, sondern wird produziert. Kapitalgüter haben bei BÖHM-BAWERK den Charakter von Zwischenprodukten und unterscheiden sich durch ihre Konsumnähe bzw. Konsumferne.

Kerngedanke der Argumentation von BÖHM-BAWERK ist, dass Gütern, die erst in Zukunft einen Nutzen abwerfen – da sie gegenwärtig nicht verfügbar sind – ein geringerer Wert beigemessen wird als Gütern, die in der Gegenwart zur Verfügung stehen. Aus der Verschiedenheit der Bewertung entsteht ein Aufgeld (*Agio*), auf dem der Kapitalzins beruht. Der Zins wird somit für die Hergabe von Gegenwartsgütern bezahlt und zwar wegen der Minderschätzung zukünftiger Bedürfnisse. Die Herausarbeitung der intertemporalen Bewertungsunterschiede von gegenwärtigem und zukünftigem Konsum stellt das innovative Element in der Böhm-Bawerkschen Agiotheorie des Zinses dar. Sie hat eine umfangreiche Diskussion ausgelöst, die teilweise bis in die Gegenwart hineinreicht.

Ein weiterer Eckpfeiler der Böhm-Bawerkschen Analyse ist die Annahme, dass die Produktivität der Kapitalgüter durch eine „Verlängerung" der Produktionsperiode gesteigert werden kann. Begründet wird dies damit, dass Kapitalgüter Zwischengüter auf dem Wege zur Herstellung von Konsumgütern und insofern Indikatoren eines Umwegs in der Produktion sind. Je mehr Kapitalgüter genutzt werden, je länger also der Produktionsumweg ist, desto mehr steigt die Produktivität eines Produktionsprozesses (*Gesetz der Mehrergiebigkeit längerer Produktionsumwege*). Zu beachten ist hier, dass BÖHM-BAWERK diese Sichtweise auf „effiziente" Produktionsprozesse beschränkt. Aus den längeren, zeitraubenden Produktionsperioden wird gleichfalls die Notwendigkeit eines Kapitalzinses abgeleitet.
Damit steht BÖHM-BAWERKS Argumentation im Gegensatz zur Marxschen Lehre: Der Kapitalzins ist keine Folge der Ausbeutung, sondern die Folge der unterschiedlichen Bewertung von Gegenwarts- und Zukunftsgütern sowie zeitraubender Produktionsmethoden. Die wissenschaftliche Diskussion über BÖHM-BAWERKS Theorie war kontrovers, heftig und ausgedehnt. Sie reicht von Urteilen wie „genialer Wurf" bis hin zu „wissenschaftlichem Irrtum". Eine überraschende Wertung findet sich bei SCHUMPETER (1965, S. 1033): „Wenn wir ihm (BÖHM-BAWERK – B.Z.) in der Geschichte der Volkswirtschaftslehre eine Bezeichnung geben wollten, müßten wir ihn als einen bürgerlichen Marx bezeichnen." Ähnlich wie MARX geht BÖHM-BAWERK von einer Gesellschaft aus, die sich in eine über Eigentum an Produktionsmitteln verfügende Klasse und eine eigentumslose, lohnempfangende Klasse aufteilen

3.5 Von der Marginalrevolution zum neoklassischen Paradigma

lässt. Im Gegensatz zu MARX kommt er zu dem Ergebnis, dass in einer Volkswirtschaft, die Kapital nutzt, ein positiver Zinssatz unvermeidbar und deshalb auch gerechtfertigt ist.

Von der österreichischen Kapital- und Zinstheorie wurde auch KNUT WICKSELL beeinflusst. Seine wissenschaftlichen Arbeiten sind weit gespannt und umfassen Beiträge zu den Bereichen Wert-, Preis- und Verteilungstheorie, Kapital- und Zinstheorie, Geld und Konjunktur sowie Finanzwissenschaft. Grundlegend für das Verständnis der Kapital- und Zinstheorie WICKSELLS ist der nach ihm benannte *Wicksellsche Prozess*. Die Wirkungsweise kann hier nur skizziert werden: Ausgangspunkt ist die Unterscheidung zwischen natürlichem Kapitalzins und Darlehenszins (Geldzins und Güterpreise 1898). Der *natürliche* Zins entspricht der Nettoertragsrate des „physischen" Kapitals, vereinfacht formuliert der Zins, bei dem die Nachfrage nach Krediten für Investitionen und das Angebot an Ersparnissen übereinstimmen, während der *Darlehenszins* der Zins ist, der sich auf dem Kreditmarkt aufgrund von Angebot und Nachfrage nach Krediten bildet. Im Gleichgewicht stimmen beide Zinssätze überein (*normaler Zins*). Weichen sie voneinander ab, so kommt es zu einer kumulativen Entwicklung im Wirtschaftsprozess. Sinkt beispielsweise der Darlehenszins unter den natürlichen Zins, wird ein Aufschwung ausgelöst. Die Banken gewähren zusätzliche Kredite, d.h. Kredite über die Höhe der Ersparnisse hinaus und täuschen damit einen größeren Subsistenzmittelfonds vor. Durch die Zinssenkung werden mehr Produktionsumwege rentabel, die beim natürlichen Zins nicht rentabel waren. Die Investitionen steigen deshalb. Wird Vollbeschäftigung unterstellt, können die Investitionen nur steigen, wenn der Konsum sinkt, d.h. die Investoren können die notwendigen Arbeitskräfte lediglich aus der Konsumgüterindustrie erhalten. Die Investitionsgüter-Produzenten müssen somit durch Lohnüberbietung Arbeitskräfte von der Konsumgüterindustrie abziehen. Unter dem Einfluss der Geldschöpfung und Zinssenkung steigen die Löhne und in der Investitionsgüterindustrie steigen die Investitionsgüterpreise ebenfalls. Der Aufschwung nimmt dadurch kumulativen Charakter an, denn Lohnsteigerungen bedeuten ja gleichzeitig Einkommens- und Konsumerhöhungen. Neben der Nachfrage nach Investitionsgütern nimmt jetzt auch die Nachfrage nach Konsumgütern zu und die Preise der Konsumgüterindustrie geraten somit ebenfalls in eine Aufwärtsbewegung. Die Konsumgüter-Produzenten werden nunmehr versuchen, ihre Produktion zu steigern und sie können das nur, wenn sie Arbeitskräfte von der Investitionsgüterindustrie zurückerhalten.

Der obere Wendepunkt dieses kumulativen Aufschwungs wird erreicht, wenn sich herausstellt, dass der Subsistenzmittelfonds zum Teil nur vorgetäuscht war und nicht aus echten Ersparnissen bestand. Dann kommt es zum Umschwung der wirtschaftlichen Entwicklung. Die unmittelbare Ursache oder vielleicht der Anlass ist die von Liquiditätsrücksichten herrührende Abneigung des Bankensystems, die Kreditexpansion fortzusetzen. Das Bankensystem, das den Darlehenszins festlegt, beeinflusst damit wesentlich die konjunkturellen Bewegungen in einer Volkswirtschaft. Der Gedankengang des Wicksellschen Prozesses öffnete den Weg für die Entwicklung einer Konjunkturtheorie, die monetäre Faktoren in den Vordergrund stellt. Darüber hinaus wird Wicksell als Wegbereiter der modernen Makroökonomik und als Vorläufer von KEYNES angesehen. Ein weiterer Paradigmenwechsel in der Geschichte des ökonomischen Denkens deutet sich hierbei bereits an.

Auch I. FISHER wurde in seiner Kapital- und Zinstheorie („The Rate of Interest", 1907) von BÖHM-BAWERK beeinflusst. Er ging ebenfalls von der Überlegung aus, dass der Zins das Austauschverhältnis zwischen gegenwärtig und zukünftig verfügbarem Konsum widerspiegelt. Zur Erklärung des Zinses analysierte er deshalb einerseits die Präferenzen der nutzenmaximierenden Individuen, andererseits die Produktionsmöglichkeiten einer Volkswirtschaft.

Für jedes Individuum wird unterstellt, dass es Kombinationen von gegenwärtigem und zukünftigem Konsum in eine Präferenzordnung bringen kann, also zwischen besser oder schlechter oder gleich gut unterscheiden kann. Diese Präferenzordnung lässt sich durch eine Schar von individuellen und gesellschaftlichen Indifferenzkurven abbilden. Berücksichtigt man noch die Transformationsmöglichkeiten von gegenwärtigem und zukünftigem Konsum – graphisch dargestellt in Form von Transformationskurven –, dann bestimmt der Gleichgewichtszins, wie viele zukünftige Konsumgüter wie vielen Gegenwartsgütern gleich sind (*Fishershes Zinsdiagramm*).

In einer Würdigung bezeichnet R. DORFMAN (1994, S. 27) die beiden Werke von BÖHM-BAWERK (Positive Theorie des Kapitalzinses) und FISHER (The Rate of Interest) als „Zwillingsursprünge" der heutigen Kapitaltheorie. Trotz der zweifellos vorhandenen Unterschiede seien sie eher komplementär als widersprüchlich zueinander.

3.5.5 Grenzproduktivitätstheorie der Verteilung

Ein weiterer Baustein des neoklassischen Paradigmas ist die Grenzproduktivitätstheorie der Verteilung, die von dem britischen Ökonomen PHILIP H. WICKSTEED („An Essay on the Coordination of the Laws of Distribution", 1894) und dem amerikanischen Ökonomen JOHN BATES CLARK („The Distribution of Wealth", 1899) entwickelt wurde. Während im klassischen Paradigma die Verteilung des Volkseinkommens auf die verschiedenen Einkommensarten (Grundrente, Profit, Lohn) und damit auch auf die gesellschaftlichen Klassen der Grundbesitzer, Kapitaleigentümer und Arbeiter mit gesonderten Theorien erklärt wurde, ergibt sich in der Neoklassik die Verteilung aus den Gesetzen der Produktion. Die *Grenzproduktivitätstheorie* behauptet, dass bei Annahme vollständiger Konkurrenz im Gleichgewicht jeder Produktionsfaktor nach seinem Grenzprodukt bezahlt wird. Das Grenzprodukt eines Produktionsfaktors bemisst sich danach, um wieviel sich das Gesamtprodukt ändert, wenn die eingesetzte Menge dieses Faktors um eine Einheit erhöht oder verringert wird (die Menge aller anderen Faktoren bleibt konstant). Wählt man als Beispiel den Produktionsfaktor Arbeit, so bedeutet das: Im Gleichgewicht kann der Lohnsatz nicht größer sein als das Wertgrenzprodukt der Arbeit (Grenzprodukt · Preis). An diesem Beispiel wird bereits ersichtlich, dass die Grenzproduktivitätstheorie weniger eine Verteilungstheorie als vielmehr eine Theorie der Nachfrage nach Produktionsfaktoren ist und damit Bestandteil der Preistheorie.

3.5.6 Wohlfahrtsökonomik

Die Frage nach dem Wesen und den Ursachen des volkswirtschaftlichen Wohlstandes stellt ein zentrales Thema der Ökonomie dar, das schon bei den Merkantilisten, Physiokraten und klassischen Ökonomen im Mittelpunkt der Erörterungen stand, jedoch lagen diesen älteren Anschauungen ausgesprochen materielle Auffassungen des Wohlstands zugrunde. Das änderte sich, als mit dem Aufkommen der Grenznutzenlehre erkannt wurde, dass eine Maximierung der Produktion keineswegs im gleichen Umfang eine Maximierung des Nutzens bedeutet. Zunehmend setzte sich die Auffassung durch, dass der Wohlstand einer Volkswirtschaft nicht nur von der Güterproduktion, sondern auch von der Verteilung der Güter abhängt.

Nach der utilitaristischen Philosophie geht es grundsätzlich darum, die Produktion und deren Verteilung so zu gestalten, dass der über alle Individuen aggregierte gesellschaftliche Nutzen maximiert wird – das Prinzip des größten Glücks für eine möglichst große Zahl wird zur Norm für die Wohlfahrt.

MARSHALL blieb allerdings bei seinem partialanalytischen Ansatz und verwendete die Bezeichnungen Konsumentenrente und Produzentenrente, um zu zeigen, wie die Nutzenüberschüsse auf Nachfrager und Anbieter verteilt werden. Ferner zeigte er auf, wie durch Steuern und Subventionen die Zusammensetzung der Güterproduktion im Sinne einer Wohlfahrtssteigerung verändert werden kann („Principles" 1947, S. 467 ff.).

Als eigentlicher Begründer der neoklassischen Wohlfahrtstheorie gilt A. C. PIGOU (1877-1959). Er war ein Schüler MARSHALLS, ein enger Mitarbeiter und später (1908) dessen Nachfolger auf dem Lehrstuhl in Cambridge. Er unterrichtete zur gleichen Zeit wie KEYNES, stand jedoch stets in dessen Schatten. Im Gegensatz zu MARSHALL unternimmt PIGOU den Versuch einer Totalanalyse. Nach PIGOU ist der wirtschaftliche Gesamtnutzen gleich der Summe der Individualnutzen. Eine solche Gleichung setzt allerdings Quantifizierbarkeit des Nutzens voraus. PIGOU vertrat die Auffassung, dass intensive Größen, wie der Nutzen, nicht messbar sind. Diese Schwierigkeiten könne man beim Nutzen dadurch umgehen, dass man ihn zu seiner extensiven Größe, dem Geld, in Beziehung setzt. Hinsichtlich der interpersonellen Vergleichbarkeit des Nutzens machte PIGOU die Annahme, dass die Wirtschaftssubjekte im allgemeinen gleiche Nutzenvorstellungen haben, d.h. eine gegebene Gütermenge gewährt jedem Individuum einen ungefähr gleichen Nutzen. Das einzelne Wirtschaftssubjekt erreicht ein Maximum an Güterbefriedigung, wenn es sein Geldeinkommen so auf die einzelnen Güter verteilt, dass die Bedingungen des zweiten Gossenschen Gesetzes erfüllt sind.

In seinem Buch „Wealth and Welfare" (1912), das PIGOU später in „Economics of Welfare" (1920) umbenannte, zeigte er auf, dass bei Berücksichtigung externer Effekte eine Wohlfahrtssteigerung über das hinaus möglich sei, was eine rein marktwirtschaftliche Lösung hervorbringen würde. Externe Effekte – positive wie negative – liegen vor, wenn private und soziale Kosten voneinander abweichen. Ein Produzent, der stark umweltverschmutzende Produktionsverfahren benutzt, beeinflusst die Aktivität einer Wäscherei, die in seiner unmittelbaren Umgebung liegt, negativ. Der Wäscherei entstehen zusätzliche Kosten. Die Marktpreise spiegeln dann die durch Externalitäten entstehenden Kosten nicht wider. Nach PIGOU ist es in diesem Fall Aufgabe des Staates, das Marktversagen durch Einführung einer Steuer zu korrigieren. Die auf ihn zurückgehende Steuer zur Eindämmung von Umweltschäden wird daher auch als *Pigou-Steuer* bezeichnet.

Die *Neue Wohlfahrtstheorie* (*New Welfare Economics*) beginnt mit PARETO. Das *Paretooptimum*, das bereits erwähnt wurde, ist dadurch gekennzeichnet, dass in ihm kein Wirtschaftssubjekt ein höheres Versorgungsniveau erreichen kann, ohne dass ein anderes Wirtschaftssubjekt auf ein niedrigeres Versorgungsniveau übergehen muss.

Damit wurde zwar eine notwendige, aber keineswegs hinreichende Bedingung für eine Optimum-Situation aufgezeigt, da sich die wirtschaftlichen Daten ändern können und jede Einkommensänderung ein neues Optimum aufweist, ohne dass man ein Kriterium besitzt, eine Entscheidung darüber zu treffen, welche von zwei optimalen Situationen die beste ist. Mit Hilfe der paretianischen Optimum-Bedingungen lässt sich somit kein eindeutiges Optimum Optimorum bestimmen. Unter den angenommenen Voraussetzungen gibt es eine Vielzahl möglicher Optima bei unterschiedlichen Verteilungen (im *Edgeworth-Box-Diagramm* alle Punkte auf der Kontraktkurve). Das individualistische Prinzip lässt eine Entscheidung zwischen diesen Optima nicht zu.

Die Unbestimmtheit, die bei der Analyse der Pareto-Optimalität entstand, wurde in der weiteren Entwicklung der Wohlfahrtsökonomik dadurch ausgeräumt, dass man explizit eine gesamtwirtschaftliche Wohlfahrtsfunktion heranzog, welche die Präferenzvorstellungen einer Gesellschaft über die alternative Aufteilung des Nutzens unter die Wirtschaftssubjekte ausdrückte.

Zuvor versuchte man eine pragmatische Lösung dieses Problems durch die Idee der hypothetischen Kompensation. Nach dem *Kaldor-Hicks-Kriterium* wird die gesellschaftliche Wohlfahrt auch dann erhöht, wenn die durch eine wirtschaftspolitische Maßnahme bessergestellten Wirtschaftssubjekte die schlechtergestellten entschädigen und dann noch einen Netto-Vorteil haben. Dieses Kompensationskriterium trennt den Produktivitätseffekt von dem Einkommensverteilungseffekt und lässt letzteren unberücksichtigt. Es ermöglicht allerdings lediglich ein Urteil darüber, ob eine wirtschaftspolitische Maßnahme eine Erhöhung des Realeinkommens bewirkt. Das Kriterium kann jedoch keine Aussage darüber machen, ob diese Maßnahme zu einer Steigerung des volkswirtschaftlichen Wohlstands führt. Die Kritik an diesem Wohlfahrtskriterium richtete sich gegen den Versuch, die Verteilungsproblematik bei Wohlfahrtsurteilen auszuschalten.

Die Ökonomen ABRAM BERGSON, PAUL A. SAMUELSON und JAN DE VAN GRAAFF setzten sich später explizit das Ziel, die Bedingungen des allgemeinen Wohlstandsoptimums formal darzustellen, ohne dabei kontroverse normative Axiome einzusetzen. Sie entwickelten ein Formalinstrument, in das die ordinalen Präferenzstrukturen der Entscheidungsträger und ihre Aggregation zur gesellschaftlichen Wohlstandsfunktion von „außen" eingeführt werden. Die *soziale Wohlfahrtsfunktion* wurde aber mehr als *deus ex machina* beschworen, um die formale Eleganz einer Wohlfahrtskonzeption zu krönen. Es wurde die Existenz eines „allwissenden" Ökonomen angenommen, der in der Lage ist, mit Gewissheit die richtigen Informationen zusammenzutragen. Bei dem Versuch der Konstruktion einer sozialen Wohlfahrtsfunktion entstand das Problem, wie die individuellen Wohlfahrtsfunktionen der Mitglieder einer Gesellschaft, welche als Entscheidungsträger an der Gestaltung einer gesellschaftlichen

Wohlfahrtsfunktion beteiligt sind, zusammengefasst werden. Unterstellt man einmal juristische Gleichberechtigung aller Entscheidungsträger bei der Aufstellung einer solchen Funktion, so kann der Mechanismus der Mehrheitsabstimmung vielleicht als ein geeignetes Instrument für die Zusammenfassung angesehen werden. Hierzu waren die Untersuchungen von KENNETH I. ARROW („Social Choice and Individual Values", 1951) bahnbrechend. Er beschäftigte sich mit Sozialwahlfunktionen aufgrund originärer Präferenzen. Dabei werden zunächst bestimmte Bedingungen diskutiert. Arrow hat dann im Weiteren nachgewiesen, dass Sozialwahlfunktionen aufgrund individueller Präferenzen diese Bedingungen nicht simultan erfüllen können. Er folgert daraus, dass im Allgemeinen keine mit seinen Bedingungen konsistente Regel gefunden werden kann, um von individuellen Präferenzordnungen zu einer sozialen Präferenzordnung zu gelangen. Sein berühmtes *Abstimmungsparadoxon* zeigt, dass gesellschaftliche Entscheidungen durch demokratische Abstimmung nicht immer zu logisch widerspruchsfreien Ergebnissen führen. Konsistenz würde in solchen Fällen eine aufgezwungene oder diktatorisch verordnete soziale Wohlfahrtsfunktion erfordern. ARROW gilt als Begründer und Pionier der Forschungsrichtung der *Social Choice Theory*, die Mitte des 20. Jahrhunderts entstand.

3.6 Die keynesianische Revolution: Keynes und das keynesianische Paradigma

Mit der Veröffentlichung seiner „General Theory of Employment, Interest and Money" im Jahre 1936 gab JOHN MAYNARD KEYNES (1883-1946) den Anstoß zu einer weiteren Revolution in der Ökonomie. So jedenfalls die herrschende Meinung in der dogmengeschichtlichen Literatur. Im Gegensatz zu dieser Einschätzung stehen die Auffassungen von NIEHANS (1989, S. 8), der KEYNES als einen „neoklassischen Marshallianer" bezeichnet und SALIN (1951, S. 8), der die Formulierung „Revolution" für eine angelsächsische Übertreibung hält.

KEYNES war Schüler von MARSHALL und studierte zusammen mit PIGOU. Bevor sich KEYNES mit Ökonomie beschäftigte, studierte er Mathematik. Nach dem Ersten Weltkrieg war er als Vertreter des britischen Schatzamtes Mitglied der britischen Delegation bei den Versailler Friedensverhandlungen. Höhepunkt seiner politischen Karriere stellt die führende Rolle dar, die er bei der Gestaltung des *Bretton-Woods-Systems*, der internationalen Weltwährungsordnung nach dem Zweiten Weltkrieg, einnahm. Im Ergebnis setzte sich aber letztendlich die US-amerikanische Position durch. Der Dollar, dessen Wert gegenüber dem Gold festgelegt war, wurde die internationale Leitwährung.

Keine andere wirtschaftswissenschaftliche Arbeit im 20. Jahrhundert löste auch nur annähernd so zahlreiche Kommentare und Kritiken aus wie die „General Theory". Die nach Erscheinen dieses Werkes geführte Diskussion um „Keynes und die Klassiker", bei der es um den Nachweis der Richtigkeit und der Bedeutung der Keynesschen Erkenntnisse ging, war nach einiger Zeit verstummt. Die KEYNES-Interpretation von JOHN HICKS (1937) wurde allgemein akzeptiert und fand Einzug in die meisten makroökonomischen Lehrbücher. Daher war es durchaus gerechtfertigt, von einem neuen Paradigma, dem Keynesianismus, zu sprechen. Der Nachweis eines Gleichgewichts bei Unterbeschäftigung – die Sprengkraft der Keynesschen Revolution – lässt jedoch so, wie ihn KEYNES dargestellt hat, einige Fragen offen, was in gewissen Abständen zu verschiedenen Ausdeutungen der „General Theory" geführt hat. Versucht man, die verschiedenen Interpretationen zu kanalisieren, so lassen sich gegenwärtig drei Hauptströmungen unterscheiden: der Keynesianismus im Sinne der neoklassischen Synthese, die Neue Keynesianische Makroökonomik (auch als Neokeynesianismus bezeichnet) und der Postkeynesianismus. Im Kern geht es dabei um folgende Frage: Ist die „General Theory" ein Spezialfall des neoklassischen Paradigmas oder lieferte KEYNES ein alternatives Paradigma, das wiederum die klassisch-neoklassische Gleichgewichtsvorstellung als Spezialfall enthält? Bevor auf die verschiedenen KEYNES-Interpretationen eingegangen wird, soll zunächst eine kurze Zusammenfassung des Inhalts der „General Theory" gegeben werden.

3.6.1 Die „General Theory" von Keynes

Das Entstehen der „General Theory" ist ein weiteres Beispiel dafür, dass drängende wirtschaftspolitische Probleme das ökonomische Denken beeinflussen. Die krasse Diskrepanz zwischen dem klassisch-neoklassischen Vertrauen in die Selbstheilungskräfte einer marktwirtschaftlichen Ordnung einerseits und die empirischen Erfahrungen der Weltwirtschaftskrise von 1929/30 andererseits haben die Keynessche Analyse beeinflusst und ihre Verbreitung begünstigt.

Die „General Theory" geht in ihrer zentralen Aussage davon aus, dass bei gegebenen Preisen bzw. Geldlöhnen die effektive Gesamtnachfrage die Höhe der Produktion bestimmt und diese wiederum die Höhe der Beschäftigung, m.a.W.: Die Produktion wird nicht durch die Ausstattung mit Ressourcen begrenzt, sondern durch die effektive gesamtwirtschaftliche Nachfrage, die bestimmt, wieviele der potentiellen Ressourcen tatsächlich verwendet werden.

Diese Aussage steht im Widerspruch zum Sayschen Theorem. Nach KEYNES sind die Konsumentscheidungen der privaten Haushalte und die Investitionsentscheidungen der Unternehmen die entscheidenden Determinanten der Gesamtnachfrage. Die Konsumentscheidungen hängen vom laufenden Einkommen ab und es gibt eine stabile Beziehung zwischen beiden Variablen. Aufgrund eines mikroökonomisch nicht näher begründeten *fundamentalen psychologischen Gesetzes* steigt der Konsum zwar mit zunehmendem Einkommen, jedoch nicht um den vollen Betrag des Einkommenszuwachses, d.h. die marginale Konsumquote bzw. der Grenzhang zum Verbrauch ist kleiner eins. Die Investitionsentscheidungen werden durch die erwarteten Erträge beeinflusst – KEYNES spricht von der *marginal efficiency of capital* (*Grenzleistungsfähigkeit des Kapitals*). Das ist der Zinssatz, bei dem die abgezinsten Nettoerträge gleich den Anschaffungskosten sind. Wenn die Grenzleistungsfähigkeit des Kapitals größer ist als der Marktzins, dann sind Investitionen lohnend. Daraus folgt, dass je höher der Marktzins, desto geringer die Investitionsnachfrage und umgekehrt.

Konsum- und Investitionsgüternachfrage bilden zusammen die Güternachfrage, mit der die Unternehmen als Anbieter von Gütern konfrontiert sind. Da die Konsumnachfrage nicht ausreicht, um die Produktion abzunehmen, kommt es für die Produktions- und Beschäftigungsentwicklung einer Volkswirtschaft entscheidend auf die Investitionen an. Wegen deren Abhängigkeit von Unsicherheiten hinsichtlich zukünftiger Erträge sind Investitionshöhe, effektive Gesamtnachfrage und damit Beschäftigungsstand entsprechend gefährdet. In diesem Zusammenhang stellt sich die Frage, warum ein Nachfragerückgang auf dem Gütermarkt, mithin eine Erhöhung der Ersparnis, nicht zu Zinsreaktionen auf dem Kapitalmarkt führt. Zinssenkungen und eine damit verbundene erhöhte Investitionsgüternachfrage könnten zu einem erneuten Gleichgewicht führen. Die Keynessche Argumentation geht dahin, dass Sparen und Investieren von verschiedenen Einflussfaktoren bestimmt werden, ein Ausgleich durch den Zinsmechanismus somit ausgeschlossen wird. Mit der Liquiditätspräferenztheorie, die bei KEYNES an die Stelle der neoklassischen Quantitätstheorie tritt, wird darüber hinaus erklärt, weshalb es für ein Wirtschaftssubjekt rational sein kann, auf einen Zinsertrag zu verzichten und statt dessen Geld in Form von Kasse zu halten. Die Geldhaltung als Alternative zu Wertpapieren wird umso attraktiver, je niedriger der Zinssatz ist. Der Zins wird damit als ein weiterer Bestimmungsgrund der Geldnachfrage eingeführt, was im Gegensatz zur klassisch-neoklassischen Auffassung steht. Richten wir zum Schluss den Blick auf den Arbeitsmarkt: „Was sich bei Keynes auf dem Arbeitsmarkt im einzelnen abspielt, ist aus der General Theory nur mit Mühe zu rekonstruieren." (LANDMANN 1982, S. 12). Eine herkömmliche Interpretation lautet: Kommt es in Folge zu geringer effektiver Gesamtnachfrage zu Arbeitslosigkeit, dann sind Nominallohnsenkungen kein geeignetes Mittel, um einen Angebotsüberhang auf dem Arbeitsmarkt zu beseitigen. Erstens zeigten Nominallöhne in der Realität nicht jene Flexibilität nach unten, welche die Klassik-Neoklassik unterstellt und zweitens könnte ein Nominallohnverzicht sogar noch wachsende Arbeitslosigkeit hervorbringen (TOBIN 1981, S. 8 ff.).

Im Ergebnis kann eine zu geringe gesamtwirtschaftliche Nachfrage ein Gleichgewicht mit unfreiwilliger Arbeitslosigkeit zur Folge haben (Unterbeschäftigungsgleichgewicht). *Unfreiwillige Arbeitslosigkeit* heißt, dass die Arbeitnehmer bereit sind, zum herrschenden Nominallohn zu arbeiten, jedoch keine Arbeit finden. Die klassisch-neoklassische Theorie kennt dagegen nur eine *freiwillige Arbeitslosigkeit*, die dann gegeben ist, wenn der Arbeitnehmer von sich aus nicht bereit ist, zum herrschenden Gleichgewichtslohnsatz Arbeit anzubieten.

Führt eine zu geringe gesamtwirtschaftliche Nachfrage zu einem Unterbeschäftigungsgleichgewicht, dann sind auch die wirtschaftspolitischen Implikationen der Keynesschen Botschaft angedeutet: autonome Nachfrageerhöhungen durch den Staat (*expansive Fiskalpolitik*), die geeignet sind, über Multiplikatorprozesse die Gesamtnachfrage auf Vollbeschäftigungsniveau zu bringen und eine *Geldpolitik*, die das Zinsniveau niedrig hält.

3.6.2 Die neoklassische Synthese

Die bereits erwähnte KEYNES-Interpretation von HICKS, deren Grundlage das IS/LM-Modell ist (BARENS/CASPARI 1994), verdrängte nach Ansicht von Kritikern den Aspekt der Erwartungen hinsichtlich der zukünftigen ökonomischen Entwicklungen aus der keynesianischen Makroökonomik und bereitete so den Boden für die neoklassische Synthese vor. Mit Beginn der sechziger Jahre wurde sie zum vorherrschenden Paradigma der ökonomischen Theorie. Herausragende Vertreter sind PAUL A. SAMUELSON und ROBERT SOLOW.

Der Ausdruck neoklassische Synthese bezieht sich insbesondere auf die Trennung und unterschiedliche Erklärung von langfristigem Angebot und kurzfristigen Nachfrageschwankungen. In der Literatur spricht man auch von einer friedlichen Koexistenz von Keynesianismus und Neoklassik.

Das private marktwirtschaftliche System wird als langfristig stabil angesehen. Aufgrund von Preis- und Lohnrigiditäten können jedoch Marktungleichgewichte über einen längeren Zeitraum anhalten. Wirtschaftspolitisch wird daraus die Notwendigkeit einer staatlichen Nachfragesteuerung (demand management) abgeleitet.

In das Grundmodell der neoklassischen Synthese gehen der Angebotssektor der neoklassischen Theorie (Arbeitsmarkt und Produktionsfunktion) sowie das keynesianische IS/LM-Modell als Nachfragesektor ein. Anhand dieses Modells, das in jedem makroökonomischen Lehrbuch zu finden ist (MANKIW 2003), lässt sich zeigen, dass die Verwendung der keynesianischen Konsumfunktion, der Grenzleistungsfähigkeit des Kapitals und der Liquiditätspräferenz nicht notwendigerweise zu einem anderen Resultat führt als das der klassisch-neoklassischen Theorie, nämlich ein allgemeines Gleichgewicht bei Vollbeschäftigung. Betrachtet man das Modell allerdings von der keynesianischen Seite aus, so können verschiedene „Unvollkommenheiten" den Vollbeschäftigungsmechanismus stören. Zu nennen sind hier die Szenarien zinsunelastische Investitionen, die Liquiditätsfalle und starre Löhne.

Die neoklassische Synthese hat sich jedoch insgesamt als wenig tragfähig erwiesen, vor allem deshalb, weil Allokation und Preisbildung der vollbeschäftigten Ressourcen einerseits und die Frage ungenutzter Ressourcen andererseits mit zwei verschiedenen Theorien erklärt werden. Daraus wurde die Folgerung abgeleitet, dass die Makroökonomik einer veränderten mikroökonomischen Fundierung bedürfe. Die Auseinandersetzung in der Literatur beschritt zwei Wege. Der eine Weg lässt sich als *Neue Keynesianische Makroökonomik* („non-market clearing paradigm") bezeichnen und orientiert sich an der Keynesschen „General Theory". Der zweite Weg betrifft den Gleichgewichtsansatz („market clearing paradigm"). Die Bezeichnung *Neue Klassische Makroökonomik* deutet auf die Verankerung im klassisch-neoklassischen Gedankengebäude hin (LANDMANN 1982, S. 5). Mit diesen Forschungsrichtungen werden wir uns einige Kapitel später befassen.

3.6.3 Der Postkeynesianismus

Eine weitere KEYNES-Interpretation stellt die Richtung des *Postkeynesianismus* dar. Den Ausgangspunkt dieser Strömung bilden die zumeist nach dem Zweiten Weltkrieg veröffentlichten Arbeiten einer eher heterogenen Gruppe von Ökonomen, deren einigendes Band darin besteht, dass sie in Fundamentalopposition zum neoklassischen Paradigma stehen. In der Literatur werden sie auch als „keynesianische Linke" bezeichnet, da sie die Botschaft von KEYNES, ähnlich wie früher von MARX, dahingehend interpretieren, dass das kapitalistische Wirtschaftssystem an einem Grundübel leide, das nur durch radikale Änderungen geheilt werden könne. Die Vertreter der neoklassischen Synthese, auch als „keynesianische

3.6 Keynesianische Revolution

Rechte" tituliert, sahen die Keyessche Botschaft dagegen eher in einer Aufforderung zu einer antizyklischen Geld- und Fiskalpolitik. Da die „Linken" in Cambridge/England und die „Rechten" in Cambridge/Massachusetts lehrten, wurde der keynesianische Bruderzwist zur Kontroverse „Cambridge gegen Cambridge".

Zu den Postkeynesianern der Ersten Generation werden insbesondere MICHAL KALECKI (1899-1970), ROY F. HARROD (1900-1978), JOAN ROBINSON (1903-1983), NICHOLAS KALDOR (1908-1986) und PIERO SRAFFA (1898-1983) gerechnet, wobei HARROD und ROBINSON zu den engsten Mitarbeitern von JOHN MAYNARD KEYNES zählten. Allerdings ist bei dieser Zuordnung Vorsicht geboten, da die Ansichten hierüber divergieren.

Im Folgenden werden die Beiträge von KALECKI, ROBINSON, KALDOR und SRAFFA kurz skizziert, um dem Leser einen Eindruck von den Grundbausteinen der postkeynesianischen Theorie zu geben.

Nach Ansicht von J. ROBINSON, die die Bedeutung von KALECKI in zahlreichen Veröffentlichungen hervorgehoben hat, nahm dieser in seinen zwischen 1933 und 1935 geschriebenen Artikeln die wesentlichen Kernpunkte der Keyesschen Botschaft vorweg, so u.a., dass ein Haushaltsdefizit in der Rezession Beschäftigung schaffe, Nominallohnkürzungen rezessive Phasen nur verschlimmern können und die Investitionsentscheidungen der Unternehmen von den in die Zukunft gerichteten Ertragserwartungen abhängen. Daneben entwarf KALECKI eine Theorie des Konjunkturzyklus, die ihre Inspiration vom Marxschen Denken und den Marxschen Reproduktionsschemata bezog. Während die Keyessche Analyse kurzfristig und komparativ-statischer Art war, betonte KALECKI den dynamischen und damit langfristigen Aspekt.

J. ROBINSON ist vor allem als vehemente Kritikerin der neoklassischen Gleichgewichtsanalyse populär geworden. Ihre Beiträge zur Akkumulation des Kapitals und zu Problemen des wirtschaftlichen Wachstums sind dagegen weniger bekannt. Der Mythos eines „Golden Age", in dem Kapitalakkumulation, Beschäftigung, Produktion und effektive Nachfrage mit der langfristig höchstmöglichen Rate gleichmäßig fortschreiten, dient ihr als analytisches Hilfsmittel, um die Schwierigkeiten einer Vereinbarkeit von kurzfristigem Ungleichgewicht (Keynessches Konzept) und langfristigem Gleichgewicht aufzuzeigen.

KALDOR gilt als Begründer der nachfrageorientierten makroökonomischen Verteilungstheorie. Sein Verteilungsmodell ist Grundlage verschiedener Weiterentwicklungen, wie beispielsweise von LUIGI PASINETTI, Kurt W. ROTHSCHILD, GOTTFRIED BOMBACH u.a. Im Rahmen einer langfristigen Wachstumsanalyse wird die Einkommensverteilung mit den Investitionsentscheidungen verknüpft. Im Zentrum des Modells steht die Frage nach dem Mechanismus, der die Anpassung der aggregierten Ersparnis an das von den Unternehmen geplante Investitionsvolumen ermöglicht – bei Unabhängigkeit der Spar- von den Investitionsentscheidungen. Nach KALDOR sind es Veränderungen in der Einkommensverteilung zwischen Arbeitern und Kapitalisten, welche die für das Gleichgewicht notwendige Identität zwischen Ersparnis und Investition sicherstellen. Sein analytischer Bezugsrahmen ist allerdings das gesamtwirtschaftliche Gleichgewicht bei Vollbeschäftigung, dauerhafte Unterbeschäftigungssituationen im Keynesschen Sinne bleiben in seiner Verteilungstheorie unberücksichtigt. Insofern nimmt KALDOR gegenüber KALECKI und ROBINSON eine Sonderstellung ein und wird daher auch vom Hauptstrom der neoklassischen Synthese vereinnahmt.

Während die bisher genannten Ökonomen die „General Theory" als Ausgangspunkt ihrer Kritik an der neoklassischen Theorie und ihrer Gegenentwürfe verwendeten, versuchte SRAFFA durch eine Neuinterpretation ricardianischer Gedanken eine Wiederbelebung der klassischen politischen Ökonomie. Er verfolgte das Ziel, das klassische Wertproblem, die Transformation von Werten in Preise, auf eine neue Weise zu lösen (SRAFFA 1960). In der Literatur hat sich für die Weiterentwicklung dieses Forschungsansatzes die Bezeichnung *Neoricardianismus* eingebürgert.

Die skizzierten Beiträge haben zwar den Rahmen für ein alternatives Theoriesystem bereitgestellt, die Verknüpfung zu einer „besseren" Theorie oder zu einem allgemein akzeptierten neuen Paradigma gelang jedoch nicht und so konnten sie sich gegen die „Mainstream-Ökonomie" der fünfziger und sechziger Jahre (neoklassische Synthese) nicht behaupten. Die postkeynesianisch-orientierten Ökonomen blieben „Dissidenten innerhalb der Ökonomie" (EICHNER 1982). Erst mit der Krise des Keynesianismus in den 70er Jahren – die den Ausgangspunkt für verschiedene neue ökonomische Denkansätze darstellt – wurde der postkeynesianische Ansatz wieder aufgegriffen und erweitert. Als Vertreter der neueren Entwicklung sind vor allem P. DAVIDSON und H. MINSKY zu nennen. Aber auch heute steht das Wort „Postkeynesianismus" für das Zusammentreffen mehrerer oppositioneller Strömungen in der Ökonomie. Vereinfachend und nicht ohne eine gewisse Willkür lassen sich – neben dem Neoricardianismus – zwei Richtungen unterscheiden: die realwirtschaftlich-orientierten Postkeynesianer, die in der Tradition von KALECKI und ROBINSON stehen, und die monetäre Theorieelemente betonenden Postkeynesianer, die der Keynesschen Tradition mit ihrem Schwerpunkt auf der monetären Analyse verpflichtet sind („monetärer Keynesianismus"). Letztere weisen dem Einfluss monetärer Störungen und der Unsicherheit ökonomischer Entscheidungen eine herausragende Rolle zu. Die Betonung von Erwartungsunsicherheit halten sie für die eigentliche Innovation der Keynesschen „General Theory".

3.7 Die Kontroverse Keynesianismus/Neoklassik in der langfristigen Analyse

Die moderne Wachstumstheorie entwickelte sich ab den 50er Jahren. Zunächst ging es darum, die kurzfristig orientierte keynesianische Theorie auf die langfristige Sicht zu übertragen.

3.7 Kontroverse Keynesianismus/Neoklassik

3.7.1 Die postkeynesianische Wachstumstheorie

Die bedeutendsten postkeynesianischen Wachstumsmodelle wurden von dem englischen Ökonomen R. HARROD (1939) und fast zeitgleich, aber unabhängig von dem US-amerikanischen Ökonomen E. DOMAR (1946) entwickelt. Man spricht deshalb allgemein von dem *Harrod-Domar-Modell*.

Argumentierte KEYNES mit gegebenen Produktionskapazitäten, so betonte HARROD den kapazitätserweiternden Effekt von Investitionen und stellte den Doppelcharakter der Investitionen in den Mittelpunkt seiner Analyse. Die Nachfrage nach Investitionsgütern ist einerseits Teil der gesamtwirtschaftlichen Nachfrage. Andererseits führen Investitionen zu einer Vergrößerung des Kapitalstocks und damit des gesamtwirtschaftlichen Angebots. Sowohl HARROD als auch DOMAR untersuchten, unter welchen Bedingungen eine Ökonomie so wachsen kann, dass sowohl das kurzfristige Periodengleichgewicht als auch das dynamische Gleichgewicht (Wachstumsgleichgewicht) erfüllt sind. Bei HARROD wird der Zusammenhang von Investitions- und Sparentscheidungen analysiert. Die Höhe der gleichgewichtigen Wachstumsrate wird durch das Verhältnis von Sparquote und Kapitalkoeffizient bestimmt, während bei DOMAR die Kapitalproduktivität statt des Kapitalkoeffizienten verwendet wird.

Als Keynesianer waren beide der Ansicht, dass eine Volkswirtschaft, die sich nicht auf dem langfristigen Gleichgewichtspfad befindet, nur durch wachstumspolitische Maßnahmen dorthin zurückgeführt werden kann.

HARROD unterscheidet in seinem Modell zwischen einer *natürlichen Wachstumsrate* (bestimmt durch das Wachstum des Arbeitskräftepotentials und den technischen Fortschritt), einer *gleichgewichtigen* (gewünschten) *Wachstumsrate* (bestimmt durch das Verhältnis von Sparquote und Kapitalkoeffizient) und einer *tatsächlichen Wachstumsrate*. Eine Übereinstimmung aller drei Wachstumsraten wäre rein zufällig. Liegt die gleichgewichtige Rate unter der natürlichen, so entsteht Arbeitslosigkeit. Es gibt nun keinen Mechanismus, der die gleichgewichtige Rate an die natürliche Rate heranführt. Ein dynamisches Unterbeschäftigungsgleichgewicht ist somit möglich. Störungen des Gleichgewichts ergeben sich, wenn tatsächliche und gleichgewichtige Wachstumsrate voneinander abweichen. Nach HARROD besteht die Gefahr, dass Instabilitäten kumulieren und weiter vom Gleichgewichtspfad wegführen („Wachstum auf des Messers Schneide").

3.7.2 Die neoklassische Wachstumstheorie

Das Grundmodell des neoklassischen Paradigmas ist statisch angelegt und zwar einerseits als Totalanalyse (beginnend mit WALRAS), andererseits als Partialanalyse (wie bei MARSHALL). Die Sichtweise ist überwiegend mikroökonomisch. Demgegenüber operiert die neoklassische Wachstumstheorie, als deren Pionier ROBERT M. SOLOW angesehen werden kann, mit makroökonomischen Größen. Deshalb ist sie ohne das Fundament der keynesianischen Einkommens- und Beschäftigungstheorie nur schwer vorstellbar. Das gilt umso mehr, wenn man bedenkt, dass die *neoklassische Wachstumstheorie* als „Gegenentwurf" zur postkeynesianischen Wachstumstheorie entwickelt worden ist.

Die zentrale Fragestellung der neoklassischen Wachstumstheorie lässt sich wie folgt formulieren: Sind entwickelte, marktwirtschaftlich organisierte Wirtschaftssysteme zu stetigem Wachstum fähig? Unter einer Reihe bestimmter Voraussetzungen ist die Antwort der neoklassischen Theorie positiv. Das neoklassische Fundament und der Gleichgewichtscharakter werden besonders deutlich, wenn die neoklassische Wachstumstheorie explizit auf der Basis eines walrasianischen Gleichgewichtssystems ermittelt wird. Wachstum wird dann dargestellt als eine Abfolge von Gleichgewichtszuständen, die sich untereinander durch die Faktormengen unterscheiden. Die Verknüpfung erfolgt dadurch, dass ein Teil der produzierten Güter zur Vermehrung der Faktormengen (insbesondere Kapital) verwendet wird. Andere Faktormengen, wie z.B. Arbeit, werden exogen erklärt.

> Das Standardmodel der neoklassischen Wachstumstheorie ist das *Solow-Modell* (1956). Das Wachstum wird als Folge des Einsatzes von Kapital, von Arbeit und des technischen Fortschritts erklärt. SOLOW kommt zu dem Ergebnis, dass das Wachstum einer jeden Volkswirtschaft langfristig gegen ein Gleichgewicht konvergiert (*steady state*).

Dieses Gleichgewicht wird durch die Investitionen, die Abschreibungen, das Bevölkerungswachstum und den technologischen Fortschritt determiniert. Alle diese Einflussfaktoren führen langfristig zu einem stationären Zustand. Eine Zunahme des Wohlstands folgt nur aus dem technologischen Fortschritt. Trotz aller Kritik stellt das Solow-Modell nach wie vor ein wichtiges analytisches Instrument dar, um zeitliche und regionale Unterschiede in den Wachstumsraten von Ländern zu erklären. Der technische Fortschritt wird allerdings lediglich exogen erklärt. Hier setzt die *neue Wachstumstheorie* an, die auf Arbeiten von PAUL M. ROMER zurückgeht, die Ende der 80er Jahre und Anfang der 90er Jahre veröffentlicht wurden.

3.8 Der Monetarismus als Konterrevolution zum Keynesianismus

> Zielsetzung des *Monetarismus* war es, die Keynessche Revolution in der Wirtschaftstheorie und Wirtschaftspolitik durch eine „monetaristische Konterrevolution" (JOHNSON 1973) zu erschüttern und damit einen Paradigmenwechsel einzuleiten.

Monetarismus und Keynesianismus differieren sehr stark in ihren Forschungsstrategien und Theorien über aggregierte Ausgaben. Die keynesianische Theorie richtet ihr Augenmerk schwerpunktmäßig auf die Bestimmungsgründe der Komponenten der aggregierten Nachfrage. In der monetaristischen Theorie sind dagegen Geldnachfrage und Geldangebot höherstehend in der Erklärung der aggregierten Ausgaben bzw. Ausgabenentscheidungen. Um diesen Kontrast deutlich herauszustellen, haben Vertreter des Monetarismus grundlegende Hypothesen über das ökonomische Verhalten, welches jedem der beiden Theorieansätze zugrundeliegt, formuliert. In der keynesianischen Theorie stellt der Grenzhang zum Verbrauch bzw. die marginale Konsumquote eine stabile Beziehung zwischen Volkseinkommen und Konsum

3.8 Monetarismus als Konterrevolution zum Keynesianismus

her. Demgegenüber nehmen die Monetaristen an, dass die Geldumlaufgeschwindigkeit über die Zeit stabil bleibt, weil die Wirtschaftssubjekte ihr Verhalten nicht abrupt ändern. Damit wird auch die Geldnachfrage als stabil betrachtet. Empirische Untersuchungen von monetaristischen Ökonomen kamen zu dem Ergebnis, dass die monetaristische Hypothese weitaus besser mit den empirischen Daten übereinstimmt. Diese Schlussfolgerung wurde von den Keynesianern nicht akzeptiert. Sie behaupteten, dass sich die keynesianische Theorie nicht auf eine einzige Regressionsgleichung zurückführen ließe und dass die ökonometrischen Modelle, die auf der keynesianischen Theorie beruhen, den doch sehr engen Modellen der Monetaristen überlegen seien.

Die Einschätzung als Konterrevolution ist aber eher darin begründet, dass der Monetarismus seine Aufmerksamkeit auf einen Sachverhalt richtete, der während der keynesianischen Revolution vernachlässigt wurde: die Ausgestaltung eines monetären Systems, welches Preisniveaustabilität aufrecht erhält. Ihre wirtschaftspolitische Zielgröße war dabei eine konstante Wachstumsrate der Geldmenge. Die Skepsis gegenüber der Einhaltung dieser Zielgröße durch die Zentralbank führte zu teilweise sehr radikalen Vorschlägen, wie die Rückkehr zu einem strikten Goldstandard oder einem monetären System, in dem das Geld vom privaten Sektor unter Wettbewerbsbedingungen angeboten wird. Faktisch würde dies auf eine Abschaffung der Zentralbanken hinauslaufen. Diese Alternativen wurden jedoch von vielen Monetaristen als unrealistisch angesehen. Sie sind aber nach wie vor der Auffassung, dass eine feste Regel, die eine Konstanz der jährlichen Wachstumsrate der Geldmenge vorsieht, die beste Wirtschaftspolitik sei (EATWELL/MILGATE/NEWMAN 1987).

Der Monetarismus teilt mit seiner Vorstellung einer liberalen *Laissez faire-Politik* den Glauben an den langfristigen Nutzen einer Wettbewerbsökonomie und weist dem Staat nur eng begrenzte Aufgaben zu. Der Staat soll das Privateigentum schützen, das Land verteidigen und die Ärmsten vor sozialer Not bewahren – das sind seine originären Aufgaben. Nach MILTON FRIEDMAN, dem bekanntesten Vertreter der monetaristischen Schule, ist der Sozialstaat ein teures „Monster", das nur den Bürokraten, Politikern und kleinen Interessengruppen nütze; sozialer Wohnungsbau sei ebenso absurd wie eine staatliche Altersversorgung oder die Festsetzung eines Mindestlohns (FRIEDMAN 1980, 1984).

M. FRIEDMAN (1912-2006) gilt neben KEYNES als der einflussreichste Ökonom des 20. Jahrhunderts. Er war mehrere Jahrzehnte Professor an der Universität von Chicago. In dieser Zeit entstand auch der Begriff *Chicago-Schule*, die von FRIEDMAN maßgeblich geprägt wurde. Seine liberale Philosophie in Ökonomie und Politik kommt besonders in seinem Werk „Capitalism and Freedom" (1962) zum Ausdruck.

Die Wirtschaftspolitik der westlichen Industrienationen schenkte den Thesen FRIEDMANs zunächst keine Aufmerksamkeit. Doch in den späten siebziger Jahren, nach Jahren von Inflation und zugleich Stagnation (*Stagflation*), verfügten die Keynesianer über kein brauchbares Konzept zur Lösung des Stagflationsproblems. Nun war die Zeit reif für die Ideen FRIEDMANS. Eine Reihe von westlichen Notenbanken versuchte, entsprechend der monetaristischen Regel die Geldmenge zu steuern, um die Inflation einzudämmen. Die Regierungen REAGAN (USA) und THATCHER (Großbritannien) gingen dann in den achtziger Jahren viel weiter: Der Abbau des Sozialstaates und kräftige Steuersenkungen sollten die private Wirtschaftskraft stärken. Staatliche Regulierungen wurden abgeschafft und Staatsbetriebe privatisiert. Damit richtete sich das Interesse der Wirtschaftswissenschaftler stärker als früher auf Fragen der Deregulierung.

Der Begriff *Monetarismus* wurde zuerst von einem der Mitstreiter FRIEDMANS, KARL BRUNNER (1916-1989), benutzt. Zusammen mit ALLAN H. MELTZER publizierte er in den 70er Jahren die monetaristischen Thesen. Die Wurzeln des Monetarismus lassen sich auf die *Quantitätstheorie* des Geldes zurückführen. Die Quantitätstheorie erklärt Veränderungen des nominalen Volkseinkommens durch Veränderungen der Geldmenge und der Geldumlaufgeschwindigkeit. Längerfristig gesehen sind Veränderungen der Geldumlaufgeschwindigkeit geringer als die der Geldmenge, so dass letztere in erster Linie als Erklärung für die Veränderungen des nominalen Volkseinkommens dient. Darüber hinaus werden – wiederum langfristig gesehen – Veränderungen des realen Inlandsprodukts hauptsächlich durch reale und nicht durch monetäre Faktoren beeinflusst, so dass die Veränderungen der Geldmenge vorrangig das Preisniveau beeinflussen. Die über einen längeren Zeitraum empirisch beobachtete Beziehung zwischen Geldmenge und Preisniveau wurde als Beleg dafür herangezogen, dass inflationäre Entwicklungen auf eine monetäre Überexpansion zurückzuführen sind und nur durch eine Kontrolle der Geldmenge beseitigt werden können. Dies ist die Basis für FRIEDMANS Behauptung, dass die Inflation immer und überall ein monetäres Phänomen sei (FRIEDMAN 1968). In seiner mit ANNA J. SCHWARTZ veröffentlichten Arbeit „A Monetary History of the United States, 1867-1960" versuchte FRIEDMAN empirisch zu belegen, dass die häufigen Änderungen in der US-amerikanischen Geldpolitik verantwortlich waren für die konjunkturellen Zyklen der Wirtschaft.

Die meisten von monetaristischer Seite vorgebrachten Argumente gewinnen an Konturen, wenn man sich klarmacht, dass ihre Funktion darin besteht, keynesianische Positionen zu unterminieren. *Diskretionäre* (d.h. vom Ermessen der wirtschaftspolitischen Entscheidungsträger abhängige) *geld- und fiskalpolitische Maßnahmen*, die in der Absicht einer antizyklischen Konjunktursteuerung erfolgen, wirken eher destabilisierend als stabilisierend und sollten daher unterlassen werden. Für diese Behauptung werden zwei Gründe genannt: zum einen die monetaristische Skepsis gegenüber staatlichen Interventionen. Dieser Skepsis korrespondiert die ideologische Position, dass der privatwirtschaftliche Sektor eine relative Stabilität aufweist. Zum anderen wird auf die langen und unberechenbaren Wirkungsverzögerungen (*time-lags*) diskretionärer Maßnahmen hingewiesen. Derartige Maßnahmen seien häufig selbst Ursache konjunktureller Instabilität.

Die Differenzen zwischen Monetaristen und Keynesianern liegen jedoch nicht nur auf der ideologischen und wirtschaftspolitischen Ebene, sondern – wie bereits angesprochen – auch auf der methodologischen und theoretischen Ebene (KALMBACH 1973, S. 9 ff.). Zwei Aspekte der theoretischen Kontroverse sollen näher betrachtet werden.

Ein Angriffspunkt von FRIEDMAN stellt das von KEYNES in seiner „General Theory" entwickelte Konzept der Konsumfunktion dar. Der darin enthaltene Grundgedanke, dass die laufenden Konsumausgaben in einer stabilen und vorhersehbaren Beziehung zur Höhe des laufenden Einkommens stehen (*absolute Einkommenshypothese*), wird von FRIEDMAN abgelehnt. Nicht in Frage gestellt wird das Prinzip, wonach sich die Ausgaben nach dem Einkommen richten. FRIEDMAN richtet sein Interesse vielmehr auf die Frage, für welche Größenordnung des Planungshorizonts die Geltung des Prinzips vernünftigerweise angenommen werden kann. Nach ihm orientieren sich die Konsumausgaben an dem *Dauereinkommen* (*permanent income*). Dieses umfasst das Einkommen oder die Einkommenserwartungen über mehrere Jahre hinweg (FRIEDMAN 1957). Die Dauereinkommenshypothese lässt nur eine geringe und mit wenig Sicherheit vorhersehbare Wirkung kurzfristiger Änderungen des Einkommens auf die laufenden Konsumausgaben erwarten. Damit ist aber der Wirkungsmechanismus in Frage gestellt, auf den die fiskalische Stabilisierungspolitik baut. Die multiplikativen Wirkungen eines durch Variation von Steuern, Transferzahlungen oder Staatsausgaben erzielten anfänglichen Einkommenseffektes bleiben weitgehend aus. Die träge Reaktion der Ausgaben schwächt den Einkommen-Ausgaben-Regelkreis, so dass jeder expansive Impuls schon in den frühen Phasen der angestrebten Kettenreaktion versickert.

Ein weiterer theoretischer Streitpunkt betrifft die Kritik der klassisch-neoklassischen *Quantitätstheorie* durch die keynessche *Liquiditätspräferenztheorie*. Nach Auffassung von FRIEDMAN gibt es eine feste, wenn auch nicht präzise Beziehung zwischen der Wachstumsrate der Geldmenge und der Wachstumsrate des nominalen Volkseinkommens. Diese Beziehung tritt allerdings nicht offen zutage, vor allem weil es Zeit braucht, bis Änderungen des monetären Wachstums das Einkommen beeinflussen.

Die behauptete Beziehung zwischen der Wachstumsrate der Geldmenge und der Wachstumsrate des nominalen Einkommens bedarf einer theoretischen Fundierung. Hierzu nimmt FRIEDMAN eine Neuformulierung der Quantitätstheorie vor (BLAUG 1995). Diese Neuformulierung liefert eine Erklärung dafür, auf welche Weise von Änderungen der Geldmenge Einfluss auf die realen Größen und das Preisniveau ausgeht. FRIEDMAN geht davon aus, dass das Vermögen eines Wirtschaftssubjektes über dessen gesamte Lebenszeit gesehen werden muss. Das daraus erzielbare Einkommen wird als durchschnittliches (permanentes) Lebenseinkommen begriffen. Unterschieden werden fünf Vermögenskategorien, welche das Gesamtvermögen der Wirtschaftssubjekte bilden: (1) Geld, (2) Obligationen, (3) Aktien, (4) physische Güter und (5) Humankapital.

Die Erträge aus diesen Arten des Vermögens ergeben das Einkommen. Daraus wird eine Geldnachfragefunktion entwickelt, die als neue Determinanten die Erträge aus Obligationen und Aktien und – von besonderer Bedeutung – die Einbeziehung der Inflationsrate aufweist. Dabei ist die Inflationsrate (im Gegensatz zum Preisniveau) mit der Geldnachfrage negativ korreliert. Dahinter verbirgt sich die Annahme, dass bei einer Inflation eine Geldentwertung erwartet wird, deren ständigen Ausgleich die Wirtschaftssubjekte als nicht sinnvoll ansehen und daher auf andere Vermögensarten ausweichen.

Folgendes Beispiel soll zur Illustration angeführt werden (FELDERER/HOMBURG 1994, S. 244 f.): Wird die nominale Geldmenge um 5 % erhöht und nimmt daraufhin die Umlaufgeschwindigkeit – wegen der verminderten Kassenhaltung in Bezug auf die Inflationsrate – um 2 % zu, so steigt das Nominaleinkommen offenbar um 7 %, aber nur kurzfristig, bis sich die Inflationsrate beruhigt hat. Dann sinkt die Umlaufgeschwindigkeit auf ihr Ausgangsniveau. Es pendelt sich somit ein neues Gleichgewicht ein, welches um 5 % höher liegt als das alte. Als Ergebnis ist festzuhalten, dass eine diskretionäre Geldpolitik nicht stabilisierend wirkt, sondern zu erratischen, zyklischen Schwankungen führt. Die realwirtschaftlichen Auswirkungen sehen so aus, dass die Wirtschaftssubjekte von der Inflation überrascht werden. Unterstellt werden *adaptive Erwartungen*, d.h. die Haushalte orientieren sich bei ihren

Entscheidungen an den realisierten und erwarteten Werten der Vergangenheit. Die Lohnforderungen der Arbeitnehmer bleiben hinter der tatsächlichen Inflationsrate zurück, womit die Reallöhne und die Realzinsen zunächst einmal sinken, was zu günstigeren Investitionsmöglichkeiten führt. Bald merken die Wirtschaftssubjekte jedoch, dass sie zu wenig gefordert haben und holen dies nach, wobei sich das Gleichgewicht wieder auf dem alten Niveau einpendelt, allerdings bei einem höheren Preisniveau.

Die inflationären Auswirkungen einer diskretionären Geldpolitik können auch anhand der *Phillipskurve* erklärt werden.

> Die Phillipskurve behauptet einen *trade off* zwischen Inflation und Arbeitslosigkeit. Entlang der Phillipskurve sind hohe Inflationsraten mit niedrigen Arbeitslosenquoten und umgekehrt niedrige Inflationsraten mit hohen Arbeitslosenquoten verbunden.

Die wirtschaftspolitische Vorstellung keynesianisch orientierter Ökonomen ging dahin, dass jeder Punkt auf der Phillipskurve durch eine Steuerung der gesamtwirtschaftlichen Nachfrage erreicht werden könnte. In den 70er Jahren war jedoch zu beobachten, dass die wirtschaftspolitisch angestrebten Arbeitslosenquoten nur durch höhere Inflationsraten zu erreichen waren. FRIEDMAN argumentierte, dass die Wirtschaft um eine *natürliche Rate der Arbeitslosigkeit* schwankt. Sie wird deshalb auch als Gleichgewichtsarbeitslosenrate bezeichnet. Ihre Höhe wird auf strukturelle Veränderungen der Volkswirtschaft, Marktunvollkommenheiten, stochastische Veränderungen von Angebot und Nachfrage, Kosten der Arbeitsplatzsuche und anderes zurückgeführt. Langfristig ist die natürliche Arbeitslosigkeit unabhängig von der Inflationsrate und kann durch diskretionäre Geldpolitik nicht beeinflusst werden.

Die Kritik an der monetaristischen „Theorie" richtet sich in erster Linie auf die behauptete Stabilität der Geldumlaufgeschwindigkeit. Nur wenn diese Stabilität gegeben sei, sei das Ziel einer Geldmengensteuerung wünschenswert. Schwankungen der Geldumlaufgeschwindigkeit würden dagegen – bei konstantem Wachstum der Geldmenge – expansive und kontraktive ökonomische Effekte produzieren, die eine angestrebte Verstetigung der wirtschaftlichen Entwicklung konterkarieren. Ein weiterer Kritikpunkt zielt auf die Schwierigkeiten und Probleme ab, die mit einer exakten Definition des Geldmengenbegriffs verbunden sind.

Wirtschaftspolitisch münden die monetaristischen Vorstellungen in dem Vorschlag einer Geldmengenregel, der zufolge das Geldmengenwachstum (gesetzlich) festgelegt und nicht länger zur Disposition der Zentralbank stehen soll (*regelgebundene Geldmengenpolitik*).

Die Skepsis gegenüber staatlichen Eingriffen in den privaten Sektor vereint eine Gruppe von Ökonomen, die zur *Chicago-Schule* zählen. Neben FRIEDMAN gehört GEORG STIGLER (1911-1991) zu den prominenten Vertretern dieser Richtung. „The two main characteristics of Chicago School adherents are: (1) belief in the power of neoclassical price theory to explain observed economic behaviour, and (2) belief in the efficiency of free markets to allocate resources and distribute income. Correlative with (2) is a tropism for minimizing the role of state in economic activity." (EATWELL/MILGATE/NEWMAN 1987, S. 413). Verordnungen und andere Eingriffe des Staates werden danach fast ausschließlich aufgrund und zum Nutzen einflussreicher Interessengruppen erlassen. Vielfach würden solche Eingriffe ganz einfach dem politischen Wind folgen, mit öffentlichem Interesse, mit schlichten Behauptungen oder gar mit Zitaten aus Büchern begründet. Die Zunahme der Staatstätigkeit in fast allen westlichen Demokratien sei kein Zufall, sondern eher das Resultat des Missbrauchs des Staates durch mächtige Koalitionen organisierter Interessengruppen. Fragen der *Regulierung* und *Deregulierung* wirtschaftlicher Sektoren bzw. Märkte waren sowohl in theoretischer als auch in wirtschaftspolitischer Hinsicht von aktuellem Interesse und begründeten eine neue Forschungsrichtung in der Ökonomie (STIGLER 1971).

3.9 Ordoliberalismus: die deutsche Variante einer liberalen Wirtschaftsordnung

Die wirtschaftspolitischen Vorstellungen der Chicago-Schule werden häufig mit dem Etikett *Neoliberalismus* versehen. Eine Klärung dieses Begriffs wirft jedoch vielfältige Probleme auf. Historisch spielte er bereits Mitte des 20. Jahrhunderts in Europa eine Rolle, gegenwärtig dient er vielfach dazu, alles das zu kennzeichnen, was in wirtschaftlicher und sozialer Hinsicht mit der Globalisierung negativ verbunden ist.

Nach dem Zweiten Weltkrieg wurde der Gedanke des wirtschaftlichen Liberalismus in einigen europäischen Ländern neu aufgenommen. Die daraus entstandene Strömung des Neoliberalismus war jedoch recht breit angelegt. Zwar fühlten sich alle Anhänger des Neoliberalismus dem „Urvater" der Ökonomie, ADAM SMITH, verbunden, doch gab es durchaus kontroverse Ansichten zur Ausgestaltung einer marktwirtschaftlichen Ordnung.

Eine deutsche Variante des Neoliberalismus ist der Ordoliberalismus, der vor allem durch den Wirtschaftswissenschaftler WALTER EUCKEN (1891-1950) und den Juristen FRANZ BÖHM (1895-1977) geprägt wurde (STARBATTY 2002, S. 252). Zentrum dieser Bewegung war die Universität Freiburg im Breisgau, wo EUCKEN von 1927 bis zu seinem Tode im Jahre 1950 lehrte. Im Zusammenhang mit dem Ordoliberalismus wird daher auch von der *Freiburger Schule* gesprochen. Ordnungspolitisch ähnliche Vorstellungen entwickelten Ökonomen, wie WILHELM RÖPKE, ALEXANDER RÜSTOW und ALFRED MÜLLER-ARMACK. Die Ideen der Freiburger Schule prägten in starkem Maße die Entstehung der Sozialen Marktwirtschaft in der Bundesrepublik Deutschland nach 1945.

Mit EUCKENs „Grundlagen der Nationalökonomie" (1939) erfolgte eine Abkehr von der Historische Schule und eine stärkere Beschäftigung mit theoretischen Fragen. Den Ansatz SCHMOLLERS hält EUCKEN für verkehrt: Datensammlung ohne erkenntnisleitende Fragestellung führe zu keinen brauchbaren Ergebnissen. Um jedoch Fragen formulieren zu können, benötige der Wissenschaftler die Theorie. Deshalb könne die Theorie nicht das Resultat der Faktensammlung sein.

In wirtschaftspolitischer Hinsicht unternimmt EUCKEN mit dem nach seinem Tod herausgegebenen zweiten Hauptwerk „Grundsätze der Wirtschaftspolitik" (1952) gleichfalls eine Neuorientierung. Für ihn bestand die Lösung der ordnungspolitischen Aufgabenstellung darin, eine Wettbewerbsordnung zu schaffen, welche die ökonomische Macht von Individuen und organisierten Gruppen möglichst gering hält.

Als Aufgabe des Ordoliberalismus definiert EUCKEN die Festlegung und Sicherung wettbewerblicher Spielregeln, innerhalb derer die Wirtschaftssubjekte agieren sollen. Gleichzeitig sollen ihre ökonomischen Planungen gegenüber staatlicher oder wirtschaftlicher Willkür geschützt werden. Dem Staat kommt die Aufgabe zu, die wirtschaftliche Ordnung positiv zu gestalten.

Der Ordoliberalismus teilt nicht den Optimismus des klassischen Liberalismus oder des Neoliberalismus, dass das Streben der Individuen nach ihrem ökonomischen Vorteil gewissermaßen selbsttätig zum Gesamtwohl aller führt. An die Stelle der *unsichtbaren Hand* setzt der Ordoliberalismus die vom Staat zu konstituierende und zu überwachende Ordnung des Wettbewerbs. EUCKENS wirtschaftspolitische Überlegungen beginnen mit der Unterscheidung zwischen der Wirtschaftsordnung als dem rechtlichen und institutionellen Rahmenwerk der ökonomischen Aktivitäten und dem Wirtschaftsprozess bzw. Wirtschaftsablauf, der die täglichen Transaktionen der Wirtschaftssubjekte umfasst. Um die von ihm angestrebte Ordnung zu verwirklichen, hat EUCKEN konstituierende und regulierende Prinzipien zusammengetragen (LENEL 1989). Durch die *konstituierenden Prinzipien* (Herstellung eines funktionsfähigen Preissystems vollständiger Konkurrenz, Stabilisierung des Geldwerts durch die Währungspolitik, offene Märkte, Privateigentum, Vertragsfreiheit, volle Haftung, Konstanz der Wirtschaftspolitik) soll eine funktionsfähige Wettbewerbsordnung geschaffen werden. Die *regulierenden Prinzipien* (Monopolaufsicht, Einkommenspolitik, Korrektur der Wirtschaftsrechnung, Auffangen anomaler Angebotsreaktionen) sind erforderlich, um die Funktionsfähigkeit der Wettbewerbsordnung zu garantieren. Als entscheidendes Kriterium für ordoliberale Interventionen gilt die Marktkonformität, die Eingriffe dürfen den Marktprozess nicht ersetzen, sondern müssen ihn im Sinne einer idealen Ordnung beeinflussen.

Kehren wir zur Chicago-Schule zurück. Außer FRIEDMAN und STIGLER gehörte auch FRIEDRICH AUGUST VON HAYEK (1899-1992) zu dieser Gruppe. Er gilt neben LUDWIG VON MISES als bedeutendster Vertreter der *Österreichischen Schule* im 20. Jahrhundert. Nach einer Lehr- und Forschungstätigkeit an der London School of Economics wechselte HAYEK im Jahr 1950 an die Universität von Chicago. Dort unterrichtete er bis 1962 und nahm dann einen Ruf an die Universität Freiburg an.

HAYEKS wissenschaftliche Verdienste reichen von seinen Arbeiten zur Konjunkturtheorie, wo er als Gegenspieler von KEYNES galt, über die Theorie des Sozialismus und seinen vielzitierten Beitrag „Der Wettbewerb als Entdeckungsverfahren" bis hin zu Fragen der Rechtsphilosophie und politischen Philosophie. Er gilt als einer der wichtigsten Denker des Liberalismus im 20. Jahrhundert. HAYEK kritisierte allerdings die Entwicklung der Sozialen Marktwirtschaft als zu interventionistisch und auf dem Wege zu einem Wohlfahrtsstaat.

4 Auf dem Weg zu neuen Paradigmen oder Anpassung an neue Herausforderungen?

Im Folgenden wollen wir auf einige aktuelle Forschungsrichtungen in der Ökonomie eingehen, um zu zeigen, wo die „Frontlinien" verlaufen. Je mehr wir uns jedoch der Gegenwart nähren, desto schwieriger wird eine Klassifikation und Einordnung der verschiedenen Programme. Hinzu kommt, dass die Bezeichnungen keineswegs einheitlich sind.

Beginnen wollen wir mit den aktuellen Entwicklungen in der makroökonomischen Theorie. In den Bezeichnungen der Theorieströmungen orientieren wir uns weitgehend an den in der Literatur vorherrschenden Kategorien.

4.1 Neuere Entwicklungen in der makroökonomischen Theorie

Betrachtet man die gegenwärtigen Entwicklungslinien in der Makroökonomie, so unterscheidet MANKIW (1990) drei Richtungen. Die eine Richtung versucht, die Erwartungsbildung der Wirtschaftssubjekte in einer befriedigenderen Weise zu modellieren, als dies in der Vergangenheit der Fall war. Die Hypothese der rationalen Erwartungsbildung findet zunehmend mehr Anhänger. Diese Hypothese lässt sich auf einen Artikel von JOHN MUTH „Rational Expectations and the Theory of Price Movements" aus dem Jahre 1961 zurückführen. In der akademischen Fachwelt bekannt wurde die Hypothese der rationalen Erwartungsbildung durch die Veröffentlichungen von THOMAS SARGENT und NEIL WALLACE aus den siebziger Jahren. Vereinfacht formuliert geht die rationale Erwartungshypothese davon aus, dass bereits die Ankündigung von wirtschaftspolitischen Maßnahmen die erwarteten Ergebnisse vorwegnimmt.

Die zweite Richtung analysiert makroökonomische Phänomene auf der Basis Neuer Klassischer Modelle. Die Modelle der *Neuen Klassischen Makroökonomik* erneuern die Prämisse der Markträumung und verbinden sie mit der Annahme rationaler Erwartungen.

Zur Beschreibung der dritten Richtung wird der Begriff *Neue Keynesianische Makroökonomik* verwendet. Dieser Ansatz kann als Versuch charakterisiert werden, dem Keynesianismus eine stärkere mikroökonomische Fundierung zu geben. Die Gemeinsamkeit dieser Richtung liegt darin, dass ökonomische Fluktuationen in erster Linie auf Marktunvollkommenheiten zurückzuführen sind. Mittlerweile ist festzustellen, dass auch die Neue Keynesianische Makroökonomik die Hypothese der rationalen Erwartungsbildung in ihre Modelle implementiert hat.

4.1.1 Neue Klassische Makroökonomik

Die monetaristische Konterrevolution hat die grundsätzliche Auffassung der keynesianisch orientierten Ökonomen nicht erschüttern können, dass private marktwirtschaftliche Systeme höchstens langfristig stabil und deshalb kurz- und mittelfristig stabilisierungspolitische Maßnahmen notwendig sind. Was die Gefahr der Inflationsbeschleunigung (Akzelerationshypothese) betrifft, so wurde von keynesianischer Seite argumentiert, dass diese nur eintritt, wenn die staatliche Wirtschaftspolitik versucht, die Arbeitslosigkeit unter die *natürliche Arbeitslosenrate* zu drücken; für die Keynesianer sei aber eher der Fall relevant, dass die tatsächliche Arbeitslosenrate über der natürlichen Rate liege. Stabilisierungspolitische Maßnahmen könnten in dieser Situation ohne Inflationsgefahr eingesetzt werden (WAGNER 2008, S. 36).

Ein erneuter Angriff auf diese Position erfolgte durch die Denkrichtung der *Neuen Klassischen Makroökonomik*. Der programmatische Name lässt bereits erkennen, dass nicht allein eine Rückkehr zur klassischen Tradition, sondern auch eine theoretische Weiterentwicklung beabsichtigt ist. Der klassische Teil drückt sich in der Annahme stetiger Markträumung aus. Die Weiterentwicklung gegenüber der traditionellen neoklassischen Gleichgewichtsanalyse liegt darin, dass die Wirtschaftssubjekte zwar über unvollkommene Informationen verfügen, jedoch rationale Erwartungen haben. Bedeutendste Vertreter sind ROBERT LUCAS, THOMAS SARGENT und ROBERT BARRO. In der Literatur werden sie auch als „fresh water economists" bezeichnet, da sie an den Universitäten nahe den großen Seen im mittleren Westen der USA (Chicago, Carnegie-Mellon, Minneapolis) forschen und lehren (HEIJDRA/V.D.PLOEG 2002, S. 23).

Die Hypothese *rationaler Erwartungen* geht von der Prämisse aus, dass die privaten Wirtschaftssubjekte (Haushalte und Unternehmen) ihren Erwartungen über die Inflationsrate oder andere ökonomische Größen alle verfügbaren Informationen über die zukünftige Entwicklung dieser Variablen zugrunde legen. Erwartungen werden dann als rational bezeichnet, wenn sie statistisch gesehen die besten Prognosen sind, die bei Einsatz der verfügbaren Informationen gemacht werden können. Die getroffenen Entscheidungen sind deshalb optimal, d.h. unter den gegebenen Umständen die besten. *Systematische* Fehler bei der Bildung von Erwartungen, wie beispielsweise eine ständige Unterschätzung der Inflationsrate, werden ausgeschlossen. Die monetaristische Akzelerationshypothese verliert damit ihre Gültigkeit. Die privaten Wirtschaftssubjekte korrigieren solche Fehler und ändern die Art ihrer Erwartungsbildung. „Im Durchschnitt sind die Erwartungen der Individuen nach der Theorie rationaler Erwartungen richtig, weil die Individuen die Umwelt, in der sie handeln, verstehen oder zumindest nach einer Weile verstehen lernen" (WAGNER 2008, S. 37). Individuen begehen demnach nicht immer wieder die gleichen Fehler. Möglich sind allenfalls *zufällige* Prognosefehler.

4.1 Neuere Entwicklungen in der makroökonomischen Theorie

Die Kritik an der Hypothese rationaler Erwartungen bezieht sich zum einen auf empirische Untersuchungen, die belegen, dass Wirtschaftssubjekte durchaus systematische Erwartungsirrtümer begehen können. Zweitens wird bemängelt, dass Modelle mit rationalen Erwartungen kontinuierliche Gleichgewichtslösungen produzieren. Das dritte Problem wird darin gesehen, dass der Ansatz nur konsistent ist im Rahmen eines von allen Individuen akzeptierten Modellrahmens. Wenn jedes Wirtschaftssubjekt seine eigene Vorstellung vom Funktionieren des ökonomischen Systems hat und die jeweiligen Vorstellungen gegenseitig nicht bekannt sind, so sind Aussagefähigkeit und Anwendbarkeit der rationalen Erwartungshypothese eingeschränkt.

Was das Postulat markträumender Preise betrifft, so steht die Neue Klassische Makroökonomik in starkem Gegensatz zur Theorie der Unvollkommenheit der Märkte und der Rigidität von Preisen und Löhnen. Das Paradigma eines allgemeinen walrasianischen Gleichgewichts wird mit Hilfe der rationalen Erwartungsbildung neu begründet. Die rationale Erwartungsbildung ersetzt sozusagen den walrasianischen Auktionator. Auch dieses Postulat war Angriffspunkt für kritische Einwände. Die Unterstellung stets markträumend flexibler Preise und Löhne ist weit davon entfernt, eine auch nur halbwegs zulässige Abbildung der Realität zu sein. Aufgrund dieser Probleme ist es keineswegs erstaunlich, dass ökonometrische Tests nicht zu einer empirischen Erhärtung der Modellaussagen der Neuen Keynesianischen Makroökonomik führten.

Seit Mitte der achtziger Jahre wurden deshalb die Modelle der Neuen Klassischen Makroökonomik abgelöst durch *Real Business Cycle*-Modelle. Sie haben ihren Ursprung in Artikeln von FINN KYDLAND und EDWARD PRESCOTT (1982). Die Real Business Cycle-Modelle gehen davon aus, dass praktisch alle Konjunkturschwankungen das Resultat von Produktivitätsschocks oder Präferenzschocks sind. Erklärt werden soll, wie rational handelnde Wirtschaftssubjekte auf Veränderungen ihrer wirtschaftlichen Umgebung (sogenannte „*shocks*") im Zeitablauf reagieren und welche Auswirkungen diese Reaktionen auf die Gleichgewichtswerte makroökonomischer Größen haben. Als Erklärungsfaktoren werden nur reale Größen herangezogen, monetäre Einflüsse bleiben in diesen Modellen weitgehend unbeachtet. Die Real Business Cycle-Modelle werden in der Literatur sehr kontrovers diskutiert. Auch ihnen wird vorgehalten, dass bisher keine Vereinbarkeit mit offensichtlichen empirischen Fakten vorliegt.

Das Überraschungsmoment der Neuen Klassischen Makroökonomik war aber weniger ihr rationales Erwartungskonzept als vielmehr der Tatbestand, dass man mit dessen Hilfe zu teilweise ganz anderen Ergebnissen bezüglich der Wirkung herkömmlicher stabilisierungspolitischer Maßnahmen kam.

Ein Zutreffen der rationalen Erwartungshypothese würde in letzter Konsequenz bedeuten, dass mit den keynesianischen geld- und fiskalpolitischen Instrumenten ökonomische Krisenerscheinungen, insbesondere Arbeitslosigkeit und Inflation, nicht wirksam bekämpft werden können. Man glaubte nachweisen zu können, dass es – bei Annahme rationaler Erwartungen – keine systematischen Wachstums- oder Beschäftigungseffekte der Wirtschaftspolitik geben kann (*Politik-Ineffektivitäts-Hypothese*). Während die auf der Grundlage adaptiver Erwartungsbildung entwickelte monetaristische Theorie der antizyklischen Wirtschaftspolitik noch (wenn auch nur vorübergehende) systematische Erfolge bei der Bekämpfung der Arbeitslosigkeit zugestanden hat, kann im Falle rationaler Erwartungsbildung auch keine vorübergehende Senkung der tatsächlichen Arbeitslosenrate unter die „natürliche Rate" erreicht werden. Nach Ansicht der Neuen Klassischen Makroökonomik verläuft die *Phillipskurve* nicht nur langfristig, sondern auch kurzfristig vertikal. Daher wird diese Denkrichtung auch als „Monetarismus II" bezeichnet.

Die wirtschaftspolitische Schlussfolgerung, dass geld- und fiskalpolitische Impulse wirkungslos verpuffen, wenn sie antizipiert werden können, und nur destabilisierende Fehlreaktionen provozieren, wenn sie nicht antizipiert werden können, führte insbesondere in den USA zu einer Abkehr von der bis dahin dominierenden, keynesianisch-orientierten Nachfragesteuerung und zur Hinwendung zu einer *angebotsorientierten Wirtschaftspolitik* (*supply-side economics*). Hauptvertreter ist ARTHUR LAFFER. Die nach ihm benannte Laffer-Kurve (als Graph eine Parabel) unterstellt einen Zusammenhang zwischen Steuersatz und Steueraufkommen. Je niedriger der Steuersatz, desto stärker steigt das Steueraufkommen (positive Anreizwirkung). Umgekehrt, je höher der Steuersatz, desto mehr gehen die Steuereinnahmen zurück, da die Anreize, zu arbeiten und zu investieren, zurückgehen.

Grundpfeiler einer angebotsorientierten Wirtschaftspolitik sind: (1) Steuersenkungen, wobei die Anreizeffekte einer Senkung der Grenzsteuersätze auf das Angebot betont werden; (2) Deregulierung, d.h. Abbau staatlicher Eingriffe in den Wirtschaftssektor; (3) Verbesserung der Anpassungsfähigkeit des Arbeitsmarktes durch größere Flexibilität der Löhne und (4) eine Geldmengenpolitik nach monetaristischen Vorstellungen (CANTO/JOINES/LAFFER 1983). In der Praxis umgesetzt wurde eine angebotsorientierte Wirtschaftspolitik zuerst in den USA (*Reagomics*) und in Großbritannien (*Thatcherism*).

4.1.2 Neue Keynesianische Makroökonomik

> Die *Neue Keynesianische Makroökonomik* hat verschiedene Wurzeln. Allen gemeinsam ist die Annahme, dass Preise und Löhne nur schwach auf Angebots- oder Nachfrageüberschüsse reagieren. Im Mittelpunkt des Anpassungsprozesses stehen daher – der *Keynesschen Tradition* folgend – Mengenänderungen.

Die erste Welle der Neuen Keynesianischen Makroökonomik beginnt Anfang der 70er Jahre und wird in der Literatur recht unterschiedlich bezeichnet; teilweise wird von *Theorie temporärer Gleichgewichte bei Mengenrationierung*, *Theorie der Nicht-Räumung von Märkten* oder auch *Ungleichgewichtstheorie* gesprochen. Grundlegende Arbeiten hierzu stammen von BARRO, und GROSSMANN (1971), BENASSY (1975), DRÈZE (1975) und MALINVAUD (1977). Bedeutende Vorarbeiten gehen auf PATINKIN (1956) und CLOWER (1965) zurück.

Die Annahme der Nicht-Markträumung führt dazu, dass es auf Märkten zu *Transaktionen bei falschen Preisen* kommt (*trading at false prices*). Im weiteren geht es nun darum, die Auswirkungen dieser (dauerhaften) Nicht-Räumung in einem Modell verbundener Märkte zu analysieren. Das Grundmodell der Analyse geht von zwei Märkten aus, nämlich einem aggregierten Gütermarkt und einem aggregierten Arbeitsmarkt. Die Hypothesen über das Ver-

4.1 Neuere Entwicklungen in der makroökonomischen Theorie

halten der Anbieter und Nachfrager auf diesen aggregierten Märkten werden entscheidungstheoretisch fundiert. Allerdings wird die Rigidität (= Starrheit) von Preisen und Löhnen mikroökonomisch zunächst nicht näher begründet, sie wird lediglich konstatiert. Der Terminus Mengenrationierung bedeutet, dass auf dem Güter- und Arbeitsmarkt zu den jeweils herrschenden Preisen tatsächlich mehr angeboten oder nachgefragt würde, gäbe es nicht gewisse Beschränkungen. Die Nicht-Räumung eines Marktes hat Übertragungseffekte (*spill overs*) auf andere Märkte zur Folge, da Wirtschaftssubjekte, die auf einem Markt (z.B. dem Arbeitsmarkt) ihre Pläne nicht realisieren können, ihre Dispositionen auf dem anderen Markt (z.B. Gütermarkt) ändern. Die Verhaltensfunktionen der Wirtschaftssubjekte (Haushalte, Unternehmen) unterscheiden sich dahingehend, ob sie ihre geplanten Transaktionen durchführen können oder mengenmäßig rationiert werden. CLOWER prägte hierfür den Begriff *duale Entscheidungshypothese*.

Nach MALINVAUD (1977) kann es zu folgenden unterschiedlichen Rationierungskonstellationen oder *Regimes* kommen:

1. Ein Überschussangebot auf dem Arbeitsmarkt kann mit einer Überschussnachfrage auf dem Gütermarkt verbunden sein. In diesem Fall verhindert ein *zu hoher* Reallohnsatz die Vollbeschäftigung (Situation der *klassischen* Arbeitslosigkeit).

2. Ein Überschussangebot auf dem Arbeitsmarkt ist verbunden mit einem Nachfragemangel auf dem Gütermarkt (Situation der *keynesianischen* Arbeitslosigkeit).

3. Sowohl auf dem Gütermarkt als auch auf dem Arbeitsmarkt herrscht eine Übernachfrage (Situation einer *zurückgestauten* Inflation).

Alle drei Situationen sind durch die gleichzeitige Nicht-Räumung beider Märkte (Güter- und Arbeitsmarkt) gekennzeichnet. Es sei aber darauf hingewiesen, dass es sich insofern um gleichgewichtige Konstellationen handelt, als auf beiden Märkten die tatsächlichen Kauf- und Verkaufspläne (im Gegensatz zu den Plänen bei Nicht-Rationierung) miteinander konsistent sind.

Die in der Literatur empfohlenen stabilitätspolitischen Therapievorschläge lauten: im Fall (1) Reallohnsenkung, im Fall (2) Güternachfragebelebung durch den Staat und im Fall (3) Güternachfrageeindämmung durch den Staat. Damit gelingt es diesem Ansatz, bislang rivalisierende Erklärungsmuster unfreiwilliger Arbeitslosigkeit – Reallohn und Nachfragemangel – zu vereinen.

Angesichts der fehlenden mikroökonomischen Begründung von Lohnsatz- und Preisinflexibilitäten schwand in den 80er Jahren das Interesse an den Rationierungsansätzen. Die zweite Welle der Neuen Keynesianischen Makroökonomik konzentrierte sich folgerichtig auf die nach wie vor offen gebliebene Frage, wie Lohn- und Preisrigiditäten, die als Ursachen für Output- und Beschäftigungsschwankungen angesehen werden, mikroökonomisch begründet werden können. Eine erste Variante beschäftigte sich mit der Erklärung von Lohnrigiditäten. Begonnen hat diese Entwicklung mit den Modellen von FISCHER (1977) und TAYLOR (1980), die unterschiedliche Annahmen über die Lohnbildung einführten. Neuere Erklärungen von Lohnrigiditäten lassen sich in drei Theorieströmungen unterteilen: die Theorie impliziter Kontrakte, die Theorie des Gewerkschaftslohns bzw. Insider Outsider-Theorie und die Effizienzlohntheorie (WAGNER 2008, S. 52 ff.). Vereinfacht formuliert geht die erste Theorie davon aus, dass Arbeitnehmer eine Abneigung gegen stark schwankende Einkommen haben; die zweite, dass Gewerkschaften den Zugang zum Arbeitsmarkt kontrollieren, vorrangig die Interessen der Beschäftigten (*insider*) an hohen Löhnen vertreten und weniger die der Arbeitslosen (*outsider*) an Einstellung. Der dritte Erklärungsansatz unterstellt einen Zusammenhang von Lohnzahlung und Arbeitsproduktivität. Je höher der Lohn, desto höher die Produktivität der Arbeitnehmer (FRANZ 2006).

Die gegenwärtigen keynesianischen Modelle stellen eher Preisrigiditäten in den Vordergrund. Sie basieren auf der Annahme monopolistischer Konkurrenz auf dem Gütermarkt. Mangelnde Preisanpassungen bei Nachfrageänderungen werden mit Transaktionskosten begründet, die bei Änderungen der Preise entstehen. Diese sogenannten *menu costs* (MANKIW 1985) sind beispielsweise Kosten für neue Preisauszeichnungen, Erstellen von neuen Preislisten und Katalogen. Die Unternehmen vergleichen die Kosten einer Preisänderung mit möglichen Verlusten bei einer Nichtanpassung. Allgemein werden letztere als sehr gering oder als Verluste *zweiter Ordnung* eingeschätzt.

Ein weiterer Ansatz zur Erklärung konjunktureller Schwankungen richtet sein Augenmerk auf Unvollkommenheiten des Kredit- und Kapitalmarktes (BERNANKE/GERTLER/GILCHRIST 1995). Danach können geldpolitische Maßnahmen der Zentralbank zu Kreditrationierungen seitens der Geschäftsbanken führen, die wiederum die Investitionsnachfrage negativ beeinflussen.

Aufgrund der erwähnten Rigiditäten kommt die Neuen Keynesianische Makroökonomik zu dem Ergebnis, dass – im Gegensatz zu den Schlussfolgerungen der Neuen Klassischen Makroökonomik – eine Steuerung des Wirtschaftsprozesses durch stabilitätspolitische Maßnahmen zumindest kurzfristig reale Auswirkungen auf Produktion und Beschäftigung hat, selbst wenn rationale Erwartungen der Wirtschaftssubjekte unterstellt werden.

In der Literatur werden die Vertreter der modernen Neuen Keynesianischen Makroökonomik auch mit dem Etikett „salt water economists" versehen, da sie an den berühmten Universitäten der Ostküste der USA (Harvard, MIT, Yale) forschen und lehren (HEIJDRA/V.D. PLOEG 2002, S. 23).

4.1.3 Neue Neoklassische Synthese

Die *Neue Neoklassische Synthese* ist eng mit der Neuen Keynesianischen Makroökonomik verwandt (WAGNER 2008, S. 65 ff.). Auch sie beruht auf der Annahme von Lohn- und Preisrigiditäten. Diese werden gleichfalls mikroökonomisch erklärt, beispielsweise durch das Vorhandensein von monopolistischer Konkurrenz und Kosten der Preisanpassung (*menu costs*).

Während der *Real Business Cycle*-Ansatz und die Modelle der *Neuen Klassischen Makroökonomik* Schwankungen des Produktionsniveaus und der Beschäftigung als notwendige Prozesse im Rahmen der Anpassung von Angebot und Nachfrage ansehen, betrachten die

Vertreter der *Neuen Neoklassischen Synthese* diese Schwankungen als nicht wünschenswert. Sie sind der Auffassung, dass Geldpolitik stabilitätspolitisch durchaus wirksam sein kann.

Eine für die Neue Neoklassische Synthese charakteristische Prämisse ist allerdings, dass die Geldpolitik der Zentralbank nicht auf die Steuerung der Geldmenge ausgerichtet sein sollte, sondern auf die Steuerung des Zinssatzes. Hierfür wurden verschiedene Regeln entwickelt, eine der bekanntesten ist die *Taylor Rule* (TAYLOR 1993).
Das IS/LM-Modell wird deshalb in seiner Modellstruktur als veraltet angesehen (CLARIDA/GALI/GERTLER 1999). Vor allem die unterstellte Geldpolitik, wie sie sich in der LM-Kurve widerspiegelt, entspreche nicht mehr den Realitäten. Die LM-Kurve wird daher durch eine Zinsregel ersetzt. Zentralbanken sollen den (kurzfristigen) Zins so festlegen, dass die Outputlücke (Abweichung des tatsächlichen Outputs vom Produktionspotential) und die Inflationslücke (Abweichung der tatsächlichen Inflationsrate von der Zielinflationsrate) minimiert werden.
In der Literatur finden sich verschiedene Bezeichnungen für die neue Modellstruktur. ROMER (2000) spricht beispielsweise von der Keynesianischen Makroökonomik ohne LM-Kurve. Allerdings hat dieser neue Ansatz bisher kaum Eingang in die wichtigsten makroökonomischen Lehrbücher gefunden.

Die zweifellos vorhandenen Ähnlichkeiten mit der Neuen Keynesianischen Makroökonomik führen dazu, dass in der Literatur statt von Neuer Neoklassischer Synthese von *New Keynesian models* gesprochen wird. Ihre besondere Bedeutung haben diese Modelle bei der theoretischen Analyse monetärer Politik (WOODFORD 2003).
Der Begriff Neue Neoklassische Synthese wurde erstmals von GOODFRIEND und KING (1997) verwendet, MANKIW (2006) steht dieser Bezeichnung eher skeptisch gegenüber. Er spricht vielmehr von einem Waffenstillstand zwischen Neuer Klassischer Makroökonomik und Neuer Keynesianischer Makroökonomik.

4.2 Neuere Entwicklungen in der mikroökonomischen Theorie

4.2.1 Neue Mikroökonomik

Die *neoklassische* Mikroökonomie geht davon aus, dass der Preis, der sich auf einem Markt bildet – gleichgültig, ob es sich um einen Markt mit vollständiger oder unvollständiger Konkurrenz handelt –, stets ein markträumender Preis ist, d.h. bei diesem Preis die angebotene Menge der nachgefragten Menge entspricht. Diese Gleichgewichtsbedingung ist Bestandteil der Modellstruktur.

Auf Märkten mit vollständigem Wettbewerb erfolgt die Anpassung entweder über den *walrasianischen Auktionator* oder die Möglichkeit des *recontracting*, das vorsieht, von Verträgen zurücktreten zu können. Beide Annahmen sollen sicherstellen, dass es zu markträumenden Preisen kommt. Ein Vertragsabschluss zu *falschen Preisen*, d.h. Nicht-Gleichgewichtspreisen, wird ausgeschlossen. Auf Märkten mit unvollständigem Wettbewerb hat in der Regel eine der beiden Marktseiten die Rolle des Preisfixierers. Unter Beachtung der Preis-Absatz-Funktion wird dann der Preis gesetzt, der Angebot und Nachfrage in Übereinstimmung bringt.

Die geschilderten Lösungen unterstellen eine vollkommene Markttransparenz aller Marktteilnehmer bzw. des jeweiligen Preisfixierers. Auf realen Märkten ist jedoch eher von unvollkommenen Informationen auszugehen.

Die *Neue Mikroökonomik* setzt hier an und geht von unvollständigen Informationen der Marktteilnehmer aus. Grundlegend hierfür ist die Arbeit von A. ALCHIAN aus dem Jahre 1970. Der Informationsstand der Marktteilnehmer kann nur dadurch verbessert werden, dass sie sich zusätzliche Informationen beschaffen. Dies ist allerdings mit Kosten verbunden. Betrachten wir einen einzelnen Unternehmer, so kann er durch verbesserte Informationen über seinen Absatzmarkt seine Absatzmöglichkeiten erhöhen. Er muss abwägen, zwischen einem zusätzlichen Erlös durch weitere Informationen und den zusätzlichen Informationskosten. Als Handlungsmaxime lässt sich die aus dem neoklassischen Paradigma bekannte Grenzerlös = Grenzkosten – Regel heranziehen: bei unvollständiger Information lohnt sich eine weitere Informationsverbesserung nur solange, wie die Grenzkosten einer zusätzlichen Information nicht höher sind als deren zusätzlichem Grenzerlös. Der gesetzte Preis wird daher in den meisten Fällen kein markträumender Preis sein, da die dazu notwendige vollkommene Information zu hohen Kosten mit sich bringen würde.

Die Neue Mikroökonomik kommt zu dem Ergebnis, dass eine ständige Markträumung selbst bei gewinnmaximierendem Verhalten nicht lohnend ist, sondern dass Nachfrage- oder Angebotsüberschüsse auf Märkten normal sind. Je höher die Informationskosten und die Kosten einer schnellen Produktionsanpassung sind, desto geringer ist die Bereitschaft, markträumende Preisänderungen zuzulassen.

Das Problem unvollständiger Informationen wurde auch auf die Analyse des Arbeitsmarktes übertragen. Für den einzelnen Arbeitsanbieter kann es unter Umständen lohnend sein, Kosten in Form von Suchzeit einzugehen, um seinen Informationsstand zu erhöhen. Das ermöglicht ihm, einen qualifizierten und besser bezahlten Arbeitsplatz zu finden. Das durch diese Informationsaktivität bedingte Ausmaß an Arbeitslosigkeit wird auch als *Sucharbeitslosigkeit* definiert. Für den Arbeitsmarkt hat das zur Folge, dass beim herrschenden Reallohnsatz ein gewisser Angebotsüberschuss existiert, der Markt somit nicht geräumt wird.

Ein besonderes Problem liegt vor, wenn die Informationen zwischen zwei Marktteilnehmern *asymmetrisch* verteilt sind. AKERLOF untersuchte in seinem bekannten Aufsatz „The Markets for 'Lemons'" (1970) die Funktionsweise des Gebrauchtwagenmarktes in den USA. Er wies nach, dass freie Märkte nicht effizient funktionieren, wenn Käufer und Verkäufer ungleichen Zugang zu Informationen haben. Unvollständig informierte Käufer können nicht zwischen minderwertigen Angeboten ('lemons') und hochwertigen unterscheiden. Sie sind deshalb nicht bereit, höhere Preise für die qualitativ besseren Autos ('peaches') zu zahlen. Die Besitzer dieser Autos zögern daher, sie auf dem Gebrauchtwagenmarkt anzubieten. Es kommt zu einer negativen Auslese (*adverse selection*). Wegen der asymmetrischen Informationsverteilung bleiben nur Wagen schlechter Qualität am Markt.

Der Ansatz der Neuen Mikroökonomik bleibt zwar in der Tradition neoklassischen Denkens, es gilt jedoch als sein Verdienst, „deutlich gemacht zu haben, dass im Rahmen eines totalen mikroökonomischen Gleichgewichts ein Teil der Ressourcenallokation auf die Informationsaktivitäten entfallen muss" (SCHUMANN/MEYER/STRÖBELE 2007, S. 467).

4.2.2 Neue Institutionenökonomik

Sowohl das neoklassische Paradigma als auch das keynesianische Paradigma vernachlässigen letztlich den Einfluss von Institutionen auf die Wirtschaftssubjekte (private Haushalte, Unternehmen). Die Analyse dieses Wirkens ist Untersuchungsgegenstand der *Neuen Institutionenökonomik*. Sie hat in den letzten Jahren derart an Bedeutung gewonnen, dass man schon von einer institutionellen Revolution spricht (ALBERT 1977, S. 203). Die Neue Institutionenökonomik hat zwar eine starke Nähe zum neoklassischen Paradigma, bemüht sich aber um realitätsnähere Annahmen. Institutionen werden definiert als ein System von formellen und informellen Regeln einschließlich der Mechanismen ihrer Durchsetzung.

Ausgangspunkt dieser Forschungsrichtung ist ein 1937 erschienener Artikel von RONALD COASE „The Nature of the Firm". Nach COASE sind es vor allem Transaktionskostenersparnisse, die zur Zusammenfassung von Transaktionen in Form dauerhafter Unternehmen führen. Der Markt verursacht Transaktionskosten in Form von Kosten der Informationsbeschaffung, Vertragskosten und Anpassungskosten. Diese lassen sich durch Koordination innerhalb eines Unternehmens minimieren bzw. vermeiden. COASE beschreibt Unternehmen als ein Geflecht von Verträgen.

Mit Hilfe der Transaktionskosten erklärt COASE auch die Größe von Unternehmen. Ein Unternehmen wächst so lange bis die Kosten zur Durchführung einer zusätzlichen Transaktion innerhalb des Unternehmens genau so groß sind wie die Kosten, die bei der gleichen Transaktion auf dem Markt entstehen. Sind die Transaktionskosten am Markt geringer, muss das Unternehmen Teile verkaufen. Im Grenzfall kommt es zu einer Auflösung des Unternehmens.

Aus diesen Überlegungen haben sich später verschiedene Teilgebiete der Neuen Institutionenökonomik entwickelt, wie die *Principal-Agent Theory*, die *Property-Rights Theory* und die *Transaktionskostentheorie*.

Die Grundidee des Principal-Agent-Ansatzes besteht darin, dass ein Auftraggeber (Principal) einen Auftragsnehmer (Agent) mit der Wahrnehmung einer Aufgabe beauftragt. Analysiert werden die Beziehungen, die durch eine asymmetrische Informationsverteilung, Unsicherheit über das Eintreten bestimmter Ereignisse und Unsicherheit hinsichtlich des Verhaltens der Vertragspartner gekennzeichnet sind. Auf die Property-Rights Theory wird im nächsten Abschnitt ausführlicher eingegangen. Eine systematische Darstellung der Transaktionskostentheorie liefert WILLIAMSON (1985).

Die Neue Institutionenökonomik analysiert, warum es Märkte und Unternehmen als ökonomische Institutionen gibt und in welcher Weise diese Institutionen organisiert sein sollten. Die volkswirtschaftliche Koordinationsstruktur wird als institutionelles Arrangement erklärt, das dem Grundsatz der Produktions- und Transaktionskostenminimierung folgt.

Wesentlichen Anteil an der Weiterentwicklung der Neuen Institutionenökonomik hat auch DOUGLAS NORTH mit seinem Werk „Institutions, institutionals change and economic performance" (1990).

4.2.3 Property-Rights-Theorie

Mit der Neuen Institutionenökonomik wird auch die *Property-Rights Theorie* oder *Theorie der Verfügungsrechte* verbunden. Wegen Ihrer Bedeutung soll sie im Folgenden etwas ausführlicher behandelt werden.

Hintergrund dieses Ansatzes ist die Vorstellung, dass es neben dem spezifischen Wert eines Gutes (oder einer Ressource) auch dessen effektiven Nutzwert gibt, d.h. alle damit verbundenen Nutzungsrechte bzw. Verfügungsrechte.

So macht es einen Unterschied, ob sich zwei gleichwertige Häuser einmal in der Nähe einer ehemaligen Mülldeponie oder einmal im Grünen ohne jede Beeinträchtigung befinden; der Nutzwert ist beim zweiten Haus deutlich höher, weil es sich leichter verkaufen oder vermieten lässt.

Die Property-Rights Theorie unterscheidet vier Verfügungsrechte an einem Gut oder einer Ressource: (1) das Recht, die Ressource zu nutzen (usus), (2) das Recht, die Erträge aus dieser Ressource einzubehalten bzw. die Pflicht, Verluste zu tragen (usus fructus), (3) das Recht, die Ressource in Form und Substanz zu ändern (abusus) und (4) das Recht, Verfügungsrechte auf andere Wirtschaftssubjekte zu übertragen (ius abutendi).

Werden diese Verfügungsrechte nicht effizient verteilt, kann es zu Wohlfahrtsverlusten kommen. Die Property-Rights Theorie bietet Lösungsvorschläge an, wie die Verfügungsrechte effizient zugeordnet werden können. Je eindeutiger diese Rechte einer Einheit zugeordnet sind, desto weniger negative externe Effekte entstehen und desto geringer sind die Wohlfahrtsverluste. Allerdings ist die Zuordnung mit Transaktionskosten verbunden, wie beispielsweise Beratungskosten, Verhandlungskosten, Koordinationskosten und Anpassungskosten. Es gibt somit einen Trade off zwischen Wohlfahrtsverlusten aufgrund externer Effekte und den mit ihrer Internalisierung verbundenen Transaktionskosten.

H. DEMSETZ (1967), auf den dieser Ansatz zurückgeht, erläutert anhand eines historischen Beispiels – das hier nur verkürzt wiedergegeben wird –, wie durch Verfügungsrechte die unerwünschten Wirkungen externer Effekte verhindert werden können. Für einen Indianerstamm gelten keine Jagdbeschränkungen, jeder kann soviel Wild jagen, wie er will. Wegen des großen Wildbestands führt dies zu keinen großen Problemen, auch wenn keine individuellen Eigentumsrechte an der Jagd festgelegt sind. Als jedoch von den eindringenden Siedlern verstärkt Biberpelze nachgefragt werden, führt dies zu Preissteigerungen. In der Folge wird die Jagd nach Biberpelzen intensiviert und die Population gerät in Gefahr. Aufgrund des freien Verfügungsrechts hat niemand Interesse, die Jagd nach Bibern zu beschränken, um den Bestand zu sichern. Der Nutzen aus der Jagd und dem Verkauf der Tiere kommt dem Jäger individuell zu, die Kosten der zurückgehenden Population muss die Gemeinschaft als Ganzes tragen. Eine Lösung kann darin bestehen, die externen Effekte durch eine Änderung der Verfügungsrechte zu internalisieren, beispielweise den Familien des Indianerstamms einzelne Territorien zuzuteilen. Dadurch werden Anreize geschaffen, die Jagd so zu regeln, dass der Tierbestand erhalten bleibt. Die Änderung verursacht allerdings Kosten, die Familien müssen sich zusammensetzen, Änderungen diskutieren und umsetzen.

Wie das Beispiel von DEMSETZ zeigt, ist die Verteilung der Verfügungsrechte nicht unveränderlich. Sobald neue, bisher unbekannte Externalitäten auftreten, baut sich ein Anpassungsdruck auf. Dieser führt dazu, dass die Externalitäten durch eine veränderte Verteilung der Verfügungsrechte internalisiert werden. Dabei ist abzuwägen zwischen dem Nutzen der bisherigen Verteilung der Verfügungsrechte und den Transaktionskosten einer Änderung auf der einen Seite sowie dem Mehrnutzen einer veränderten Verteilung der Verfügungsrechte auf der anderen Seite.

> *„Property rights develop to internalize externalities when the gains of internalization become larger than the cost of internalization"(DEMSETZ 1967, S. 350).*

Die Property-Rights Theorie macht deutlich, dass der Markt seiner Allokationsfunktion nur gerecht werden kann, wenn die Verfügungsrechte an Gütern oder Ressourcen durch eine Rechtsordnung klar definiert werden. Das liegt im gemeinsamen Interesse aller, auch wenn der Einzelne ein Interesse hat, sich nicht daran zu halten.

Die Internalisierung externer Effekt durch eine Änderung der Verteilung der Verfügungsrechte muss jedoch nicht immer durch den Staat geregelt werden. Auch Märkte können sehr effizient mit Wohlfahrtsverlusten durch Externalitäten umgehen. R. COASE (1960) weist nach, dass unter bestimmten Voraussetzungen Probleme, die durch externe Effekte entstehen, auch durch Verhandlungen zwischen den beteiligten Parteien effizient gelöst werden können (*Coase Theorem*). Voraussetzungen sind insbesondere, dass die Parteien ohne Kosten verhandeln können, also keine Transaktionskosten entstehen, und die Verfügungsrechte vollständig zugeordnet sind, da sonst keiner über den Schaden bzw. Nutzen entscheiden kann.

Sobald allerdings Transaktionskosten vorliegen, entsteht der bereits erwähnt Trade off. Hohe Transaktionskosten können eine Internalisierung externer Effekte durch Änderung der Verfügungsrechte als nicht lohnend erscheinen lassen. Dann können staatliche Eingriffe nützlich sein. Allerdings kann der Staat auch versuchen, die Transaktionskosten durch eine Neugestaltung von Institutionen soweit zu senken, dass effiziente Verhandlungslösungen wieder möglich sind.

Die Property-Rights Theorie ist ein weiterer Mosaikstein, der ein bisher vom neoklassischen Paradigma im Datenkranz archiviertes Problem zum Untersuchungsgegenstand theoretischer Erklärungen macht.

4.2.4 Public Choice (Neue Politische Ökonomie)

In ähnlicher Weise ist der Public-Choice-Ansatz (zuerst auch als *Neue Politische Ökonomie* bezeichnet) zu sehen.

Diese Forschungsrichtung wendet die Denkweise und das Instrumentarium der neoklassischen Theorie auf politische Prozesse an. Ihr liegt das ökonomische Verhaltensmodell zugrunde, demzufolge Individuen systematisch auf Anreize reagieren und diejenigen Alternativen wählen, die ihnen den größten relativen Nutzen und die geringsten Kosten verursachen.

Ziel dieses Ansatzes ist es, die Verbindung zwischen Ökonomie und Politik wiederherzustellen, in dem die Politik aus dem „Datenkranz" herausgeholt wird, in den die Neoklassik sie über Jahrhunderte verdrängt hatte. Anders formuliert, der Ökonomie sollte ihre gesellschaftspolitische Bedeutung zurückgegeben werden. Die Wurzeln dieses Ansatzes liegen in der Finanzwissenschaft, der Wohlfahrtsökonomik und der neoklassischen Preistheorie als Instrument zur Analyse der individuellen Optimierung. Untersuchungsgegenstand ist nicht der Staat als normative Figur, sondern der Mechanismus politischer Prozesse und Entscheidungen.

Innerhalb der ökonomischen Theorie der Politik lassen sich verschiedene Stufen der Entwicklung unterscheiden. Als ein Vorreiter ist SCHUMPETER anzusehen, der in seinem Buch „Capitalism, Socialism and Democracy" (1942) die Demokratie als Konkurrenz der Parteien um Wählerstimmen interpretiert und den Parteien das Ziel Stimmenmaximierung unterstellt. Ebenso hat WICKSELL bereits betont, dass Staatsausgaben und Staatseinnahmen eng miteinander verknüpft sind und durch den politischen Prozess bestimmt werden.

Grundlegend für diese Forschungsrichtung sind vier Veröffentlichungen, die als „klassische Beiträge" betrachtet werden können, da sie den Ausgangspunkt weiterer Untersuchungen bilden: KENNETH ARROW hat sich in seinem Werk „Social Choice and Individual Values" (1951) als erster mit der Aggregation individueller Präferenzen zu einer sozialen Wohlfahrtsfunktion beschäftigt. Sein berühmtes (im Zusammenhang mit der Wohlfahrtsökonomik bereits erwähntes) *Abstimmungsparadoxon* zeigt, dass gesellschaftliche Entscheidungen durch demokratische Abstimmung nicht immer zu logisch widerspruchsfreien Ergebnissen führen. ANTHONY DOWNS („An Economic Theory of Democracy", 1957) hat die Grundzüge eines Modells der Parteienkonkurrenz entwickelt und die Konsequenzen einer Politik der Stimmenmaximierung aufgezeigt. Das Downssche Modell macht die Analogie zur ökonomischen Entscheidungslogik besonders deutlich. Politiker verhalten sich danach wie Unternehmen, nur dass sie statt Gewinnmaximierung Stimmenmaximierung betreiben (und nicht Wohlfahrtsmaximierung!). Auch die Ziele und Motive der Wähler werden aus deren Eigeninteresse erklärt; sie stimmen für diejenige Partei, deren politisches Programm ihren eigenen Wünschen am nächsten kommt; mit anderen Worten: Wähler maximieren wie Konsumenten ihren Nutzen. JAMES BUCHANAN und GORDON TULLOCK („The Calculus of Consent", 1962) haben sich mit dem Zustandekommen der grundlegenden Regeln und Institutionen in der Gesellschaft auseinandergesetzt. MANCUR OLSON („The Logic of Collectiv Action", 1965) hat ein theoretisches Gerüst geliefert, mit dem sich die Existenz und das Verhalten von Gruppen erklären lassen. Seine Analyse kommt zu dem Schluss, dass auch bei völligem Konsens über die Ziele einer Gruppe ein gemeinsames Handeln nicht selbstverständlich ist. Handelt es sich beispielsweise um die Bereitstellung eines Kollektivgutes – ein Gut, bei dem niemand vom Genuss dieses Gutes ausgeschlossen werden kann, selbst wenn er dafür nicht gezahlt hat – so werden sich die Individuen als *Trittbrettfahrer* (*free rider*) betätigen. Um diesen Effekt zu überwinden, sind verschiedene Strategien möglich, wie beispielsweise die Bildung kleiner Gruppen oder Zwangsmitgliedschaft. Von OLSON besonders hervorgehoben werden *selektive Anreize*, bei denen das Angebot eines Kollektivgutes mit dem Angebot eines privaten Gutes gekoppelt wird, das ausschließlich den Mitgliedern zukommt.

In den siebziger Jahren wurden die genannten Themen analytisch verfeinert und empirischen Prüfungen unterzogen. Für die Forschungsrichtung hat sich mittlerweile die Bezeichnung *Public Choice* etabliert (FREY 1995). Äußeres Zeichen der Anerkennung in den Wirtschaftswissenschaften ist die Aufnahme in Lehrbücher der Wirtschaftstheorie, der Finanzwissenschaft und der Theorie der Wirtschaftspolitik. Inhaltlich zeigen sich Verbindungen mit der Property-Rights-Theorie, dem Transaktionskostenansatz und der Neuen Institutionenökonomik.

Während der achtziger Jahre wurde die Entwicklung weiterer Teilgebiete vorangetrieben. Der *Rent-Seeking-Ansatz* beschäftigt sich insbesondere mit den Kosten, die der Gesellschaft durch dieses Phänomen entstehen. Als Rent Seeking wird jede Aktivität von Individuen oder Interessengruppen bezeichnet, die eine künstlich geschaffene Rente zum Ziel hat. Rente ist dabei ein Betrag, der einem Rechteinhaber zusätzlich für eine Ressource gezahlt wird. Diesen Betrag kann der Rechteinhaber in der Regel nur durch eine vom Staat geschaffene Sonderregelung zu seinen Gunsten erlagen. Die Aufwendungen zur Erlangung dieser Renten sind in der Regel nicht produktiver Art, sondern beschränken sich meist auf Lobby-Aktivitäten, in Ausnahmefällen auch auf Bestechung. Die eingesetzten Ressourcen zur Schaffung von Sonderrechten stehen möglichen produktiven Einsatzmöglichkeiten nicht zur Verfügung und stellen daher einen Wohlfahrtsverlust dar.

4.3 Weitere aktuelle Entwicklungen

4.3.1 Neue Wachstumstheorie

Mit dem Solow-Modell hatte die neoklassische Wachstumstheorie einen gewissen Abschluss gefunden. Erst Ende der 80er Jahre wurde die Diskussion wiederbelebt und zwar ausgelöst durch den Widerspruch zwischen den Aussagen des Modells und empirischen Beobachtungen. Im internationalen Vergleich war keineswegs, wie im Modell behauptet, eine langfristige Konvergenz der Wachstumsraten der verschiedenen Länder festzustellen. Auch die These, dass eine Erhöhung der Sparquote zwar zu einer Periode hohen Wachstums führt, mit der Annäherung an den neuen *steady state* das Wachstum aber an Dynamik verliert, Sparen somit kein dauerhaftes Wirtschaftswachstum generieren kann, wurde in Frage gestellt.

Die neueren Ansätze, die auch als *Neue Wachstumstheorie* oder *Endogene Wachstumstheorie* bezeichnet werden, versuchen, den technischen Fortschritt, dessen Veränderungsrate im Solow-Modell exogen vorgegeben wird, endogen zu erklären und richten dabei ihr Hauptaugenmerk auf die Bedeutung des Produktionsfaktors Wissen für das Wachstum.

Allerdings hat bereits F. MACHLUP in seiner 1970 veröffentlichten Schrift „Education and Economic Growth" auf diesen Zusammenhang verwiesen.

Zentrales Defizit der neoklassischen Wachstumstheorie – wie auch der postkeynesianischen Wachstumstheorie – ist die unzureichende Berücksichtigung und Erfassung des technologischen Fortschritts. „So hängt die Steady-State-Wachstumsrate nur von den exogen gegebenen Raten des Bevölkerungswachstums und des technischen Fortschritts ab, der wie Manna vom Himmel fällt" (MEYER 1998, S. 134).

Der Forschungsgegenstand der endogenen Wachstumstheorie ist recht umfangreich und vielfach sehr komplex. Dennoch soll die Grundidee hier kurz skizziert werden. Die ersten Ansätze gehen auf PAUL M. ROMER (1986) und ROBERT E. LUCAS (1988) zurück.

Hauptbestandteil des Grundmodells der endogenen Wachstumstheorie ist folgende einfache Produktionsfunktion (REBELO 1991): $Y = A \cdot K$, d.h. der Output (Y) wird über den Einsatz von Kapital (K) und eine Konstante (A), eine Art gesamtwirtschaftlicher Technologieparameter, erklärt. Der entscheidende Punkt ist, dass diese Produktionsfunktion keine sinkenden Grenzerträge des Produktionsfaktors Kapital aufweist. Mit einer weiteren Einheit Kapital lässt sich der Output um A zusätzlichen Einheiten steigern, gleichgültig wie viel Kapital bisher eingesetzt wurde. Aufgegeben wird somit die Annahme abnehmender Grenzerträge des Kapitals, ein wichtiger Baustein des Solow-Modells. Hierin liegt der zentrale Unterschied zwischen den Modellen der endogenen Wachstumstheorie und dem Solow-Modell.

Die Modelle kommen in ihrer Kernaussage zu dem Ergebnis, dass Sparen und Investieren nicht zu einem *steady state*, sondern zu einem dauerhaften Wachstum führen. Eine geringfügige Modifikation der Produktionsfunktion führt somit zu einer gravierenden Änderung in der Aussage über das Wirtschaftswachstum. Richten wir unser Augenmerk nun auf die Begründung für den Wegfall der Annahme abnehmender Grenzerträge des Kapitals. Wenn der Kapitalbegriff in einem umfassenderen Sinn interpretiert wird, also nicht nur Sachkapital, sondern auch Wissen umfasst, dann ist nach Auffassung der Vertreter der neuen Wachstumstheorie die Annahme konstanter Grenzerträge des Kapitals plausibler. Wissen wird als ein wichtiger Inputfaktor für die Höhe der Produktion in einer Volkswirtschaft betrachtet. Im Unterschied zum Sachkapital wird davon ausgegangen, dass die Zunahme von Wissen keine sinkenden oder gar negativen Grenzerträge aufweist.

Abschließend ist festzuhalten, dass mit dem *AK-Modell* Unterschiede in den Wachstumsraten der einzelnen Länder recht gut erklärt werden.

Die weitere Entwicklung der endogenen Wachstumstheorie hat zu Modellvarianten geführt, die zwischen verschienen Sektoren differenzieren. Damit sollen die Einflussfaktoren besser herausgearbeitet werden zu können, die den technologischen Fortschritt bestimmen. So unterscheidet beispielsweise das *Uzawa-Lucas-Modell* zwei Sektoren, den Produktionssektor, in dem Investitionsgüter und Konsumgüter hergestellt werden, und den Forschungssektor, der Wissen „produziert", das wiederum in beiden Sektoren als Produktionsfaktor eingesetzt werden kann. Diese Modelle befassen sich vor allem mit den Entscheidungen, die die Produktion von Wissen in einer Gesellschaft bestimmen.

4.3.2 Evolutorische Ökonomik

Die *Evolutorische Ökonomik* ist eine noch sehr junge wissenschaftliche Forschungsrichtung. Damit verbunden ist die Schwierigkeit, ihren Untersuchungsgegenstand und ihr Erklärungsziel klar und eindeutig zu definieren.

Im weitesten Sinne hat die Evolutorische Ökonomik den Wandel in ökonomischen Systemen zum Analysegegenstand und ist demzufolge weniger an der Erklärung von Zuständen als an der von Prozessen interessiert.

Im Kern geht es darum, zu untersuchen, wie ökonomische Systeme reagieren, wenn Innovationen auftreten. Im Gegensatz zur herkömmlichen dynamischen Analyse in der Wirtschaftswissenschaft besteht der Anspruch der Evolutorischen Ökonomik darin, die Innovationen nicht nur hinsichtlich ihrer Entstehungsbedingungen, sondern auch hinsichtlich ihrer Diffusion und Auswirkungen zu endogenisieren.

Ein weiterer, konstitutionell wichtiger Aspekt ist die Heterogenität der Akteure, die Berücksichtigung von Unsicherheit und die Aufgabe des Gleichgewichtsgedankens. Die Verwendung von Metaphern, wie Evolution, selbstorganisierter Wandel und Selbsttransformation drücken aus, dass diese Forschungsrichtung seine Analogien nicht mehr dem mechanistischen Modell, sondern dem biologischen Evolutionsmodell entnimmt.

Das Kernelement der modernen Evolutionsbiologie, das Variations-Selektions-Paradigma, hat deshalb für die Evolutorische Ökonomik eine zentrale Funktion. Das wird beispielsweise an der Analogiebildung „Innovation-Selektion-Wettbewerb" deutlich.

Als eigenständige wissenschaftliche Forschungsrichtung hat sich die Evolutorische Ökonomik innerhalb der Wirtschaftswissenschaft erst seit Ende der achtziger Jahre etabliert. Eine vorläufige Synthese stellt das Werk von R. NELSON und S. WINTER „An Evolutionary Theory of Economic Change" (1982) dar. Inzwischen hat sich diese Forschungsrichtung international weiter verbreitet; eine der wichtigsten Fachzeitschriften ist das „Journal of Evolutionary Economics".

Theoriegeschichtlich geht die Evolutorische Ökonomik auf Ökonomen wie SCHUMPETER, HAYEK, VEBLEN, MARSHALL, GEORGESCU-ROEGEN u.a. zurück. Obwohl die Evolutorische Ökonomik in ihrem wissenschaftlichen Erklärungsanspruch eher der Evolutionsbiologie nahe steht als der Mechanik, wie das neoklassische Paradigma, erlaubt dies jedoch noch nicht, von einem Paradigmenwechsel zu sprechen. Zwar sieht sie sich nicht als Differenzierung und weiteren Anwendungsbereich der neoklassischen Theorie, aber auch nicht in klarer Frontstellung zur Neoklassik. Das wird auch daraus deutlich, dass ALFRED MARSHALL als Hauptvertreter der Neoklassik den Stellenwert der Biologie für die Ökonomie betonte.

In der Analogie zur biologischen Denkweise liegen auch die kritischen Einwände gegenüber dieser Forschungsrichtung. Strittig ist, inwieweit biologische Metaphern auf die Erklärung ökonomischen Verhaltens angewendet werden können. Der Wandel in ökonomischen Systemen werde nicht durch Beliebigkeit gesteuert, sondern unterliege gewissen Beschränkungen und spiele sich innerhalb gegebener Strukturen ab. Auch der Selektionsdruck könne in verschiedenen ökonomischen Systemen zu verschiedenen Zeitpunkten unterschiedlich sein.

4.3.3 Spieltheorie

Bereits im 19. Jahrhundert untersuchten COURNOT und BERTRAND ökonomische Probleme aus spieltheoretischer Sicht. Am einfachen Modell eines homogenen Duopols – ein Markt auf dem zwei Unternehmen ein identisches Gut anbieten – weist Cournot nach, dass ein Gleichgewicht dann existiert, wenn jedes Unternehmen die Produktionsmenge seines Konkurrenten richtig einschätzt und seine eigene entsprechend wählt (*Cournot-Gleichgewicht*). Im Unterschied zu COURNOT entscheiden die Unternehmen im BERTRAND-Modell über den Preis.

Als Geburtsstunde der modernen Spieltheorie gilt das im Jahre 1944 veröffentlichte Werk „Theorie of Games and Economic Behavior" des Mathematikers JOHN VON NEUMANN und des Ökonomen OSCAR MORGENSTERN. Die Bedeutung dieses Buches liegt nicht nur in der spieltheoretischen Analyse, sondern vor allem in der Anwendung auf ökonomische Probleme.

Die Spieltheorie erklärt Konfliktsituationen, in denen das Ergebnis für alle Teilnehmer des Spiels von den Entscheidungen der Mitspieler abhängt. Um optimal entscheiden zu können, muss der Spieler die Überlegungen der Anderen mit einbeziehen – ebenso wie die Tatsache, dass der Gegenspieler dies ebenfalls tut. Neumann und Morgenstern unterstellen, dass alle Spieler rational handeln.

Zunächst zu einigen Grundbegriffen: Als Spiel wird jede Situation interpretiert, in der Spieler (Teilnehmer) strategische Entscheidungen treffen, welche die Handlungen und Reaktionen der Mitspieler mit einbeziehen. Strategische Entscheidungen führen für die Teilnehmer zu einem Ergebnis, das als Auszahlung bezeichnet wird. Diese drückt den Wert aus, der einem möglichen Ergebnis beigemessen wird, beispielsweise die Höhe des erzielten Gewinns. Das Hauptziel der Spieltheorie liegt darin, für jeden Spieler die optimale Strategie zu bestimmen, wobei eine Strategie aus Regeln und einem Aktionsplan besteht. Optimal ist eine Strategie für den Spieler dann, wenn die erwartete Auszahlung maximiert wird.

In der Spieltheorie wird zwischen nicht-kooperativen und kooperativen Spielen unterschieden. Diese Unterscheidung geht auf den ungarisch-amerikanischen Wirtschaftswissenschaftler JOHN HARSANYI (1966) zurück, der zusammen mit JOHN NASH (1951) und REINHARD SELTEN (1965) grundlegende Arbeiten zur Analyse des Gleichgewichts in nicht-kooperativen Spielen veröffentlichte. Im Gegensatz zu einem nicht-kooperativen Spiel handeln die Teilnehmer in einem kooperativen Spiel bindende Absprachen oder Verträge aus, auf deren Basis sie gemeinsame Strategien entwickeln. So können zwei Unternehmen einen bindenden Vertrag über eine gemeinsame Investition in eine neue Technologie aushandeln (wenn beispielsweise keines der beiden über genügend Wissen verfügt, um allein erfolgreich zu sein), in dem sie vereinbaren, den erwarteten Gewinn aufzuteilen. Von der Kooperation profitieren in diesem Fall beide Akteure (PINDYCK/RUBINFELD 2005, S. 621.) In einem nicht-kooperativen Spiel ist das Aushandeln und Durchsetzen bindender Vereinbarungen vor Spielbeginn nicht möglich.

Die wichtigsten Aspekte nicht-kooperativer Spiele lassen sich durch das Nash-Gleichgewicht und das Gefangenendilemma beschreiben.

Im *Nash-Gleichgewicht*, das von dem Mathematiker J. NASH entwickelt wurde, optimiert jeder Spieler (jedes Unternehmen) seine Entscheidungen unter Berücksichtigung des Handelns seiner Mitspieler (Konkurrenten). Da keiner der Spieler den Anreiz hat, von seiner Nash-Strategie abzuweichen, sind diese Strategien stabil.

Das Konzept des Nash-Gleichgewichts beruht auf der Annahme, dass die einzelnen Spieler rational handeln. Die Wahl der Strategie hängt bei den einzelnen Spielern nicht allein von ihrer rationalen Denkweise ab, sondern auch davon, dass die Mitspieler dies ebenfalls tun.

Ein weiteres klassisches Beispiel aus der Spieltheorie ist das *Gefangenendilemma*, mit dem die Probleme oligopolistischer Unternehmen verdeutlicht werden können. In diesem Beispiel werden zwei Gefangene beschuldigt, ein Verbrechen gemeinschaftlich begangen zu haben. Die Gefangenen sitzen in getrennten Gefängniszellen und können nicht miteinander kooperieren. Der Staatsanwalt kann ihnen nur unerlaubten Waffenbesitz nachweisen. Wenn keiner von beiden das Verbrechen gesteht, können sie lediglich zu einer geringen Haftstrafe verurteilt werden. Gesteht einer von beiden, so bekommt er nur einer geringe Strafe und der andere wird zur Höchststrafe von 10 Jahren verurteilt. Gestehen beide, so wirkt sich das Geständnis strafmildernd aus und beide müssen mit 5 Jahren Haft rechnen. Zieht man sämtliche Strategien in Betracht, so ist es für jeden Gefangenen rational, die Tat zu gestehen, obwohl sie dadurch 5 Jahre Gefängnis verbüßen müssen.

Oligopolistische Unternehmen sehen sich häufig einem derartigen Dilemma ausgesetzt. Sollen sie einen aggressiven Wettbewerb gegenüber ihren Konkurrenten führen, um den Marktanteil zu vergrößern, mit der Gefahr, dass es zu einem ruinösen Wettbewerb kommt, oder sollen sie stillschweigend kooperieren und sich mit ihrem Marktanteil zufrieden geben.

4.3.4 Neuroökonomie

Bei diesem noch recht jungen Forschungsprogramm handelt es sich um einen interdisziplinären Ansatz, in dem Ökonomen, Psychologen und Neurologen zusammen arbeiten. Im Prinzip geht es darum, die nach wie vor vorhandene Lücke zwischen den Annahmen über das Verhalten der Wirtschaftssubjekte in den neoklassischen Modellen – Stichwort *homo oeconomicus* – und dem tatsächlichen Handeln der Menschen zu schließen.

Schon in den 70er Jahren bediente sich die Ökonomie anderer Wissenschaften, um dem Verhalten der Menschen auf den Grund zu gehen. Aus der Zusammenarbeit mit der Psychologie entstand die Verhaltensökonomie, die das Bild des rational handelnden Individuums in

Frage stellte. Auch die experimentelle Wirtschaftsforschung beschäftigte sich mit der Erklärung des Verhaltens der Menschen.

Im Focus der *Neuroökonomie* (*neuroeconomics*) steht die Analyse ökonomisch relevanten Verhaltens mit Hilfe neurowissenschaftlicher Methoden. Diese Methoden ermöglichen es in einem gewissen Umfang, Gefühle und Emotionen, welche neben der Vernunft die Entscheidungen der Wirtschaftssubjekte beeinflussen, zu messen und in die ökonomischen Modelle zu implementieren (GLIMCHER 2003, FEHR 2005). Die Forschung steht allerdings erst am Anfang und unter Ökonomen ist durchaus umstritten, ob die Anwendung neurowissenschaftlicher Methoden zu einem fundamentalen Wandel in den Auffassungen führt, wovon menschliche Entscheidungen beeinflusst werden.

5 Fazit

Die Darstellung der Entwicklung der Volkswirtschaftslehre hat gezeigt, dass die Geschichte des ökonomischen Denkens keineswegs kontinuierlich verläuft. Sie ist vielmehr durch mehr oder weniger starke Brüche gekennzeichnet, die sich an dem jeweiligen Wandel der Denkstile verdeutlichen lassen. Das Konzept des Paradigmenwechsels scheint geeignet, diese Diskontinuitäten klar herauszustellen. Der Fortschritt in der Ökonomie, wenn man den für diese Wissenschaftsdisziplin nicht unproblematischen Begriff verwendet, zeigt sich dann nicht nur in der Vergrößerung der Reichweite anerkannter Theorien, sondern auch in den tektonischen Brüchen, die in größeren Zeitabständen einen veränderten Blick auf das Erkenntnisobjekt der Ökonomie ermöglichen.

Andererseits sind aber ebenso Kontinuitäten in den zu behandelnden Problemstellungen zu beobachten, die in den verschiedenen Denktraditionen fortbestehen. Die Problemlösungen sehen jeweils unterschiedlich aus.

Nicht selten ist in der Geschichte des ökonomischen Denkens zu beobachten, dass „neue" Theorien zunächst dadurch entstehen, dass sie das genaue Gegenteil der gerade herrschenden Theorie – des Paradigmas – behaupten. Ein Wechselspiel, das sich theoretisch unendlich wiederholen kann. Inwieweit sich die neuen theoretischen Ansätze durchsetzen, entscheidet letztlich die wissenschaftliche Gemeinschaft.

Die aktuelle Entwicklung der Volkswirtschaftslehre ist dadurch geprägt, dass wir es in immer kürzeren mit neuen Theorien oder Forschungsansätzen zu tun haben, die sich geradezu „explosiv" vermehren. Erst die Zukunft wird zeigen, ob sie sich zu einem neuen Paradigma verdichten.

Literaturverzeichnis

AEPPLI, R. [1980]: Ökonomie als multiparadigmatische Wissenschaft, Kyklos 33, S. 682–708.

AKERLOF, G. [1970]: The Market for 'Lemons': Quality Uncertainty and the Market Mechanism, The Quarterly Journal of Economics 84, S. 488–500.

ALBERT, H. [1977]: Individuelles Handeln und soziale Steuerung. Die ökonomische Tradition und ihr Erkenntnisprogramm, in: Lenk, H. (Hrsg.): Handlungstheorien – interdisziplinär, Bd. IV, München.

ALCHIAN, A.A. [1970]: Information costs, pricing and resource unemployment, in: Phelps, E.S. et al.: Microeconomic foundations of employment and inflation theory, New York.

ALCHIAN, A.A./ DEMSETZ, H. [1973]: The Property Rights Paradigm, The Journal of Economic History 33, S. 16–27.

ALCHIAN, A.A. [1977]: Corporate Management and Property Rights, in: Alchian (Ed.): Economic Forces at Work, Indianapolis.

APPEL, M. [1992]: Werner Sombart – Historiker und Theoretiker des modernen Kapitalismus, Marburg.

ARGYROUS, G. [1992]: Kuhn's Paradigms and Neoclassical Economics, Economics and Philosophy 8, S. 231–248.

ARISTOTELES [1961]: Einführungsschriften. Übersetzt und herausgegeben von Olof Gigon, Zürich.

ARISTOTELES [1971]: Politik. Eingeleitet, übersetzt und kommentiert von Olof Gigon, Zürich - Stuttgart.

ARISTOTELES [1981]: Politik. Übersetzt und mit erklärenden Anmerkungen versehen von Eugen Rolfes. Mit einer Einleitung von Günther Bien, Hamburg.

ARISTOTELES [1985]: Nikomachische Ethik. Auf der Grundlage der Übersetzung von Eugen Rolfes, herausgegeben von Günther Bien, Hamburg.

ARROW, K.J. [1951]: Social Choice and Individual Values, New Haven (Yale University Press).

AUGUSTINUS, A. [1997]: Vom Gottesstaat, Bd. 1 und Bd. 2, München.

BACKHAUS, J.G. [Hrsg., 1993]: Gustav von Schmoller und die Probleme von heute, Berlin.

BAIN, J. S. [1956]: Barriers to new competition, Cambridge/Mass.

BALOGLOU, CH./ PEUKERT, H. [1996]: Zum antiken ökonomischen Denken der Griechen (800 v.u.Z.–31 n.u.Z.): eine kommentierte Bibliographie, Marburg.

BARENS, I./ CASPARI, V. [Hrsg., 1994]: Das IS-LM-Modell: Entstehung und Wandel, Marburg.

BARRO, R.J./ GROSSMAN, H.I. [1971]: A General Disequilibrium Model of Income and Employment, American Economic Review 61, S. 82–93.

BAUMOL, W.J./ PANZAR, J.C./ WILLIG, R.D. [1982]: Contestable markets and the theory of industry structure, New York.

BAYERTZ, K. [1981]: Über Begriff und Problem der wissenschaftlichen Revolution, in: ders. (Hrsg.): Wissenschaftsgeschichte und wissenschaftliche Revolution, Hürth-Efferen, S. 11–28.

BAYERTZ, K. [Hrsg., 1981]: Wissenschaftsgeschichte und wissenschaftliche Revolution, Hürth-Efferen.

BECKERATH, E.V. [1962]: Lynkeus: Gestalten und Probleme aus Wirtschaft und Politik, Tübingen.

BENASSY, J.-P. [1975]: Neo-Keynesian Disequilibrium in a Monetary Economy, Review of Economic Studies 42, S. 503–523.

BERNANKE, B./ GERTLER, M./ GILCHRIST, S. [1994]: The Financial Accelerator and the Flight to Qualitiy, National Bureau of Economic Research, Working Paper 4798.

BERNSTEIN, R.J. [1976]: The Restructuring of Social and Political Theory, New York - London.

BERTHOLD, N. [Hrsg., 1995]: Allgemeine Wirtschaftstheorie: neuere Entwicklungen, München.

BIERVERT, B./ HELD, M. [Hrsg., 1987]: Ökonomische Theorie und Ethik, Frankfurt/Main.

BLAICH, F. [1984]: Merkantilismus, Kameralismus, Physiokratie, in: Issing, O. (Hrsg.): Geschichte der Nationalökonomie, München.

BLAUG, M. [1971]: Systematische Theoriegeschichte der Ökonomie. Bd. 1, München.

BLAUG, M. [1972]: Systematische Theoriegeschichte der Ökonomie, Bd. 2, München.

BLAUG, M. [1975]: Systematische Theoriegeschichte der Ökonomie, Bd. 3, München.

BLAUG, M. [1976]: Kuhn versus Lakatos *or* Paradigms versus research programmes in the history of economics, in: Latsis, S. (Ed.): Method and Appraisal in Economics, Cambridge.

BLAUG, M. [1990]: On the Historiography of Economics, Journal of the History of Economic Thought 12, S. 27-37.

BLAUG, M. [1992]: The Methodology of Economics. Or how economists explain. (rev. ed.), Cambridge.

BLAUG, M. [Ed., 1991a]: The Historiography of Economics (Pioneers in Economics 1), Aldershot.

BLAUG, M. [Ed., 1991b]: Aristotle (384-322 BC) (Pioneers in Economics 2), Aldershot.

BLAUG, M. ET AL. [1995]: The Quantity Theory of Money. From Locke to Keynes and Friedman, Aldershot.

BLAUG, M. [2002]: Economic Theory in Retrospect, Cambridge.

BÖHM-BAWERK, E. VON [1884]: Kapital und Kapitalzins, Bd. 1: Geschichte und Kritik der Kapitalzins-Theorien, Insbruck.

BÖHM-BAWERK, E. VON [1889]: Kapital und Kapitalzins, Bd. 2: Positive Theorie des Kapitales, Insbruck.

BÖHM-BAWERK, E. VON [1974]: Zum Abschluß des Marxschen Systems, in: Nutzinger, H.G./ Wolfstetter, E. (Hrsg.): Die Marxsche Theorie und ihre Kritik, Frankfurt/Main - New York.

BOMBACH ET AL. [Hrsg., 1981]: Keynesianismus I, Berlin.

BORN, K.E. [1989]: Jean Baptiste Colbert (1619-1683), in: Starbatty, J. (Hrsg.): Klassiker des ökonomischen Denkens, Bd. 1, München.

BRAEUER, W. [1981]: Urahnen der Ökonomie. Von der Volkswirtschaftslehre des Altertums und des Mittelalters, München.

BRONFENBRENNER, H. [1971]: The "Structure of Revolutions" in Economic Thought, History of Political Economy 3, S. 136–151.

BUCHANAN, J.M./ TULLOCK, G. [1962]: The Calculus of Consent, Ann Arbor.

BUCHANAN, J.M. [1986]: Liberty, Market and State: Political Economy in the 1980s, New York.

BUCHDAHL, G. [1965]: A Revolution in Historiography of Science, History of Science 4, S. 55–69.

BÜRGIN, A. [1996]: Zur Soziogenese der Politischen Ökonomie, Marburg.

CANTILLON, R. [1755]: Essai sur la nature du commerce en général, London (Faks.-Ausg. Düsseldorf 1987).

CANTO, V.A./ JOINES, D.H./ LAFFER, A.B. [1983]: Foundation of Supply-Side-Economics. Theory and Evidence, New York.

CHAMBERLIN, E.H. [1948]: The Theory of Monopolistic Competition, Cambridge (Harvard University Press).

CLARIDA, R./ GALI, J./ GERTLER, M. [1999]: The Science of Monetary Policy: A New Keynesian Perspective, National Bureau of Economic Research, Working Paper 7147, Cambridge/Mass.

CLOWER, R.W. [1965]: The Keynesian Counter Revolution: A Theoretical Appraisal, in: Hahn, F.H./ Brechling, F. (Eds.): The Theory of Interest Rates, London, S. 103–125.

COASE, R.H. [1937]: The Nature of the Firm, Economica 4, S. 386–405.

COASE, R.H. [1960]: The Problem of Social Cost, Journal of Law and Economics 3, S. 1–44.

COATS, A.W. [1969]: Is there a "structure of scientific revolutions" in economics?, Kyklos 22, S. 289–296.

COATS, A.W. [1976]: Economics and psychology: the death and resurrection of a research programme; in: Latsis, S.J. (Ed.): Method and Appraisal in Economics, Cambridge.

CODDINGTON, A. [1976]: Keynesian Economics: The Search for First Principles, Journal of Economic Literature, Vol. 14, S. 1258–1273.

COLLISON BLACK, R.D. [1989]: William Stanley Jevons (1835–1882), in: Starbatty, J. (Hrsg.): Klassiker des ökonomischen Denkens, Bd. 2, München.

COURNOT, A.A. [1838]: Recherches sur les principes mathématiques de la théorie des richesses, Paris (Faks.-Ausg. Düsseldorf 1991).

DE MARCHI, N./ BLAUG, M. [Eds., 1991]: Appraising Economic Theories, Aldershot.

DE MARCHI, N. [1976]: Anomaly and the development of economics: the case of the Leontieff paradox, in: Latsis, S.J. (Ed.): Method and Appraisal in Economics, Cambridge.

DE MARCHI, N. [1989]: John Stuart Mill (1806–1873), in: Starbatty, J. (Hrsg.): Klassiker des ökonomischen Denkens, Bd. 1, München.

DE MARCHI, N. [1991]: Introduction: rethinking Lakatos, in: de Marchi N./ Blaug M. (Eds.), Appraising Economic Theories, Aldershot.

DEMSETZ, H. [1967]: Toward a Theory of Property Rights, American Economic Review, Papers and Proceedings 57, S. 347–359.

DIEDERICH, W. [Hrsg., 1974]: Theorien der Wissenschaftsgeschichte, Frankfurt/Main.

DIETRICH, K./ HOFFMANN, H./ KROMPHARDT, J./ KÜHNE, K./ KURZ, H. D./ RIESE, H./ SCHEFOLD, B. [1987]: Postkeynesianismus: Ökonomische Theorie in der Tradition von Keynes, Kalecki und Sraffa, Marburg.

DOBB, M. [1977]: Wert- und Verteilungstheorien seit Adam Smith, Frankfurt/Main.

DOBIAS, P. [2002]: Sozialismus-Marxismus, in: Issing, O. (Hrsg.): Geschichte der Nationalökonomie, München.

DOMAR, E. [1946]: Capital Expansion, Rate of Growth and Employment, Econometrica, S. 137–147.

DORFMAN, R. [1994]: Die Beziehungen zwischen Fishers "The Rate of Interest" und Böhm-Bawerks "Positive Theorie des Kapitales", in: Kommentar zur Faksimile-Ausgabe der 1907 erschienenen Erstausgabe von Irving Fisher, The Rate of Interest, Düsseldorf.

DOW, S.C. [1997]: Mainstream economic methodology, Cambridge Journal of Economics 21, S. 73–93.

DOWNS, A. [1957]: An Economic Theory of Democracy, New York.

DRÈZE, J.H. [1975]: Existence of an Equilibrium under Price Rigidity and Quantity Rationing, International Economic Review 16, S. 301–320.

EATWELL, J./ MILGATE, M./ NEWMAN, P. [Eds., 1987]: The New Palgrave: A Dictionary of Economics, London.

EHRLICHER, W./ BECKER, W.-D. [1978]: Die Monetarismus-Kontroverse. Beihefte zu Kredit und Kapital, H. 4, Berlin.

EICHNER, A.S. [Hrsg., 1982]: Über Keynes hinaus. Eine Einführung in die postkeynesianische Theorie, Köln.

EISERMANN, G. [1989]: Vilfredo Pareto (1848–1923), in: Starbatty, J. (Hrsg.): Klassiker des ökonomischen Denkens, Bd. 2, München.

EISERMANN, G. [1993]: Max Weber und die Nationalökonomie, Marburg.

EKELUND R.B./ HÉBERT, R.F. [1997]: A History of Economic Theory and Method, New York.

ELSNER, K. [1967]: Wachstums- und Konjunkturtheorie, in: Ehrlicher, W. u.a. (Hrsg.): Kompendium der Volkswirtschaftslehre, Bd. 1, Göttingen.

ELTIS, W. [1989]: David Ricardo (1772–1823), in: Starbatty, J. (Hrsg.): Klassiker des ökonomischen Denkens, Bd. 1, München.

EUCKEN, W. [1939]: Die Grundlagen der Nationalökonomie, Jena.

EUCKEN, W. [1952]: Grundsätze der Wirtschaftspolitik, Tübingen.

FEHR, E./ FISCHBACHER, K./ KOSFELD, M. [2005]: Neuroeconomic Foundations of Trust and Social Preferences: Initial Evidence, American Economic Review – Paper and Proceedings 95, S. 346–351.

FELDERER, B. [1989]: Léon Walras (1834–1910), in: Starbatty, J. (Hrsg.): Klassiker des ökonomischen Denkens, Bd. 2, München.

FELDERER, B./ HOMBURG, ST. [1994]: Makroökonomik und neue Makroökonomik, Berlin u.a.

FELDERER, B./ HOMBURG, ST. [2005]: Makroökonomik und neue Makroökonomik, Berlin u.a.

FELDMANN, H. [1993]: Wie merkantilistisch ist die Theorie strategischer Handelspolitik?, Jahrbuch für Nationalökonomie und Statistik, Bd. 2125-6, S. 522–536.

FEYERABEND, P.K. [1974]: Kuhns Struktur wissenschaftlicher Revolutionen – ein Trostbüchlein für Spezialisten? in: Lakatos, I./ Musgrave, A. (Hrsg.): Kritik und Erkenntnisfortschritt, Braunschweig.

FEYERABEND, P.K. [2004]: Wider den Methodenzwang, Frankfurt/Main.

FIEDLER, G./ KÖNIG, R. [1991]: Wirtschaftstheorien im Überblick, Berlin.

FINLEY, M.I. [1971]: Aristoteles und die ökonomische Analyse, Jahrbuch für Wirtschaftsgeschichte 2, S. 87–105.

FINLEY, M.I. [1981]: Economy and Society in Ancient Greece, London.

FISCHER, S. [1977]: Long Term Contracts, Rational Expectations and the optimal Money Supply Rule, Journal of Political Economy 85, S. 191–206.

FISCHER, ST. [1988]: Recent Developments in Macroeconomics, Economic Journal, 98, S. 294–339.

FISHER, I. [1907]: The Rate of Interest, New York (Faks.-Ausgabe Düsseldorf 1994).

FISHER, I. [1911]: The Purchasing Power of Money, New York.

FISHER, R.M. [1986]: The Logic of Economic Discovery: Neoclassical Economics and the Marginal Revolution, Worcester.

FLASSBECK, H. [1989]: Von der Klassik zur Moderne – Ein Essay über den Erkenntnisfortschritt von 200 Jahren Makroökonomie, Konjunkturpolitik 35, S. 1-21.

FLECK, L. [2006]: Entstehung und Entwicklung einer wissenschaftlichen Tatsache. Einführung in die Lehre vom Denkstil und Denkkollektiv. Mit einer Einleitung herausgegeben von Lothar Schäfer und Thomas Schnelle, Frankfurt/Main.

FLEMING, J.M. [1962]: Domestic Financial Policies Under Fixed and Under Floating Exchange Rates, IMF Staff Papers 9, S. 369–380.

FRANZ, W. [1995]: Makroökonomische Kontroversen, in: Berthold, N. (Hrsg.): Allgemeine Wirtschaftstheorien: neuere Entwicklungen, München.

FRANZ, W. [2006]: Arbeitsmarktökonomik, Berlin.

FREUDENTHAL, G. [1982]: Atom und Individuum im Zeitalter Newtons. Zur Genese der mechanischen Natur- und Sozialphilosophie, Frankfurt/Main.

FREY, B.S. [1995]: Public Choice, in: Berthold, N. (Hrsg.): Allgemeine Wirtschaftstheorien: neuere Entwicklungen, München.

FRIEDMAN, M. [1957]: A Theory of the Consumption Function, Princeton.

FRIEDMAN, M. [1962]: Capitalism and Freedom, Chicago.

FRIEDMAN, M./ SCHWARTZ, A. [1963]: A Monetary History of the United States 1867-1960, Princeton.

FRIEDMAN, M. [1968]: The Role of Monetary Policy, American Economic Review 58, S. 1-17.

FRIEDMAN, M./ FRIEDMAN, R. [1980]: Free to Choose: A Personal Statement, New York u.a.

FRIEDMAN, M./ FRIEDMAN, R. [1984]: Tyranny of the Status Quo, New York.

FUSFELD, D.R. [1975]: Geschichte und Aktualität ökonomischer Theorien. Vom Merkantilismus bis zur Gegenwart, Frankfurt/Main - New York.

GEORGESCU-ROEGEN, N. [1971]: The Entropy Law and the Economic Process, Cambridge (Harvard University Press).

GERFIN, H./ MÖLLER, J. [1980]: Neue Makroökonomische Theorie, WiSt – Wirtschaftswissenschaftliches Studium, H. 4, S. 153-160 und H. 5, S. 201-206.

GIDE, CH./ RIST, CH. [1923]: Geschichte der volkswirtschaftlichen Lehrmeinungen, Jena.

GILIBERT, G. [1989]: Francois Quesnay (1694-1774), in: Starbatty, J. (Hrsg.): Klassiker des ökonomischen Denkens, Bd. 1, München.

GLIMCHER, P. [2003]: Decisions, Uncertainty and the Brain: The Science of Neuroeconomics, MIT Press.

GOODFRIEND, M./ KING, R.G. [1997]: The New Neoclassical Synthesis and the Role of Monetary Policy, in: Bernanke, B.S./ Rotemberg, J. (Hrsg.), NBER Macroeconomics Annual, Cambridge/Mass.

GORDON, B. [1975]: Economic Analysis before Adam Smith, London.

GORDON, D.F. [1965]: The Role of the History of Economic Thought in the Understanding of Modern Economic Theory, The American Economic Review, Supplement to Vol. 55, S. 119-127.

GORDON, R.J. [1978]: Macroeconomics, Boston.

GOSSEN, H.H. [1854]: Entwickelung der Gesetze des menschlichen Verkehrs und der daraus fließenden Regeln für menschliches Handeln, Braunschweig. Reprint Amsterdam 1967.

GROENEWEGEN, P. [1995]: A Soaring Eagle: Alfred Marshall 1842-1924, Aldershot.

GRONERT, A. [Hrsg., 2001]: Frauen in der Ökonomie, Marburg.

GROSSEKETTLER, H. [1989]: Johan Gustav Knut Wicksell (1851-1926), in: Starbatty, J. (Hrsg.): Klassiker des ökonomischen Denkens, Bd. 2, München.

HAGEMANN, H./ KURZ, H.D./ SCHÄFER, W. [Hrsg., 1981]: Die neue Makroökonomik, Frankfurt/Main - New York.

HAGEMANN, H. [Hrsg., 1988]: Allgemeine Überproduktion? Materialien zur Kontroverse um das "Saysche Gesetz", Marburg.

HAHN, L.A. [1957]: Merkantilismus und Keynesianismus, in: Beckerath, E. von u.a. (Hrsg.), Wirtschaftsfragen der freien Welt. Festschrift für L. Erhard, Frankfurt/Main.

HAHNE RIMA, I. [1996]: Development of Economic Analysis, London.

HAMPICKE, U. [1992]: Ökologische Ökonomie. Individuum und Natur in der Neoklassik. Natur in der ökonomischen Theorie: Teil 4, Opladen.

HARROD, R. [1939]: An Essay in Dynamic Theory, Economic Journal 49, S. 14–33.

HARSANYI, J.C. [1966]: A General Theory of Rational Behavior in Game Situations, Econometrica 34, S. 613–634.

HECKSCHER, E.F. [1932]: Der Merkantilismus, 2 Bde, Jena.

HEERTJE, A./ PONI, C./ PORTIOLI, R./ RONCAGLIA, A./ SCHEFOLD, B. [1995]: Antonio Serra und sein „Breve Trattato", Düsseldorf.

HEIJDRA, B.J./ VAN DER PLOEG, F. [2002]: Foundations of modern macroeconomics, Oxford (University Press).

HEILBRONER, R. [1960]: Wirtschaft und Wissen, Köln.

HEILBRONER, R. [1990]: Analysis and Vision in the History of Modern Economic Thought, Journal of Economic Literature 28, S. 1097-1114.

HEILBRONER, R. [1999]: The Worldly Philosophers, New York.

HELMSTÄDTER, E. [2002]: Die Geschichte der Nationalökonomie als Geschichte ihres Fortschritts, in: Issing, O. (Hrsg.): Geschichte der Nationalökonomie, München.

HENNINGS, K.H. [1989]: Eugen von Böhm-Bawerk (1851-1914), in: Starbatty, J. (Hrsg.): Klassiker des ökonomischen Denkens, Bd. 2, München.

HERDZINA, K. [1993]: Das klassische Ertragsgesetz, in: WISU 12/93, S. 999-1002.

HICKS, J.R. [1937]: Mr. Keynes and the „Classics": A Suggested Interpretation, Econometrica 5, S. 147-159.

HICKS, J.R. [1969]: A Theory of Economic History, Oxford.

HICKS, J.R. [1976]: 'Revolution' in Economics', in: Latsis, S.J. (Ed.): Method and Appraisal in Economics, S. 207–218, Cambridge.

HIRSCHBERGER, J. [1981]: Geschichte der Philosophie, Bd. I, Altertum und Mittelalter, Freiburg - Basel - Wien.

HOFFMANN, H. [1987]: Postkeynesianische Ökonomie – Übersicht und Orientierung, in: Dietrich, K. u.a.: Postkeynesianismus: Ökonomische Theorie in der Tradition von Keynes, Kalecki und Sraffa, Marburg.

HOFMANN, W. [Hrsg., 1979]: Wert- und Preislehre. Sozialökonomische Studientexte, Bd. 1, Berlin.

HOLLANDER, S. [1973]: The economics of Adam Smith, London.

HOYNINGEN-HUENE, P. [1989]: Die Wissenschaftsphilosophie Thomas S. Kuhns, Braunschweig - Wiesbaden.

HUTCHISON, T.W. [1976]: On the history and philosophy of science and economics, in: Latsis, S.J. (Ed.): Method and Appraisal in Economics, Cambridge.

HUTCHISON, T.W. [1978]: On revolutions and progress in economic knowledge, Cambridge.

HUTCHISON, T.W. [1988]: Before Adam Smith: The emergence of political economy, 1662-1776, Oxford - New York.

ILLING, G. [1992]: Neue Keynesianische Makroökonomik, Tübingen.

ILLING, G. [1995]: Spieltheorie, in: Berthold, N. (Hrsg.): Allgemeine Wirtschaftstheorie: neuere Entwicklungen, München.

ISSING, O. [Hrsg., 1984]: Geschichte der Nationalökonomie, München.

ISSING, O. [Hrsg., 2002]: Geschichte der Nationalökonomie, München.

JANICH, P. [Hrsg., 1981]: Wissenschaftstheorie und Wissenschaftsforschung, München.

JEVONS, W.S. [1871]: The Theory of Political Economy, London (Faks.-Ausg. Düsseldorf 1995).

JOHNSON, H.G. [1973], Die Keynesianische Revolution und die monetaristische Konterrevolution, in: Kalmbach, P. (Hrsg.): Der neue Monetarismus, München.

KALDOR, N. [1983]: Grenzen der ‚General Theory', Berlin.

KALECKI, M. [1987]: Krise und Prosperität im Kapitalismus. Ausgewählte Essays 1933-1971, Marburg.

KALMBACH, P. [Hrsg., 1973]: Der neue Monetarismus, München.

KATOUZIAN, H. [1980]: Ideology and Method in Economics, London.

KEYNES, J.M. [1936]: The General Theory of Employment, Interest and Money. London (dt.: Allgemeine Theorie der Beschäftigung, des Zinses und des Geldes, Berlin 1936).

KEYNES, J.M. [1951]: Essays in Biography, London.

KLINGEN, H. [1992]: Politische Ökonomie der Präklassik: Die Beiträge Pettys, Cantillons und Quesnays zur Entstehung der klassischen politischen Ökonomie, Marburg.

KNIGHT, F. [1921]: Risk, Uncertainty and Profit, Boston.

KOSLOWSKI, P. [1979]: Haus und Geld. Zur aristotelischen Unterscheidung von Politik, Ökonomik und Chrematistik, in: Philosophisches Jahrbuch 86, S. 60-83.

KOSLOWSKI, P. [1993]: Politik und Ökonomie bei Aristoteles, Tübingen.

KOSLOWSKI, P. [Ed.,1995]: The Theory of Ethical Economy in the Historical School, Berlin u.a.

KRELLE, W. [1989]: Jean-Baptiste Say (1767-1832), in: Starbatty, J. (Hrsg.): Klassiker des ökonomischen Denkens, Bd. 1, München.

KROMPHARDT, J. [2004]: Konzeptionen und Analysen des Kapitalismus, Göttingen.

KUHN, T.S. [1962]: The Structure of Scientific Revolutions, Chicago.

KUHN, T.S. [1970]: The Structure of Scientific Revolutions, Chicago.

KUHN, T.S. [1974]: Bemerkungen an Lakatos, in: Lakatos, I./ Musgrave, A. (Hrsg.): Kritik und Erkenntnisfortschritt, Braunschweig.

KUHN, T.S. [1981]: Die Struktur wissenschaftlicher Revolutionen, 2. revidierte und um das Postskriptum von 1969 ergänzte Auflage, Frankfurt/Main.

KUHN, T.S. [1992]: Die Entstehung des Neuen: Studien zur Struktur der Wissenschaftsgeschichte. Hrsg. v. L. Krüger, Frankfurt/Main.

KÜHNE, K. [1987]: Michal Kalecki – ein präkeynesianischer Postkeynesianer, in: Dietrich, K. u.a.: Postkeynesianismus: Ökonomische Theorie in der Tradition von Keynes, Kalecki und Sraffa, Marburg.

KUNIN, L./ WEAVER, R.S. [1971]: On the Structure of Scientific Revolutions in Economics, History of Political Economy 3, S. 39-397.

KURZ, H.G. [Hrsg., 1991]: Adam Smith (1723-1790) - Ein Werk und seine Wirkungsgeschichte, Marburg.

KYDLAND, F.E./ PRESCOTT, E.C. [1982]: Time to Build and Aggregate Fluctuations, Econometrica 50, S. 1345–1370.

LAKATOS, I./ MUSGRAVE, A. [Hrsg., 1974]: Kritik und Erkenntnisfortschritt, Braunschweig.

LAKATOS, I. [1974a]: Die Geschichte der Wissenschaft und ihre rationalen Rekonstruktionen, in: Lakatos, I./ Musgrave A. (Hrsg.): Kritik und Erkenntnisfortschritt, Braunschweig.

LAKATOS, I. [1974b]: Falsifikation und die Methodologie wissenschaftlicher Forschungsprogramme, in: Lakatos, I./ Musgrave A. (Hrsg.): Kritik und Erkenntnisfortschritt, Braunschweig.

LANDMANN, O. [1982]: Die Stabilisierungspolitik im Spannungsfeld von Gleichgewichts- und Ungleichgewichtstheorie, Kyklos 35, S. 3-37.

LANDRETH, H./ COLANDER, D.C. [1989]: History of Economic Theory, Boston.

LANDRETH, H./ COLANDER, D.C. [1994]: History of Economic Thought, Boston.

LATSIS, S.J. [1976]: A research programme in economics, in: Latsis, S.J. (Ed.): Method and Appraisal in Economics, Cambridge.

LATSIS, S.J. [Ed., 1976]: Method and Appraisal in Economics, Cambridge.

LEIJONHUFVUD, A. [1968]: On Keynesian Economics and the Economics of Keynes. New York - Oxford (dt.: Über Keynes und den Keynesianismus, Köln 1973).

LENEL, H.O. [1989]: Walter Eucken (1891-1950), in: Starbatty, J. (Hrsg.): Klassiker des ökonomischen Denkens, Bd. 2, München.

LIST, F. [1841]: Das nationale System der politischen Oekonomie, Stuttgart (Faks.-Ausg. Düsseldorf 1989).

LOWRY, S.T. [1987]: The Archaeology of economic ideas, Durham.

LUCAS, R.E. [1972]: Expectations and the Neutrality of Money, Journal of Economic Theory 4, S. 103-124.

LUCAS, R.E: [1988]: On the Mechanics of Economic Development, Journal of Monetary Economics 22, S. 3–42.

MACHLUP, F. [1962]: The Production and Distribution of Knowledge in the United States, Princeton (University Press).

MALINVAUD, E. [1977]: The Theory of Unemployment Reconsidered, Oxford.

MALTHUS, T.R: [1905]: Eine Abhandlung über das Bevölkerungsgesetz, 2 Bde., Jena.

MALTHUS, T.R. [1959]: Population: The First Essay. With a Foreword by K. E. Boulding, Ann Arbor.

MALTHUS, T.R. [1989]: Principles of Political Economy. Edited by J. Pullen, Vol. I/II, Cambridge.

MANKIW, N.G. [1990]: A Quick Refresher Course in Macroeconomics, The Journal of Economic Literature 28, S. 1645–1660.

MANKIW, N.G. [2003]: Makroökonomik, Stuttgart.

MANKIW, N.G. [2006]: The Macroeconomist as Scientist and Engineer, Journal of Economic Perspectives 20 (4), S. 29–46.

MARSHALL, A. [1947]: Principles of Economics, London.

MARX, K./ ENGELS, F. [1965]: Theorien über den Mehrwert, MEW Bd. 26, hrsg. vom Institut für Marxismus-Leninismus beim ZK der SED, Berlin.

MARX, K. [1983]: Das Kapital, MEW Bd. 23, hrsg. vom Institut für Marxismus-Leninismus beim ZK der SED, Berlin.

MANKIW, N.G. [1985]: Small Menu costs and Large Business Cycles: A Macroeconomic Model of Monopoly, Quarterly Journal of Economic 100, S. 529–539.

MASTERMAN, M. [1974]: Die Natur eines Paradigmas, in: Lakatos, I./ Musgrave, A. (Hrsg.): Kritik und Erkenntnisfortschritt, Braunschweig, S. 59–88.

MCCLOSKEY, D. [1985]: The Rhetoric of Economics, Wisconsin.

MENGER, C. [1968]: Gesammelte Werke Bd. I: Grundsätze der Volkswirtschaftslehre (1871). Herausgegeben mit einer Einleitung und einem Schriftenverzeichnis von F.A. Hayek, Tübingen.

MENGER, C. [1969]: Gesammelte Werke Bd. II: Untersuchungen über die Methode der Sozialwissenschaften und der Politischen Ökonomie insbesondere (1883). Herausgegeben mit einer Einleitung und einem Schriftenverzeichnis von F.A. Hayek, Tübingen.

MENGER, C. [1970a]: Gesammelte Werke Bd. III: Kleinere Schriften zur Methode und Geschichte der Volkswirtschaftslehre. Herausgegeben mit einer Einleitung und einem Schriftenverzeichnis von F.A. Hayek, Tübingen.

MENGER, C. [1970b]: Gesammelte Werke Bd. IV: Schriften über Geld und Währungspolitik. Herausgegeben mit einer Einleitung und einem Schriftenverzeichnis von F.A. Hayek, Tübingen.

MEYER, E. [1998]: Wachstumstheorie, München.

MEYER-FAJE, A./ ULRICH, P. [Hrsg.,1991]: Der andere Adam Smith. Beiträge zur Neubestimmung von Ökonomie als Politischer Ökonomie, Bern - Stuttgart.

MILL, J.ST. [1924]: Grundsätze der politischen Ökonomie mit einigen Anwendungen auf die Sozialphilosophie. 2 Bde., Jena. (dt. Übersetzung der „Principles").

MILL, J.ST. [1976]: Einige ungelöste Probleme der politischen Ökonomie. Herausgegeben von H.G. Nützinger, Frankfurt/Main - New York.

MIROWSKI, P. [Ed., 1986]: The Reconstruction of Economic Theory, Boston - Dordrecht - Lancaster.

MIROWSKI, P. [1989]: More Heat than Light. Economics as Social Physics: Physics as nature's economics, Cambridge - New York - Melbourne.

MISES, L. VON [1922]: Die Gemeinschaft, Jena.

MISES, L. VON [1927]: Liberalismus, Jena.

MITTELSTRAß, J. [1981]: Rationale Rekonstruktion der Wissenschaftsgeschichte. in: Janich, P. (Hrsg.): Wissenschaftstheorie und Wissenschaftsforschung, München.

MOMBERT, P. [1927]: Geschichte der Nationalökonomie, Jena.

MUN, T. [1621]: A Discourse of Trade from England into the East-Indies, London.

MUN, T. [1664]: England's Treasure by Forraign Trade, London.

MUNDELL, R.A. [1963]: Capital Mobility and Stabilization Policy under Fixed and Flexible Exchange Rates, Canadian Journal of Economics and Political Science 29, S. 475–485.

MUTH, J.E. [1961]: Rational Expectations and the Theory of Price Movements, Econometrica 29, S. 315-335.

NASH, J.F. [1951]: Non-Cooperative Games, Annuals of Mathematics 54, S. 286–295.

NEGISHI, T. [1989]: History of Economic Theory, Amsterdam.

NELSON, R.R./ WINTER, S.G. [1982]: An Evolutionary Theory of Economic Change, Cambridge (Harvard University Press).

NEUMAN, J.V./ MORGENSTERN, O. [1944]: Theory of Games and Economic Behavior, Princeton.

NEUMARK, F. [1975]: Zyklen in der Geschichte ökonomischer Ideen, Kyklos 28, S. 257-285.

NIEHANS, J. [1989]: Thünen-Vorlesung, Zeitschrift für Wirtschafts- und Sozialwissenschaften (ZWS) 109, S. 1-17.

NIEHANS, J. [1990]: A History of Economic Theory. Classic Contributions, 1720-1980, Baltimore - London.

NORTH, D.C. [1990]: Institutions, Institutional Change and Economic Performance, New York.

NOWOTNY, E. [Hrsg., 1974]: Löhne, Preise und Beschäftigung, Frankfurt/Main.

NUTZINGER, H./ WOLFSTETTER, E. [Hrsg., 1975]: Die Marxsche Theorie und ihre Kritik, Bd. I und II, Frankfurt/Main.

OLSON JR., M. [1965]: The Logic of Collective Action, Cambridge (Harvard University Press).

ORESMIUS, N. [1937]: Traktat über Geldabwertungen, Jena.

OTT, A.E./ WINKEL, H. [1985]: Geschichte der theoretischen Volkswirtschaftslehre, Göttingen.

OTT, A.E: [1989]: Karl Marx (1818-1883), in: Starbatty, J. (Hrsg.): Klassiker des ökonomischen Denkens, Bd. 2, München.

PACIOLI, L. [1992]: Abhandlung über die Buchhaltung. Reprint von 1933, Stuttgart.

PATINKIN, D. [1956]: Money, Interest and Prices, New York.

PATZEN, M. [1991]: Zur Diskussion des Adam-Smith-Problems – Ein Überblick, in: Meyer-Faje, A./ Ulrich, P. (Hrsg.): Der andere Adam Smith. Beiträge zur Neubestimmung von Ökonomie als Politischer Ökonomie, Bern - Stuttgart.

PHELPS, E.S. [1970]: Microeconomic foundations of employment and inflation theory, New York.

PHELPS, E.S. [1974]: Die neue mikroökonomische Beschäftigungs- und Inflationstheorie, in: Nowotny, E. (Hrsg.): Löhne, Preise und Beschäftigung, Frankfurt/Main.

PIGOU, A.C. [1920]: The Economics of Welfare, London.

PINDYCK, R.S./ RUBINFELD, D.L. [2003]: Mikroökonomie, München.

PLATON [1950]: Platon: Der Staat. Eingeführt von Gerhard Krüger. Übertragen von Rudolf Rufener, Zürich.

PLATON [1982a]: Sämtliche Werke 3: Phaidon, Politeia. In der Übersetzung von Friedrich Schleiermacher mit der Stephanus-Numerierung herausgegeben von Walter F. Otto, Ernesto Grassi und Gert Plamböck, Hamburg.

PLATON [1982b]: Sämtliche Werke 6: Nomoi. Nach der Übersetzung von Hieronymus Müller mit der Stephanus-Numerierung herausgegeben von Walter F. Otto, Ernesto Grassi und Gert Plamböck, Hamburg.

POLANYI, K. [1979]: Ökonomie und Gesellschaft, Frankfurt/Main.

POPPER, K. [1968]: Logik der Forschung, Tübingen.

POPPER, K. [1987]: Das Elend des Historizismus, Tübingen.

PRIBRAM, K. [1998]: Geschichte des ökonomischen Denkens. Bd. 1 und Bd. 2, Frankfurt/Main.

PRIDDAT, B.P./ SEIFERT, E. [1987]: Gerechtigkeit und Klugheit – Spuren aristotelischen Denkens in der modernen Ökonomie, in: Biervert, B./ Held. M. (Hrsg.): Ökonomische Theorie und Ethik. Frankfurt/Main, S. 51-77.

PRIDDAT, B.P [1999]: Zufall, Schicksal, Irrtum: über Unsicherheit und Risiko in der deutschen ökonomischen Theorie vom 18. bis ins frühe 20. Jahrhundert, Marburg.

QUAAS, F. [1992]: Das Transformationsproblem: Ein theoriehistorischer Beitrag zur Analyse der Quellen und Resultate seiner Diskussion, Marburg.

RAMSER, H.J. [1988]: Neuere Beiträge zur Konjunkturtheorie: Ein Überblick, Ifo-Studien 34, S. 95-115.

REBELO, S. [1991]: Long-Run Policy Analysis and Long-Run Growth, Journal of Political Economy 99 (3), S. 500–521.

RECKTENWALD, H.C. [1985]: Ethik, Wirtschaft und Staat. Adam Smiths Politische Ökonomie, Darmstadt.

RECKTENWALD, H.C. [Hrsg., 1971]: Geschichte der Politischen Ökonomie. Eine Einführung in Lebensbildern, Stuttgart.

REHEIS, F. [1991]: „Bierbank" versus „Katheder". Zur Abgrenzung von Marxismus und Kathedersozialismus, Zeitschrift für Wirtschafts- und Sozialwissenschaften 111, S. 437-455.

REIß, W. [1996]: Mikroökonomische Theorie: historisch fundierte Einführung, München.

RICARDO, D. [1810]: The High Price of Bullion, a Proof of the Depreciation of Bank Notes, London.

RICARDO, D. [1994]: Über die Grundsätze der politischen Ökonomie und der Besteuerung. Übers. von G. Bondi. Hrsg. von H.D. Kurz, Marburg.

RIETER, H. [1989]: Alfred Marshall (1842-1924), in: Starbatty, J. (Hrsg.): Klassiker des ökonomischen Denkens, Bd. 2, München.

RIETER, H. [1990]: Quesnays Tableau Economique als Uhren Analogie, in: Scherf, H. (Hrsg.): Studien zur Entwicklung der ökonomischen Theorie IX, Berlin.

RIETER, H. [1994]: Historische Schule, in: Issing, O. (Hrsg.): Geschichte der Nationalökonomie, München.

ROBINSON, J. [1965]: Doktrinen der Wirtschaftswissenschaft. Eine Auseinandersetzung mit ihren Grundgedanken und Ideologien, München.

ROBINSON, J. [1969]: The Economic of Imperfect Competition, London.

ROBINSON, J. [1972]: Die Akkumulation des Kapitals, Frankfurt/Main - Berlin - Wien.

ROMER, D. [2000]: Keynesian Macroeconomics without the LM curve, Journal of Economic Perspectives, 14 (2), S. 149–169.

ROMER, P.M. [1986]: Increasing Returns and Long-Run Growth, Journal of Political Economy 94, S. 1002–1037.

RORTY, R./ SCHNEEWIND, J.B./ SKINNER, Q. [Ed., 1984]: Philosophy in History. Essays on the historiography of philosophy, Cambridge.

RORTY, R. [1984]: The historiography of philosophy: four genres, in: Rorty, R./ Schneewind, J.B./ Skinner, Q. (Ed.): Philosophy in History. Essays on the historiography of philosophy, Cambridge.

ROSE, K./ SAUERNHEIMER, K. [2006]: Theorie der Außenwirtschaft, München.

ROTHSCHILD, K.W. [1981]: Einführung in die Ungleichgewichtstheorie, Berlin - Heidelberg - New York.

ROTHSCHILD, K.W. [1984]: Ökonomische Theorie im Wandel, Wirtschaftsdienst VI, S. 303-308.

RUSSEL, B. [1992]: Denker des Abendlandes. Eine Geschichte der Philosophie, München.

SALIN, E. [1951]: Geschichte der Volkswirtschaftslehre, Bern - Tübingen.

SAMUELS, W.J. [Ed., 1980]: The Methodology of Economic Thought, New Brunswick.

SANDINO, A. [1990]: Buchanan on Political Economy. A Review Article, Journal of Economic Literature, 28 1, S. 50-65.

SARGENT, T.J./ WALLACE, N. [1976]: Rational Expectations and the Theory of Economic Policy, Journal of Monetary Economics 2, S. 169-183.

SAY, J-B. [1986]: Traité d'économie politique. Kommentiert von William J. Baumol, Wolfram Engels u.a. (Hrsg.), 2 Bde., Düsseldorf.

SCHEFOLD, B. [1989]: Platon (428/427-348/347) und Aristoteles (384-322), in: Starbatty, J. (Hrsg.): Klassiker des ökonomischen Denkens, Bd. 1, München.

SCHENCK, K.E. [1992]: Die neue Institutionenökonomik – Ein Überblick über wichtige Elemente und Probleme der Weiterentwicklung, Zeitschrift für Wirtschafts- und Sozialwissenschaften 112, S. 337-378.

SCHERF, H. [1986]: Marx und Keynes, Frankfurt/Main.

SCHERF, H. [1989]: John Maynard Keynes (1883-1946), in: Starbatty, J. (Hrsg.): Klassiker des ökonomischen Denkens, Bd. 2, München.

SCHINZINGER, F. [1994]: Vorläufer der Nationalökonomie, in: Issing, O. (Hrsg.): Geschichte der Nationalökonomie, München.

SCHMIDT, K.-H. [1994]: Merkantilismus, Kameralismus, Physiokratie, in: Issing, O. (Hrsg.): Geschichte der Nationalökonomie, München.

SCHMIDT, W. [1981]: Struktur, Bedingungen und Funktionen von Paradigmen und Paradigmenwechsel. Eine wissenschafts-historisch-systematische Untersuchung der Theorie T.S. Kuhns am Beispiel der Empirischen Psychologie, Frankfurt/Main - Bern.

SCHMOLLER, G. [1923a]: Grundriß der Allgemeinen Volkswirtschaftslehre, Erster Teil, München - Leipzig.

SCHMOLLER, G. [1923b]: Grundriß der Allgemeinen Volkswirtschaftslehre, Zweiter Teil, München - Leipzig.

SCHMOLY, E. [2001]: Harriet Taylor Mill, in: Gronert, A. (Hrsg.): Frauen in der Ökonomie, Marburg.

SCHMÖLDERS, G. [1961]: Geschichte der Volkswirtschaftslehre, Wiesbaden.

SCHNEIDER, D. [1982]: Das Versagen der Paradigmavorstellung für die Betriebswirtschaftslehre, Schmalenbachs Zeitschrift für betriebswirtschaftliche Forschung 34, S. 849-869.

SCHNEIDER, D. [1990]: Aufstieg und Niedergang eines Forschungsprogramms: allgemeine Gleichgewichtsanalyse, in: Scherf, H. (Hrsg.): Studien zur Entwicklung der ökonomischen Theorie IX, Berlin.

SCHNEIDER, E. [1965]: Einführung in die Wirtschaftstheorie. IV. Teil: Ausgewählte Kapitel der Geschichte der Wirtschaftstheorie, Tübingen.

SCHRAMM, A. [1975]: Theorienwandel oder Theorienfortschritt? Zur Diskussion um Thomas S. Kuhns „Die Struktur wissenschaftlicher Revolutionen". Diss. Universität Graz, Wien.

SCHÜLLER, A. [Hrsg., 1983]: Property Rights und ökonomische Theorie, München.

SCHUMANN, J./ MEYER, M./ STRÖBELE, W. [2007]: Grundzüge der mikroökonomischen Theorie, Berlin u.a.

SCHUMPETER, J.A. [1942]: Capitalism, Socialism and Democracy, New York.

SCHUMPETER, J.A. [1954]: History of Economic Analysis. Ed. by E. Boody Schumpeter, New York.

SCHUMPETER, J.A. [1965]: Geschichte der ökonomischen Analyse, 2 Bde., Göttingen. (Deutsche Ausgabe der History of Economic Analysis).

SELTEN, R. [1965]: Spieltheoretische Behandlung eines Oligopolmodells mit Nachfrageträgheit, Zeitschrift für die gesamte Staatswissenschaft 121, S. 301–324 und S. 667–689.

SERRA, A. [1613]: Breve trattato delle cause, che possono far abbondare li Regni d'oro & argento. (Faks.-Ausg. Düsseldorf 1995).

SERRES, M. [Hrsg., 2002]: Elemente einer Geschichte der Wissenschaften, Frankfurt/Main.

SHACKLE, G.L.S. [1967]: The Years of High Theory: Invention and Tradition in Economic Thought, 1926-1939, Cambridge.

SHAPERE, D. [1964]: The Structure of Scientific Revolutions, in: Philosophical Review 73, S. 383-394.

SIMONDE DE SISMONDI, J.C.L. [1819]: Nouveaux principes d'économie politique (Faks-Ausg. Düsseldorf 1995).

SMITH, A. [1923]: Eine Untersuchung über Natur und Wesen des Volkswohlstandes. Übersetzung der 4. Aufl. (1786), 3 Bde, Jena.

SMITH, A. [1976]: An Inquiry into the Nature and Causes of the Wealth of Nations. Edited by R.H. Campbell and A.S. Skinner, Vol.1/2, Oxford.

SMITH, A. [1976]: The Theory of Moral Sentiments. Edited by D.D. Raphael and A.L. Macfie, Oxford.

SMITH, A. [1978]: Der Wohlstand der Nationen. Eine Untersuchung seiner Natur und seiner Ursachen. Aus dem Englischen übertragen und mit einer umfassenden Würdigung des Gesamtwerks von H.C. Recktenwald. Vollständige Ausgabe nach der 5. Auflage (letzter Hand), London 1789, München.

SMITH, A. [1985]: Theorie der ethischen Gefühle. Nach der Auflage letzter Hand übersetzt und mit Einleitung, Anmerkungen und Registern herausgegeben von Walther Eckstein – Mit einer Bibliographie von Günter Gawlick, Hamburg.

SNEED, J.D. [1971]: The Logical Structure of Mathematical Physics, Dordrecht.

SOLOW, R.M. [1956]: A Contribution to the Theory of Economic Growth, Quarterly Journal of Economics 70, S. 65–94.

SRAFFA, P. [1960]: Production of Commodities by Means of Commodities. Cambridge (deutsche Ausgabe.: Warenproduktion mittels Waren, Frankfurt/Main.)

STARBATTY, J. [Hrsg., 1989]: Klassiker des ökonomischen Denkens, Bd. 1 und Bd. 2, München.

STARBATTY, J. [2002]: Ordoliberalismus, in: Issing, O. (Hrsg.): Geschichte der Nationalökonomie, München.

STEGMÜLLER, W. [1973]: Theorienstrukturen und Theoriendynamik, Berlin - Heidelberg - New York.

STEGMÜLLER, W. [1974]: Glauben, Wissen und Erkennen. Das Universalproblem einst und jetzt, Darmstadt.

STEGMÜLLER, W. [1979]: Rationale Rekonstruktion von Wissenschaft und ihrem Wandel, Stuttgart.

STEGMÜLLER, W. [1987]: Hauptströmungen der Gegenwartsphilosophie, Bd. III, Stuttgart.

STEINMANN, G. [1989]: Thomas Robert Malthus (1766-1834), in: Starbatty, J. (Hrsg.): Klassiker des ökonomischen Denkens, Bd. 1, München.

STEUART, I. [1966]: An Inquiry into the Principles of Political Oeconomy, Vol. I+II, London.

STIGLER, G.J. [1969]: Does Economics Have a Useful Past?, History of Political Economy 1, S. 217-230.

STIGLER, G.J. [1971]: The Theory of Economic Regulation, Bell Journal of Economics and Management Science 3, S. 3-18.

STREISSLER, E. [1989]: Carl Menger (1840-1921) in: Starbatty, J. (Hrsg.): Klassiker des ökonomischen Denkens, Bd. 2, München.

STREISSLER, E. [1990]: Carl Menger, der deutsche Nationalökonom, in: Schefold, B. (Hrsg.): Studien zur Entwicklung der ökonomischen Theorie X, Berlin.

SUPPE, F. [Ed., 1974]: The Structure of Scientific Theories, Urbana.

SWEEZY, P.M. [1959]: Theorie der kapitalistischen Entwicklung, Köln.

TAYLOR, J.B. [1980]: Aggregate Dynamics and Staggered Contracts, Journal of Political Economy 88, S. 1–24.

TAYLOR, J.B. [1993]: Discretion versus policy rules in practice, Carnegie-Rochester Conference Series on Public Policy 39, S. 195–214.

THOMAS VON AQUIN [1953]: „Die Deutsche Thomas-Ausgabe" der Summa Theologica (deutsch-lateinische Ausgabe). Hrsg. Albertus-Magnus-Akademie, Walberberg bei Bonn. Bd. 18, II Teil des II Buches, Fragen 57-79: Recht und Gerechtigkeit. Kommentiert von A.F. Utz. Heidelberg - Graz.

THOMAS VON AQUIN [1987]: Recht und Gerechtigkeit: Theologische Summe II-II, Fragen 57-79. Nachfolgefassung von Band 18 der Deutschen Thomasausgabe. Neue Übersetzung von J.F. Groner. Anmerkungen, sowie vollst. überarb. u. erg. Kommentar von A.F. Utz, Bonn.

THÜNEN, J.H. VON [1990]: Der isolierte Staat in Beziehung auf Landwirtschaft und Nationalökonomie, Neudr. Nach der Ausg. Letzter Hand, Rostock 1842. Eingeleitet von H. Waentig, Aalen.

TICHY, G. [1988]: Konjunkturpolitik, Berlin.

TICHY, G. [1990]: Neuere Entwicklungen im Rahmen der Gleichgewichtskonjunkturtheorie, WiSt – Wirtschaftswissenschaftliches Studium 19, S. 75-82.

TOBIN, J. [1981]: Vermögensakkumulation und wirtschaftliche Aktivität, München.

TOULMIN, S. [1972]: Human Understanding. Volume I, London.

TOULMIN, S. [1974a]: Die revolutionäre Entwicklung der Naturwissenschaft, in: Diederich, W. (Hrsg.): Theorie der Wissenschaftsgeschichte, Frankfurt/Main, S. 249-275.

TOULMIN, S. [1974b]: Ist die Unterscheidung zwischen Normalwissenschaft und revolutionärer Wissenschaft stichhaltig? in: Lakatos, I./ Musgrave, A. (Hrsg.): Kritik und Erkenntnisfortschritt, Braunschweig, S. 39-47.

UZAWA, H. [1965]: Optimal Technical Change in an Aggregative Model of Economic Growth, International Economic Review 6, S. 18–31.

VINER, J. [1927]: Adam Smith and Laissez-faire, Journal of Political Economy 35, S. 198-232.

VINER, J. [1955]: Studies in the Theory of International Trade, London.

WAGNER, H. [2008]: Stabilitätspolitik. Theoretische Grundlagen und institutionelle Alternativen, München.

Walsh, C.E. [1965]: Monetary Theory and Policy, Cambridge - London.

WARD, B. [1976]: Sind die Wirtschaftswissenschaften am Ende? Aporien und Antworten, Stuttgart - Zürich.

WEBER, M. [1993]: Die protestantische Ethik und der „Geist" des Kapitalismus, Bodenheim.

WICKSELL, K. [1898]: Geldzins und Güterpreise, Jena.

WILLIAMSON, O.E. [1985]: The Economic Institution of Capitalism, New York.

WINKEL, H. [1989]: Gustav von Schmoller (1938-1917), in: Starbatty, J. (Hrsg.): Klassiker des ökonomischen Denkens, Bd. 2, München.

WOODFORD, M. [2003]: Interest and Prices: Foundations of a Theory of Monetary Policy, Princeton.

XENOPHON [1998]: Oikonomikos: oder vom Hauswesen, Düsseldorf.

ZIEGLER, B. [1997]: Ökonomische Lehrmeinungen – Übersicht und Orientierung, in: Ziegler, B. (Hrsg.): Leitfaden zum Grundstudium der Volkswirtschaftslehre, Gernsbach, S. 9-78.

ZIMMERMANN, L.J. [1954]: Geschichte der theoretischen Volkswirtschaftslehre, Köln - Deutz.

ZIMMERMANN, L.J./ MARCON, H. [1989]: Antoine Augustin Cournot (1801-1877), in: Starbatty, J. (Hrsg.): Klassiker des ökonomischen Denkens, Bd. 1, München.

ZINN, K.G. [1976]: Die jüngere Methodendiskussion in der Nationalökonomie unter lehrgeschichtlichem Aspekt, Jahrbuch für Sozialwissenschaft 27, S. 187-207.

ZINN, K.G. [1993]: Keynes' „fundamentales psychologisches Gesetz" und dessen Vorwegnahme von Lujo Brentano, Zeitschrift für Wirtschafts- und Sozialwissenschaften 113, S. 447-459.

Personenverzeichnis

Akerlof 136
Albert 137
Albertus Magnus 43
Alchian 136
Appel 92
Aristoteles 35, 37, 38, 39, 40, 42, 43, 44
Arrow 115, 140
Augustinus 42
Averroes 42
Bacon 46
Bain 107
Balaglou 35
Barens 117
Barro 72, 130, 132
Baumol 107
Bayertz 16
Bebel 91
Beckerath 91
Benassy 132
Bentham 77, 98
Bergson 114
Bernanke 134
Bernstein 28
Bertrand 144
Blaich 52
Blaug 1, 2, 3, 5, 34, 51, 63, 106, 125
Bodin 49, 71
Böhm 127
Böhm-Bawerk 98, 104, 109, 110
Bombach 119
Born 49
Braeuer 35, 36
Brentano 92
Bronfenbrenner 3, 26, 59
Brunner 124
Buchanan 140

Buchdahl 26
Bürgin 102
Calvin 45
Cantillon 50, 59
Canto 132
Caspari 117
Chamberlin 106, 107
Child 49
Clarida 135
Clark 112
Clower 132, 133
Coase 137, 139
Coats 3, 26
Colander 2, 33, 49
Colbert 49, 51
Collison Black 97
Comte 80
Condorcet 73
Cournot 94, 96, 102, 103, 144
Darwin 19
Davidson 120
de Marchi 3
Debreu 100
Demsetz 138, 139
Descartes 46
Diederich 6, 24
Dobb 56, 64, 99
Dobias 80, 81, 85
Domar 84, 121
Dorfman 112
Dow 27
Downs 140
Drèze 132
Eatwell 60, 123, 126
Eckstein 57
Eichner 120

Eisermann 100
Ekelund 2, 43, 48
Eltis 68
Engels 84
Eucken 127
Fehr 146
Felderer 99, 100, 109, 125
Feyerabend 23
Fichte 86
Fiedler 81
Finley 37
Fischer 108, 133
Fisher 112
Fleck 34
Fourier 80
Franz 134
Freudenthal 57
Frey 141
Friedman 123, 125, 126
Friedrich II. 42
Fullarton 71
Fusfeld 36
Gali 135
Galiani 59
Georgescu-Roegen 143
Gertler 134, 135
Gide 52, 55
Gilchrist 134
Gilibert 52, 54
Glimcher 146
Godwin 73
Goodfriend 135
Gordon 26
Gossen 94, 95
Gresham 45
Groenewegen 101
Grossmann 132
Hahn 49
Hahne Rima 2
Harrod 84, 119, 121
Harsanyi 144
Hayek 98, 128, 143
Hébert 2, 43, 48
Heckscher 48, 49
Hegel 81, 86

Heijdra 130, 134
Helmstädter 29
Herdzina 54
Herrmann 99
Hicks 3, 67, 115, 117
Higgs 102
Hildebrand 88
Hirschberger 35
Hobbes 47
Hollander 56
Homburg 109, 125
Hume 50, 57, 59, 74
Hutcheson 57
Hutchison 3
Jevons 94, 97, 98, 99, 101, 102
Johnson 122
Joines 132
Kaldor 119
Kalecki 119, 120
Kalmbach 124
Keynes 26, 49, 50, 51, 72, 76, 115, 116, 118, 121
King 135
Klingen 50
Knies 88
Kolb 80
König 81
Kopernikus 95
Koslowski 37, 91
Krelle 75
Kuhn 3, 6, 7, 8, 14, 21, 23, 25, 26, 27, 28, 29, 30
Kunin 3, 26
Kurz 56
Kydland 131
Laffer 132
Lakatos 7, 21, 23, 25, 26, 27, 29
Landmann 117, 118
Landreth 2, 33, 49
Latsis 3, 26, 27
Leijonhufvud 26
Lenel 128
Liebknecht 91
List 87
Locke 47, 50, 59

Lowry 37
Lucas 130, 142
Machlup 142
Malinvaud 132, 133
Malthus 72, 73, 74, 75, 76
Mandeville 66
Mankiw 118, 129, 134, 135
Marchi de 79
Marcon 96
Marshall 77, 101, 102, 103, 104, 105, 108, 109, 113, 115, 121, 143
Marx 36, 39, 63, 70, 72, 78, 81, 82, 83, 84, 86, 110, 118
Masterman 12
McCloskey 27
Meltzer 124
Menger 90, 94, 97, 98, 99, 104
Meyer 96, 137, 142
Milgate 60, 123, 126
Mill 77, 78, 93
Mill, Harriet T. 78
Minsky 120
Mirabeau 52
Mirowski 27
Mises 98
Mitchell 104
Mittelstraß 7
Morgenstern 144
Müller-Armack 127
Mun 60
Muth 129
Nash 144, 145
Negishi 2
Nelson 143
Nemours de 51
Neumann 144
Neumark 2
Newman 60, 123, 126
Newton 56
Niehans 2, 56, 115
North 138
Olson 140
Oppenheim 91
Oresmius 44
Ott 54, 64, 81, 84

Owen 80
Pacioli 45
Panzar 107
Pareto 100, 101
Pasinetti 119
Patinkin 132
Patzen 66
Peel 72
Petty 50
Peukert 35
Pigou 108, 113, 115
Pindyck 107, 145
Planck 19
Platon 35, 36, 37, 39
Ploeg 130, 134
Polanyi 37
Popper 5, 7, 15, 19, 21, 25
Prescott 131
Pribram 2, 42, 86, 87, 89, 91, 93
Priddat 38, 39
Proudhon 80
Quaas 84
Quesnay 36, 51, 52, 54, 55, 58, 59
Rau 99
Rebelo 142
Recktenwald 2, 75
Reheis 92, 93
Ricardo 63, 67, 68, 69, 70, 71, 76, 78, 81, 82, 90, 93
Rieter 55, 103
Rist 52, 55
Robinson 106, 119, 120
Romer 122, 135, 142
Röpke 127
Rorty 3
Roscher 88, 95, 99
Rose 71
Rothschild 29, 119
Rubinfeld 107, 145
Russel 34
Saint-Simon 80
Salin 36, 37, 115
Samuelson 114, 118
Sargent 129, 130
Sauernheimer 71

Say 1, 75, 76
Schefold 35
Schenk 94
Schinzinger 38
Schmoller 88, 89, 90, 91, 92, 93, 105, 127
Schmoly 78
Schneider 27, 96, 102
Schumann 96, 137
Schumpeter 2, 37, 40, 41, 42, 43, 50, 54, 56, 59, 63, 66, 69, 75, 76, 79, 88, 91, 92, 93, 110, 140, 143
Schwartz 124
Scotus 43
Seifert 38, 39
Selten 144
Serra 45
Serres 30
Shackle 101, 106
Shapere 12
Sismondi 79
Smith 33, 36, 48, 49, 50, 56, 57, 58, 59, 61, 62, 63, 64, 65, 66, 67, 69, 70, 75, 76, 82, 83, 93, 94, 127
Sneed 26
Sokrates 35
Solow 118, 121, 122
Sombart 92
Spiethoff 89
Sraffa 64, 119, 120
Starbatty 2, 127
Stegmüller 25, 26, 43
Steinmann 72
Steuart 50

Stigler 3, 126, 127
Streissler 98, 99
Ströbele 96, 137
Suppe 26
Sweezy 84
Taylor 133, 135
Thomas von Aquin 43, 44
Thünen 94, 95, 102
Tobin 117
Tooke 71
Toulmin 26
Tullock 140
Turgot 54, 58, 68
Van Graaff 114
Veblen 104, 143
Viner 49, 66
Wagner 92, 130, 134
Wallace 129
Walras 94, 97, 99, 100, 121
Weaver 3, 26
Weber 45, 92
Wicksell 109, 111, 140
Wicksteed 112
Wieser 98, 104
Wilig 107
Williamson 137
Winkel 54, 64, 89
Winter 143
Woodford 135
Xenophon 35, 36
Zimmerman 1, 96
Zinn 28, 92

Sachverzeichnis

absoluter Mehrwert 83
Abstimmungsparadoxon 115, 140
adaptive Erwartungen 125
Adding-up Theory 64
adverse selection 137
AK-Modell 142
aktive Handelsbilanz 48
Alleinsteuer 52
allgemeine Wertgesetz 84
Ältere Historische Schule 88
angebotsorientierte Wirtschaftspolitik 132
Arbeitsproduktivität 62, 83
Arbeitsteilung 36
Arbeitswertlehre 50
Arbeitswerttheorie 63, 82
arithmetische Reihe 73
automatischer Handelsbilanzausgleich 71
avances annuelles 54
balance of trade 60
Banking-Schule 71
Bertrand-Modell 144
Betriebsoptimum 107
Biber-Hirsch-Beispiel 63
Boden 52
Bretton-Woods-System 115
Cambridge-Effekt 109
Cambridge-Gleichung 108
Chicago-Schule 123, 126
Chrematistik 40
classe productive 53
classe propriétaire 53
classe stérile 53
Coase Theorem 139
Colbertismus 47
Contestable Markets 107
Cournot-Gleichgewicht 144

Currency-Schule 71
Darlehenszins 111
Dauereinkommen 125
De Civitate Dei 42
Deduktion 46
degenerative Problemverschiebung 22
Deregulierung 127
disziplinäre Matrix 12
disziplinäres System 12
doctores scholastici 43
duale Entscheidungshypothese 133
Durchschnittskostenkurve 107
Economics 77, 98, 102
économistes 51
Edgeworth-Box-Diagramm 114
einfache Reproduktion 83
Empirismus 46
Endogene Wachstumstheorie 142
Erstes Gossensches Gesetz 95
Ertragsgesetz 54
erweiterte Reproduktion 83
Erziehungszolltheorie 87
Ethik 37, 38
Evolutorische Ökonomik 143
Exemplarische Problemlösungen 13
Existenzminimumtheorie 95
Existenzminimumtheorie des Lohnes 65, 70
expansive Fiskalpolitik 117
First Essay 73
Fishersche Verkehrsgleichung 108
Fishershes Zinsdiagramm 112
Forschungsprogramm 22
free rider 141
Freiburger Schule 127
Freihandel 51
freiwillige Arbeitslosigkeit 117

fresh water economists 130
Frühscholastik 43
Frühsozialismus 79
fundamentales psychologisches Gesetz 116
Gebrauchswert 40, 62, 70
Gefangenendilemma 145
Geld 44
geld- und fiskalpolitische Maßnahmen 124
Geldmengen-Preismechanismus 50
Gemeinschaft der Wissenschaftler 10
geometrische Reihe 73
gerechter Preis 44
gesellschaftlich notwendige Arbeitszeit 82
Gesetz der Absatzwege 75
Gesetz vom abnehmenden Ertragszuwachs 68
Gesetz vom abnehmenden Grenznutzen 95
Gesetz vom Ausgleich der Grenznutzen 96
Gestaltwechsel 15
gleichgewichtige Wachstumsrate 121
Golden Age 119
Goldexport 72
Goldimport 72
Gossensches Gesetz 95
Grenzleistungsfähigkeit des Kapitals 116
Grenznutzen 97
Grenzproduktivitätstheorie 112
Grenzproduktivitätstheorie der Verteilung 112
Greshamsche Gesetz 45
Grundrententheorie 67
Handelsbilanz 60
Harrod-Domar-Modell 121
harten Kern 22
Historiographie 6
historische Materialismus 81
Historische Schule 86
Hochscholastik 43
homo oeconomicus 145
impôt unique 52
Indifferenzkurve 100
Induktion 46
industrielle Klasse 80
industrielle Reservearmee 85
industriels 80
Industrieökonomik 107
iustum pretium 44

jährliche Vorschüsse 54
Jüngere Historische Schule 88
Kaldor-Hicks-Kriterium 114
Kameralismus 47
kanonisches Zinsverbot 44
Kapitalakkumulation 84
Kathedersozialisten 91, 92
keynesianische Revolution 115
Klassiker 49
komparativer Kostenvorteil 70
Konservierung von Energie 27
konstantes Kapital 83
konstituierende Prinzipien 128
Konsumentenrente 104
Konzentrationsthese 85
kooperative Spiele 144
laissez faire 51
Laissez faire-Politik 123
laufender Preis 54
Lausanner Schule 99
Law of indifference 97
law of marktes 75
Liberalismus 51
Liquiditätspräferenztheorie 125
loi de débouches 75
Lombardischer Städtebund 42
Manchester-Schule 91
Manufakturen 48
Marginalrevolution 79, 94
market performance 107
Marktpreis 64, 70
Marshallsche Kreuz 103
Mehrwert 82
menu costs 134
Merkantilismus 45, 47, 51
Methodenstreit 90
Methodologie wissenschaftlicher
  Forschungsprogramme 24
Mittelalter 42
Modell des allgemeinen mikroökonomischen
  Gleichgewichts 100
Modelle 13
Monetarismus 122, 124
multiparadigmatische Wissenschaft 29
Musterbeispiele 13

Sachverzeichnis

Nash-Gleichgewicht 145
Nash-Gleichgwicht 145
naturgemäßer Arbeitslohn 95
natürliche Arbeitslosenrate 130
natürliche Erwerbskunst 40
natürliche Ordnung 51
natürliche Rate der Arbeitslosigkeit 126
natürliche Wachstumsrate 121
natürlicher Preis 54, 64, 70
natürlicher Zins 111
Naturrecht 47
neoklassische Marshallismus 103
neoklassische Synthese 117
neoklassische Theorie des Geldes 107
neoklassische Wachstumstheorie 121
Neoliberalismus 127
Neomalthusianismus 73
Neoricardianismus 120
Neue Institutionenökonomik 137
Neue Keynesianische Makroökonomik 118, 129, 132
Neue Klassische Makroökonomik 118, 129, 130, 131, 132, 134
Neue Mikroökonomik 135
Neue Neoklassische Synthese 134, 135
Neue Politische Ökonomie 140
neue Wachstumstheorie 122
Neue Wachstumstheorie 141, 142
neuroeconomics 146
Neuroökonomie 146
Neutralität des Geldes 108
New Keynesian Models 135
New Welfare Economics 114
nicht-kooperative Spiele 144
Nikomachische Ethik 38
Nominalismus 43
Nomoi 36
normale Wissenschaft 9
normaler Zins 111
Normen 13
Ökonomik 37, 40
ökonomische Paläontologie 34
ökonomischer Liberalismus 91
Ordoliberalismus 127
ordre naturel 51

ordre positif 51
organische Zusammensetzung 83
organischer Ansatz 93
Österreichische Schule 110
Paradigma 9, 27
Paradigma 0 12
Paradigma der klassischen Nationalökonomie 55
Paradigma I 12
Paradigma II 12, 13
Paradigmenwechsel 9, 27
paradoxon of value 62
Pareto-Optimum 101, 114
Peelschen Bankakte 72
permanent income 125
Phillipskurve 126, 132
philosophy of science 6
Physiokratie 45, 51
Pigou-Steuer 114
Polis 36
Politeia 36
Political Economy 33, 77, 102
Politik 37, 40
Politik-Ineffektivitäts-Hypothese 131
positive check 74
positive Heuristik 22
Positivismus 80
postkeynesianische Wachstumsmodelle 84
post-keynesianischen Wachstumstheorie 121
Postkeynesianismus 118
Präidee 34
Preface 78
Preis-Absatz-Funktion 107
preventive check 74
Principal-Agent Theory 137
Principles 78
Prinzip der Preisunterschiedslosigkeit 97
Prinzip der Sympathie 57
prix courant 54
prix naturel 54
produit net 53
Produktionspreis 84
Produktionsumweg 110
Produktionsverhältnisse 81
Produktivkräfte 81
Produzentenrente 104

Profitrate 83
progressive Problemverschiebung 22
Property-Rights Theory 137, 138
Property-Rights-Theorie 138
Protektionismus 51
Public Choice 140, 141
Quantitätstheorie 49, 71, 108, 124, 125
rationale Erwartungen 130
rationale Rekonstruktion 22
Rationalismus 46
Reagomics 132
Real Business Cycle-Ansatz 134
Real Business Cycle-Modelle 131
Realismus 43
Realkasse 109
recontracting 135
regelgebundene Geldmengenpolitik 126
Regimes 133
regulierende Prinzipien 128
Regulierung 127
reife Wissenschaft 12
Reinertrag 53
relative or exchangeable value of goods 62
relativer Mehrwert 83
relativer Tauschwert 62
Renaissance 42
reproduzierbare Güter 70
Revolution 16
Rheinischer Städtebund 42
rhetorical approach 27
rhetorischer Ansatz 27
Ricardianische Äquivalenz 72
ricardianische Arbeitswerttheorie 70
Ricardo-Barro-Proposition 72
Saint-Simonismus 80
salt water economists 134
Saysche Theorem 75, 76, 77, 116
Scholastiker 43
Schutzzolltheorie 87
scientific communities 30
scientific community 10, 21, 27, 28
selektive Anzeize 141
Smithsche Preistheorie 64
soaring eagle 101
Social Choice Theory 115

Solow-Modell 122
soziale Wohlfahrtsfunktion 114
Spätscholastik 44
Spieltheorie 144
spill overs 133
Stagflation 123
stationäre Wirtschaft 54
steady state 122
Steuer 52
Stufentheorien 87
Sucharbeitslosigkeit 136
sunk costs 107
supply-side economics 132
Symbol 37
Symbolische Verallgemeinerungen 12
System der natürlichen Freiheit 56, 61
Tableau économique 52, 53, 54, 55, 82, 83
Tangentenlösung 107
tatsächliche Wachstumsrate 121
Tauschwert 40, 62, 63, 70
Taylor Rule 135
tendenzieller Fall der Profitrate 85
Thatcherism 132
Theorie angreifbarer Märkte 107
Theorie der Nicht-Räumung von Märkten 132
Theorie der Verfügungsrechte 138
Theorie des Außenhandels 70
Theorie temporärer Gleichgewichte bei
    Mengenrationierung 132
Theorien über den Mehrwert 82
Thünenschen Ringe 94
token 37
trade-off 126
trading at false prices 132
Transaktion bei falschen Preisen 132
Transaktionskostentheorie 137
Transformationsproblem 84
Trittbrettfahrer 141
Überschuss 52, 53
unfreiwillige Arbeitslosigkeit 117
Ungleichgewichtstheorie 132
Universalienstreit 43
unproduktive Klasse 80
unsichtbare Hand 128
Uridee 34

Sachverzeichnis

Utilitarismus 98
utopischer Sozialismus 79
Uzawa-Lucas-Modell 142
value in exchange 62
value in use 62
variables Kapital 83
Verein für Socialpolitik 88, 91, 92
Verlagssystem 48
versunkene Kosten 107
Vor-Paradigma-Zeit 11
Vorwissenschaft 12
walrasianischer Auktionator 135
Wert 62
Werte 13
Wertparadoxon 97
Wert-Paradoxon 62
Wicksellsche Prozess 111
widernatürliche Erwerbskunst 40
wissenschaftliche Gemeinschaft 10
wissenschaftliche Revolution 9, 16
wissenschaftlicher Sozialismus 80
Wissenschaftsgeschichtsschreibung 6
Wissenschaftsspiel 22
Wissenschaftstheorie 6
Wohlfahrtsökonomik 101, 113
Wucherer 41
Zickzack-Diagramme 53
Zins 44
Zweites Gossensches Gesetz 96, 113

Praxisnahe Volkswirtschaftslehre

Kristof Dascher
Ökonomie in Bausteinen
Einführung in die Volkswirtschaftslehre
2007. IX, 255 S., Br.
€ 29,80
ISBN 978-3-486-58265-9

Volkswirtschaftslehre wird häufig als eine ausschließlich am Verständnis von Märkten orientierte Disziplin verstanden. Aber tatsächlich ist Volkswirtschaftslehre eine Methode zum Verständnis ganz unterschiedlicher Gesellschaften: derer auf Märkten, aber auch solcher in der Politik, in Städten, auf Straßen oder im Internet. Dieser Text ist eine Einführung in diese Methode. Er stellt einerseits ihre unterschiedlichen Anwendungen vor, andererseits streicht er Parallelen zwischen ihnen heraus. Eine Vielzahl von Zwischenüberschriften, Querbezügen und Diagrammen sollen dabei den weniger an formalen Methoden denn an zentralen Aussagen interessierten Leser ansprechen.

Auf Tuchfühlung mit der Wirklichkeit: Dieses Lehrbuch greift ökonomische Fragen aus der Tagespresse auf und beantwortet sie kompetent.

Das Buch richtet sich an Studierende der Wirtschaftswissenschaften und an Sozialwissenschaftler, die sich mit den Grundprinzipien der Volkswirtschaftslehre beschäftigen.

Dr. Kristof Dascher lehrt an der Wirtschaftswissenschaftlichen Fakultät der Europa-Universität Viadrina in Frankfurt (Oder).

Erleben Sie die Mikrotheorie aus ganz neuen Perspektiven!

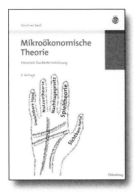

Winfried Reiß
Mikroökonomische Theorie
Historisch fundierte Einführung
6., vollst. überarb. und verb. Aufl. 2007. XIV, 606 S., Br.
€ 29,80
ISBN 978-3-486-58544-5

Dieses Buch geht davon aus, dass Mikrotheorie tatsächlich eine Sozialwissenschaft ist: Die Relevanz der Mikroökonomischen Theorie kann am besten dadurch gezeigt werden, dass man zu den ursprünglichen Problemen zurückgeht und die Lösungsansätze aus der Zeit heraus von den Originalautoren darstellen lässt. Die heutige Gesellschaft und auch die heutige Gesellschaftstheorie sind nur aus ihrer Entstehung zu verstehen.
Die einzelnen Kapitel enthalten in unterschiedlicher Reihenfolge grundsätzlich folgende
fünf Bereiche: 1. Lernziele, 2. Originaltext(e), 3. Darstellung des geistesgeschichtlichen und wirtschaftlichen Hintergrunds, 4. Wirtschaftstheoretische Darstellung sowie 5. Fragen und Aufgaben.

Der Leser kann im Internet weitere Lehrbuch begleitende Materialien und Aufgaben sowie ein vom Autor entwickeltes virtuelles Lernsystem nutzen.

Das Lehrbuch richtet sich an alle Studierenden und Dozenten, die die ökonomische Wissenschaft von unterschiedlichen Perspektiven wahrnehmen möchten.

Universitätsprofessor Dr. rer. pol. Winfried Reiß ist seit 1983 Professor für Volkswirtschaftslehre an der Universität Paderborn.

Oldenbourg

Impulsgeber für die Wirtschaft

Bernd O. Weitz
Bedeutende Ökonomen
2008. VIII, 205 S., gb.
€ 19,80
ISBN 978-3-486-58222-2

Das Werk porträtiert herausragende Ökonomen vom 17. Jahrhundert bis heute. Die Autoren wollen neben dem wissenschaftlichen Vermächtnis der ausgewählten Wirtschaftswissenschaftler Eindrücke von deren historisch-sozialem Umfeld vermitteln, Querverbindungen zu anderen Ökonomen aufzeigen und verdeutlichen, welche Impulse für die weitere wirtschaftswissenschaftliche und gesellschaftliche Entwicklung erfolgten. Der Leser wird auf eine ökonomiehistorische Entdeckungsreise geschickt. In diesem Buch werden auch Werkauszüge, weitergehende Literaturanregungen sowie Hinweise auf vertiefende Quellen im Internet gegeben.

Behandelte Ökonomen: Adam Smith, Francois Quesnay, Johann Peter Becher, Jean-Babtiste Say, Johann Heinrich von Thünen, Thomas Robert Malthus, David Ricardo, Karl Marx, Leon Walras, Vilfredo Pareto, Max Weber, Joseph Alois Schumpeter, Walter Eucken, John Maynard Keynes, Friedrich von Hayek, Wassily Leontief, John Kenneth Galbraith, Ronald H. Coase, Milton Friedman, Ludwig Erhard, Alfred Müller-Armack.

Prof. Dr. Bernd O. Weitz lehrt an der Universität zu Köln Wirtschaftswissenschaft und ihre Didaktik.

Das müssen Sie gelesen haben

Walter Reese-Schäfer
Klassiker der politischen Ideengeschichte
Von Platon bis Marx
2007 | IX, 246 Seiten | Broschur
€ 29,80 | ISBN 978-3-486-58282-6
Lehr- und Handbücher der Politikwissenschaft

Kennen Sie das Buch »Guide to the places in the world you must have seen before you die«? Ganz in diesem Sinne versteht sich das Buch von Walter Reese-Schäfer als Reiseführer zu den Texten der politischen Ideengeschichte, die man gelesen haben muss, bevor man stirbt.
Die Auswahl der in diesem Band vorgestellten Theorien und Theoretiker ist nicht schwer zu erklären. Es werden diejenigen Klassiker behandelt, die jeweils einen neuen Aspekt und einen neuen Gedanken in die politische Ideengeschichte eingebracht haben.
Theoretiker wie Machiavelli, Locke, Platon oder Rousseau prägen das politische Selbstverständnis unserer Gesellschaften. Ihr Schaffen wird, anstelle der üblichen Konzentration auf ein Hauptwerk, vom Autor in seinem Werk kontextualisiert und entlang bestimmter theoretischer Prinzipien aufgeschlüsselt. Daneben gibt er gezielte Literaturhinweise zur vertiefenden Lektüre.

Texte, die man kennen muss –
systematisch aufbereitet und präsentiert.

Prof. Dr. Walter Reese-Schäfer lehrt am Seminar für Politikwissenschaft der Universität Göttingen.

economag.

Wissenschaftsmagazin für
Betriebs- und Volkswirtschaftslehre

www.economag.de

Der Oldenbourg Wissenschaftsverlag veröffentlicht monatlich ein neues Online-Magazin für Studierende: economag. Das Wissenschaftsmagazin für Betriebs- und Volkswirtschaftslehre.

Über den Tellerrand schauen

Das Magazin ist kostenfrei und bietet den Studierenden zitierfähige wissenschaftliche Beiträge für ihre Seminar- und Abschlussarbeiten - geschrieben von Hochschulprofessoren und Experten aus der Praxis. Darüber hinaus gibt das Magazin den Lesern nicht nur hilfreiche wissenschaftliche Beiträge an die Hand, es lädt auch dazu ein, zu schmökern und parallel zum Studium über den eigenen Tellerrand zu schauen.

Tipps rund um das Studium

Deswegen werden im Magazin neben den wissenschaftlichen Beiträgen auch Themen behandelt, die auf der aktuellen Agenda der Studierenden stehen: Tipps rund um das Studium und das Bewerben sowie Interviews mit Berufseinsteigern und Managern.

Kostenfreies Abonnement unter
www.economag.de

Oldenbourg